BEITRÄGE ZUR NEUEREN LITERATURGESCHICHTE

DRITTE FOLGE · BAND 27

JÜRGEN ROTHENBERG

GÜNTER GRASS

Das Chaos in verbesserter Ausführung:

Zeitgeschichte
als Thema und Aufgabe des Prosawerks

HEIDELBERG 1976

CARL WINTER · UNIVERSITÄTSVERLAG

CIP-Kurztitelaufnahme der Deutschen Bibliothek

Rothenberg, Jürgen

Günter Grass: d. Chaos in verb. Ausführung;
Zeitgeschichte als Thema u. Aufgabe d. Prosawerks. — Heidelberg: Winter, 1976.

(Beiträge zur neueren Literaturgeschichte:
Folge 3; Bd. 27)

ISBN 3-533-02517-9 kart.

ISBN 3-533-02518-7 Lw.

ISBN 3-533-02517-9 kart.
ISBN 3-533-02518-7 Lw.

«‹Denn
solange wir noch Geschichten erzählen,
leben wir›» (H 641)

INHALT

INHALT

I. ANPASSUNG ODER WIDERSTAND?
«DIE BLECHTROMMEL»

1. Der Geist, der stets zersingt

Läßt man den (einleitend) familiengeschichtlichen Exkurs beiseite, dann steht am Anfang der ‹Blechtrommel› ein doppeltes Mirakel: die Geburt des «hell-hörigen» Säuglings Oskar (47)[1] sowie dessen Entschluß, alle ihn betreffenden Zukunftspläne zu durchkreuzen, will sagen, nicht oder nur so lange zu wachsen (s. 49 u. 64), bis er dreijährig, d. h. den Windeln entronnen ist und — außer der Geschlechtsreife — über die Mehrzahl jener Kriterien verfügt, deren sich ein aus-gewachsenes Mannsbild berühmen kann. Oskar, der mangelnde Körperkräfte überdies durch erstaunliche Willensakte zu kompensieren vermag, ist mit alle-dem eine Art Fabelwesen[2] aus der (Misch-)Gattung der Riesenzwerge. Nicht die Vorteile, die die Fiktion des anhaltend Dreijährigen (s. 427) ihrem ‹Erfinder› hinsichtlich Erzähltechnik und Handlungsführung einbringt, sollen im folgen-den erörtert werden, vielmehr gilt unser Interesse den (objektiven) Anlässen und Sachzwängen, die diese wundersame Wachstumshemmung provozieren.

Einen ersten Hinweis auf die Handlungsantriebe des ‹Helden› liefert Auf-tauchen und Handhabe jenes Requisits, das den Ereignissen insgesamt den Titel gegeben hat. Nicht nur ist das Kinderspielzeug Blechtrommel (s. 80) ein wesent-liches Hilfsmittel, die einmal angenommene Rolle vorgetäuschter Kindlichkeit durchzuhalten, zur Tarnung notwendig, ja geradezu unentbehrlich ab der Phase einsetzender Pubertät (s. 125)[3], die Menge insgesamt verbrauchten Blechs — als

---

[1] Zitate nach der Buchausgabe, Neuwied [14]1971. Vom übrigen Werk werden herangezogen: «Katz und Maus» [= KuM], Neuwied 1961; «Hundejahre» [= H], Neuwied 1963 (17. bis 21. Auflage); «örtlich betäubt» [= öb], Neuwied 1969; «Aus dem Tagebuch einer Schnecke» [= T], Neuwied 1972.

[2] Hans Mayer — Felix Krull und Oskar Matzerath. Aspekte des Romans. — In: H. Mayer, Das Geschehen und das Schweigen. Aspekte der Literatur, Frankfurt/Main 1969 (= edition suhr-kamp 342), S. 35—67 — nennt ihn eine groteske ‹Kunstfigur› (s. S. 43).

[3] Ohne Trommel ist Oskar — (schon) seiner Mannbarkeit wegen (s. 247) — künftig bloßgestellt (s. 334). So sieht man ihn nie mehr ‹trommellos› (s. 136), Musikbube und Instrument werden unzertrennlich: Unterwegs in den Kindergarten, die Schule, ja selbst beim Besuch der Kirche ist sein ‹Schlagzeug› mit dabei. Oskar verzichtet nur dann auf diese Begleitung, wenn er wirk-lich lernen, d. h. in seinem Fall, Erfahrungen der Erwachsenen insgeheim nachvollziehen will: bei Gretchen Schefflers (durch Goethe und Rasputin) erotisierten Unterrichtsstunden etwa (s. 98 ff.), deutlicher noch bei direkter Erprobung sexueller Praktiken im Bett der Lina Greff

Oskar am Grabe Matzeraths aufhört, Krach zu schlagen, hat er siebzehn lange Jahre hinter hundert Trommeln verbracht (s. 486) — verweist über die Mühsal permanenten Sich-Verstellens hinaus auf die (menschlichen) Entbehrungen, die dieses ‹Kinderspiel› kostet (s. 428), läßt erkennen, daß es keineswegs oder nicht nur Vergnügen bereitet, erwachsen dreijährig zu sein. Nicht um Verlängerung der Kindheit als einer beneidenswerten Daseinsstufe ist es demnach in erster Linie zu tun, eher schon um den Erhalt eines Freiraums jenseits aller Rollen-fixierung; indem Oskar Distanz zwischen sich und die Erwachsenen trommelt (s. 68; 225), ist sein Entschluß mehr noch und vor allem Negativentscheid, Aktion gegen etwas: Am Anfang steht der Protest!

Abzielend auf die ihn umgebenden Großen, richtet die Re-Aktion des ‹Trommlers› sich generell gegen die Lebensbedingungen der Zeit, in die er sich hineingeboren findet, auf den einleitenden Romanteil bezogen, jenes jeweils halbe Dutzend Jahre vor und nach der Machtergreifung (1927—1939). Was diese Zeitspanne des heraufkommenden und sich etablierenden Nationalsozialismus von vorangegangenen Jahrzehnten unterscheidet, bleibt zunächst vage, erschöpft sich in kaum merklichen Veränderungen des Atmosphärischen und ist zumindest begrifflich lange Zeit nur schwer faßbar. So wird erst spät offenbar, was mit dem Jahr 1933 hereinbrach: Das letzte Kapitel des Ersten Buches (I, 16) hat die Ereignisse um den 9. November 1938 zum Thema. Am Schicksal des Juden Markus, der den SA-Schergen nur durch den Freitod entgeht, sowie der Zerstörung des von ihm geführten Geschäftes werden die Greuel der ‹Reichskristallnacht› in ihren Auswirkungen auf den Danziger Raum exemplarisch vor Augen geführt. Zum erstenmal tritt Politisches unverhüllt ans Licht, und sofort zeigt sich die nackte, schonungslose Brutalität des Systems. Der Notwendigkeit verbindlichen Taktierens enthoben, wagt man den Schleier der Phraseologie zu lüften[4], und was sich einstellt, ist Grauen und ein Gebaren, das um so schrecklicher erscheint, je (kindlich) hilfloser die Opfer gezeigt werden: Da die SA-Rotte den Eigen-tümer des Spielwarenladens selbst nicht mehr betreffen kann, ist sie gezwungen, ihr Mütchen an seiner Hinterlassenschaft zu kühlen, es wehrlose Puppen und unschuldiges Spielzeug entgelten zu lassen. Indem der Erzähler die Spuren der

---

(s. 369). — Ansonsten läßt er die Trommler/Kleinkind-Maske nur ein einziges Mal fallen: aus Anlaß der makabren Skatrunde während der Belagerung der Polnischen Post und in richtiger Einschätzung der (hoffnungslosen) Situation, d. h. des Umstandes, daß es bald keinen Zeugen seines wahren Seins mehr geben wird.

[4] Von hierher gewinnt manche beiläufig erzählte Begebenheit nachträglich Hinweis- und Vor-zeichencharakter in einer Zeit, in der die Veränderungen im Politischen sich sozusagen hinter der Bühne und verdeckt von privaten Beziehungen (s. 246) abspielen: die Prügelei zwischen Polenkind und deutschstämmigen Zöglingen in Tante Kauers Kindergarten (s. 81/82) — man schreibt das Jahr 1930 —, die Barbarei der Schulanfänger (s. 85 ff.), die Ächtung des Kondo-lenten Markus (s. 191/92) aus Anlaß von Herbert Truczinskis Begräbnis [= 1937/38], das Entsetzen Schugger-Leos bei Annäherung des SA-Mannes Meyn u. a. mehr.

Verwüstung mit den Exkrementen der Terrorbande (s. 235)[5] sich vermischen läßt, rückt er das Massaker in die Perspektive, aus der es gesehen werden muß: als ein atavistischer Ausbruch von erschreckend untermenschlicher Primitivität.

Was im Innern als brutaler Terror gegenüber nationalen oder ethnischen Minderheiten hervortritt, macht sich nach außen hin Luft in aggressivem Expansionsdrang. Und wieder ist Danzig, wie mit seinem Völkergemisch, so (nunmehr) durch seine exponierte geographische Lage der geeignete Ort, Testfall und Nagelprobe abzugeben auf die wahren Absichten der Herrschenden. So beginnt der mittlere Teil (II), insgesamt der Darstellung des Krieges gewidmet, mit dem Rapport der deutsch-polnischen Auseinandersetzungen am Beispiel der Belagerung und Erstürmung der Polnischen Post (s. 254 ff.). Und erneut ist, wie schon beim Vorgehen gegen die inneren Gegner des Regimes, der äußere Rahmen der Ereignisse bezeichnend: Während mit der Post ein Umschlagplatz (zwischen-)menschlicher Kommunikation zum ‹Schlachtfeld› denaturiert wird, spielen entscheidende Szenen dieses Kampfes sich ausgerechnet in Kindermilieu ab (s. 266; 274/75); ein Kontrast, aus dem heraus sich das Phänomen ‹Krieg› für den einzelnen Be- und Getroffenen nicht nur als ein psycho-physisches Horror-erlebnis erweist — auf seinem Höhepunkt allenfalls infernalischen Höllenbränden vergleichbar[6] —, sondern mehr noch seine absolute Sinnlosigkeit offenbart: Wenn beim Beschuß des Kinderzimmers die Zerstörung des Spielzeugs Oskar den Gedanken nahelegt, es gehe möglicherweise gar nicht um Polen, sondern eher um eine, seine Kindertrommel, dann ist diese Überlegung weniger abwegig, als sie auf den ersten Blick scheinen mag, vielmehr zeigt die Nachbarschaft und damit angedeutete Gleichrangigkeit, ja Austauschbarkeit der Begründungen (zu der Unmenschlichkeit) die völlige Willkür, ja Irrationalität des Ganzen auf[7].

Beides, Terror und Krieg, kennzeichnen den Nationalsozialismus als das, was er ist, als militanten Unrechtsstaat, in dem Barbarei betrieben wird in der Maske des Biedersinns und der Wohlanständigkeit. Oskar, dem die Kinderrolle erlaubt, ausschweifend neugierig zu sein (s. 87), läßt sich — anders als die meisten Erwachsenen — durch den schönen Schein der Paraden, Aufmärsche und Fackelzüge nicht täuschen (s. 134 ff.). Hinter und unter der Tribüne sitzend, nimmt er Gelegenheit, sich und seinen Lesern die (häßliche) Kehrseite der Medaille vor Augen zu führen und die festlich-pompösen Inszenierungen von law and order-Mentalität als faulen Zauber zu entlarven (s. 135 f.; 142 f.). — Was davon zu halten ist, geht mit wünschenswerter Deutlichkeit anhand der Fallstudie des SA-Mannes Meyn hervor: Von Oskar dabei betroffen, wie er sich in dem Kristallnacht-

---

[5] Braun als Kennfarbe des Systems wie der ‹Losung› seiner Schergen liefert an anderer Stelle Anlaß zu einem Katarakt von Einfällen und Wortneuschöpfungen (s. H 234/35).

[6] Zweimal wird diese Metapher gebraucht, beim Einsatz von Flammenwerfern gegen die Postverteidiger (s. 287) wie beim späteren Brand Danzigs unmittelbar vor Kriegsende (s. 468 f.).

[7] Ein anderes Mittel, die Sinnlosigkeit des Krieges zu zeigen, ist der Aspekt sich unablässig wiederholenden Zerstörens (s. 475 ff.).

Tohuwabohu bemüßigt fühlt, als Vandale und Judenfresser unrühmlich in Erscheinung zu treten, ist dies Verhalten des ehemals friedlichen Musikers nichts anderes als der verzweifelte Versuch einer Rehabilitation! Von offizieller Seite dazu angehalten, das Trinken einzustellen (s. 201), haben Appelle dieser Art aus einem notorischen Säufer zwar einen gewissenhaften Parteigenossen gemacht, doch zeigt sich bald, daß das Leben in nüchternem Zustand nur schwer erträglich ist, ein Dilemma, das schließlich die Katzen des Neubekehrten entgelten müssen. Wegen Tierquälerei — Ausdruck seines ‹Katzenjammers› — angezeigt (s. 232 ff.), ja in der Folge degradiert und menschlich geächtet, vermag er diesen Makel nur abzutun, indem er sich besonders systemkonform verhält: Daß die Judenfeme zum Mittel der Entsühnung werden kann, liefert Oskar den Anlaß, anhand von Untauglichkeit und Unverhältnismäßigkeit der Mittel die Nazi-Parolen der Verlogenheit und Perversion zu überführen. Sauberkeit statt als moralische Integrität als Aufforderung zu Säuberung und Lynchjustiz begriffen, Ordnung statt als geregeltes Miteinander als abstraktes (und damit unmenschliches) Prinzip, das weder die Bedürfnisse des einzelnen berücksichtigt noch vor kriminellen Delikten haltmacht, vielmehr um jeden Preis, selbst den der Vernichtung Andersdenkender[8], verfochten wird — dagegen trommelt Oskar Protest, stiftet er Unordnung, wie er jede bloß vordergründige Sauberkeit — etwa das Hausfrauenritual des Teppichklopfens vor Feiertagen (s. 108) — anprangert. — Der Dichter selbst greift zum Mittel der Satire, um die Verkehrtheit derartiger ‹Errungenschaften› bloßzustellen: Das Schlußkapitel des Ersten Buches, das mit den lokalen Auswirkungen der Kristallnacht wie dem generellen Hinweis auf die Judenverfolgungen allenthalben[9] inhaltlich die Summe aller Schrecken enthält, schildert dieses absolute Chaos in streng fugaler Form[10], eine groteske Zuspitzung des Mißverhältnisses von Erzähltem und Erzählen, durch die die tatsächliche Situation überdeutlich hervortritt.

Sosehr Oskar den Schein vorgeblicher Ordnung durchschaut, sowenig ist er von den sonstigen ‹Vorzügen› des Nazismus zu ködern (s. 71; 443/44), vielmehr

---

[8] Später wird Greff zur Zielscheibe derart rigoristisch verstandener ‹Moralität› (s. 378), während Oskar, der Bucklige, Blöde, seiner gespielten Einfalt fast zum Opfer fällt und der Euthanasie am Ende nur knapp entgeht (s. 433 ff.).

[9] Eine Bilanz dieser Greueltaten wird aus Anlaß der Einführung von Person und Schicksal des Herrn Fajngold aufgemacht (s. 478; 496 ff.).

[10] Bis in Einzelheiten (von der jeweils leitmotivisch angekündigten Durchführung der Themen bis hin zu schulmäßiger Engführung bei kontrapunktischer Anordnung) hinein nachgewiesen von Dietrich Droste, Gruppenarbeit als Mittel der Erschließung umfangreicher Romane: Grimmelshausens ‹Abenteuerlicher Simplicius Simplicissimus› und Grass' ‹Die Blechtrommel›. — In: DU 21, 1969, Heft 6, S. 101—115, dort S. 109. Bliebe zu ergänzen, daß das genannte Kompositionsmittel nicht nur für I, 16 gilt, sondern in der anaphorischen Wiederaufnahme der bisherigen Erzählinhalte (15mal für die vorangegangenen 15 Kapitel!) für das Erste Buch insgesamt, was nichts anderes bedeuten kann als die Aufforderung, den Aspekt des Chaotischen bereits auf die Frühphase des Nazismus (vor 1938) anzuwenden!

wird sein Trommelprotest in zunehmendem Maße begleitet von Anfällen ge-
zielten Schreiens oder Glaszersingens. Ist es Zufall, daß diese Fähigkeit, als es
nicht mehr lediglich um Kompensation fehlender Körperkräfte, nicht allein um
den Schutz der Trommel geht[11], sich sogleich gegen die Institution ‹Theater›
richtet (s. 117/18)? Wenn Oskar vom Stockturm aus im Jahr der Machtüber-
nahme (!) die Foyerfenster des Musentempels entglast, dann, um den verlogen
schönen Schein des dort (wie überall) in Szene Gesetzten anzuprangern, des
Stücks, das ‹Parole Ordnung› heißt, aber Deutschland in Wahrheit in ein Ge-
fängnis verwandelt hat. Es ist der apokalyptische Aspekt, der Oskar am Vor-
abend der militärischen Katastrophe noch einmal ähnlich bezeichnend singen
läßt: Während ein Bombenhagel niedergeht und Danzig in Trümmer fällt, den
wahren Sachverhalt (Chaos) nun auch äußerlich sichtbar demonstrierend, zer-
singt er die Schokoladenfabrik ‹Baltic› (s. 443/44), seinen Haß gegen die braunen
Machthaber wie seine Immunität ihren Versuchungen gegenüber — das Motiv
verlockender Süße! — nachhaltig unter Beweis zu stellen. — Trommelnd und
schreiend profiliert Oskar sich zuletzt gleichermaßen eindeutig in Ablehnung
wie Zerstörung, zerstreuend, was ordentlich schien, statt des Sammlers ein
Chaote[12]. Schreiend zerscherbt er eine Welt[13], anstatt in sie hineinzuwachsen,
eine Welt freilich, die allenfalls vordergründig und lediglich um den Preis des
Inhumanen ‹heil› erscheint.

2. Protest als Vatermord

Im öffentlichen Bereich das Unmenschliche staatlicher Reglementierung an-
prangernd, gilt Oskars Protest auf privater Ebene, in familiärem Umkreis, den
Vater-Figuren. Nicht nur lehnt er es expressis verbis ab, in Matzeraths Fuß-
tapfen zu treten (s. 63), immer wieder stellt er darüber hinaus selbst die bluts-
mäßigen Bande zwischen sich und dieser Person in Frage. Was ihn gegen seinen
Erzeuger aufbringt, ist in erster Linie dessen Vorliebe für Behagen und Gemütlichkeit, Bedürfnisse, die für Matzerath in einer Weise bezeichnend sind, daß er
beinahe (und sozusagen ‹einschichtig›) aus nichts anderem zu bestehen scheint.
Das Bestreben, versorgt zu sein, hat sein Denken und Handeln von jeher bestimmt: Im Lazarett war der Verwundete des Ersten Weltkriegs umsorgter

---

[11] Gegen Karl Migner — Der getrommelte Protest gegen unsere Welt. Anmerkungen zu Günter
Grass' Roman «Die Blechtrommel». — In: Welt und Wort 15, 1960, S. 205—207 —, der das
‹Glastöten› allein aus dieser defensiven Funktion her erklären möchte (s. S. 205).
[12] Auch die Anwendung des ‹Mein Kampf›-Stils bei Wiedergabe des Entschlusses, nicht Politiker
zu werden, verweist auf Oskar als Anti-Trommler und Gegenfigur zu Hitler (s. 63).
[13] In den ‹Hundejahren› führt der Panzergrenadier Harry Liebenau sein Sturmgeschütz gegen
Kriegsende in den Holzschuppen einer schlesischen Glasbläserei und verursacht dabei ähnlich
«beträchtlichen Glasschaden» (H 413).

Mittelpunkt einer ganzen Schwesternschar, und sosehr fand er Gefallen an dieser Rolle, daß er sich entschloß, eine seiner Pflegerinnen, die Krankenschwester
Agnes, zu ehelichen, was nichts anderes intendierte, als die (Ausnahme-)Situation
fürsorglichen Umhegtseins zum Dauerzustand zu erheben. 1923, im Jahr der
Weltwirtschaftskrise, heiratet man, und dies private Engagement Matzeraths
verspricht um so eher Schutz vor den Unbilden der Zeit, als damit ein Kolonialwarenladen in den Kauf geht. Inmitten von (leiblicher) Not und materieller
Unsicherheit fällt es dem jungen Ehemann nicht schwer, seinen angestammten
Beruf aufzugeben und seine eigentliche Bestimmung im Organisieren von Eßbarem wie in dessen Verwertung, d. h. im Zubereiten schmackhafter Speisen zu
finden. So sieht man Matzerath zunehmend häufig in Küche und Keller hantieren, damit beschäftigt, Gefühle in Suppen zu verwandeln (s. 42; 486). Nach dem
Tod seiner ersten Frau führt Maria ihm den Haushalt (s. 308 ff.), und er, der
eigentlich nur noch überm Kochen sensibel wird (s. 312), heiratet das Mädchen
am Ende, um keine Unterbrechung eintreten zu lassen in der gewohnten Behaglichkeit. — Behagliches Phlegma, in den eigenen vier Wänden mag diese Haltung
ihre Berechtigung haben, gefährlich wird sie da, wo sie das Wesen des Menschen
beherrscht und damit auch sein übriges Verhalten bestimmt. Wie er in privatem
Umkreis die (ehebrecherischen) Beziehungen zwischen Agnes und Jan Bronski
duldet, nur, um seine Ruhe zu haben, steht Matzerath als wesentlich unpolitischer Mensch allen (Fehl-)Entwicklungen im öffentlich-politischen Bereich
passiv gegenüber. Anstatt den Anfängen zu wehren, den Nazis entgegenzutreten, als es (noch) möglich und an der Zeit ist, wird er allzu früh und ohne Not,
im Jahr nach der Machtergreifung bereits, Mitglied der Partei (s. 131). Zwar
entwickelt er sich niemals zum Eiferer, das wäre gegen seine Natur, und so beschafft er sich die Uniform auch erst nach und nach (s. 132), bringt es insgesamt
überhaupt nur bis zum Zellenleiter — zu Hause wird (nur keine spektakulären
Veränderungen!) lediglich das Beethovenporträt gegen ein Hitlerbild vertauscht —, aber was sich in solch unscheinbaren Gesten zu erkennen gibt, ist
Duldsamkeit ohne alle Grundsätze, ein Beharren um des Behagens willen, ein
Prozeß der Gewöhnung an das Unrecht, das diesem erst eigentlich erlaubt, zu
wachsen und schließlich ins Kraut zu schießen, bis, um im Bild zu bleiben, alles
gärtnerische Bemühen vergeblich ist und nur noch Remedur geschaffen werden
könnte.

Weniger deutlich als die Aversion seinem Vater gegenüber sind Oskars Vorbehalte gegen den zweiten männlichen Erwachsenen seiner unmittelbaren Umgebung, Jan Bronski. Anders als Matzerath echter Empfindungen fähig, ja ein
leidenschaftlicher Liebhaber, erweist Jan sich als allzu gefühlsbezogen — ins
Gefühl verstiegen wie jener aufs Behagen versessen —, auf Kosten der Ratio und
kühl-praktischen Überlegung. So trifft Jan seine Entscheidung für Polen aus
Enttäuschung über Agnes, als verschmähter Liebhaber. Gläubig in der Liebe, ist
er in allen andern Belangen eher gutgläubig, und besonders auf politischem

Felde ein weltferner Träumer und Phantast. So übersieht er nicht nur die Zeichen heraufziehenden Unheils, als der Krieg ausbricht, trifft es ihn unvorbereitet, steht er auf der falschen Seite, und inmitten der Katastrophe, den Untergang unabweisbar vor Augen, baut er noch immer an einem Kartenhaus der Illusionen (s. 287), treibt er bis zuletzt nichts anderes als konsequente Vogel-Strauß-Politik!

Behagen und Leichtgläubigkeit sind nun für den Autor dieses Romans nicht allein individuelle Eigenschaften, sondern, wenn nicht allgemeine, so zumindest schichtenspezifische Erscheinungen, dem Kleinbürgertum zugehörig (s. 45). Beide zusammen erst ermöglichen — im Verein mit jener Ordnungsvernarrtheit, von der eingangs die Rede war — seiner Meinung nach das Aufkommen des Phänomens Nationalsozialismus, wie dieser wiederum die genannten Schwächen in taktisches Vorgehen ummünzt: Dem Ruhebedürfnis breiter Schichten entsprechend kommt er lange Zeit auf leisen Sohlen, schrittweise und sozusagen unmerklich daher; auf die Leichtgläubigkeit der Massen spekulierend, gibt er sich betont harmlos. So ist das Schlußstück des Ersten Buches nicht allein fugal angelegt, sondern zudem als Märchen konzipiert[14], dabei (verbal) von einer perfiden Scheinheiligkeit, daß faschistische (Vernichtungs-)Praktiken sich zuletzt wie Märchenformeln anhören. Und indem Grass darzulegen versucht, daß das Unheil weder plötzlich hereinbricht, überraschend etwa in der Weise, wie Schnee vom Himmel fällt, noch auch als übergewaltig-dämonisches Schrecknis, vielmehr von langer Hand vorbereitet und aus menschlichen Versäumnissen resultierend, leistet er ein Stück dessen, was er hier wie anderswo als seine Hauptaufgabe ansieht, der Entdämonisierung[15] und Entmythologisierung der deutschen Katastrophe nämlich.

Wo aber statt von schicksalhaftem Verhängnis von politischem Fehlverhalten die Rede ist, gibt es Schuldige statt der (lediglich) Betroffenen. So geniert Oskar sich denn auch nicht, der väterlichen Generation den schwarzen Peter zuzuspielen, sie verantwortlich zu machen für aufkommenden Terror wie ausbrechenden Krieg. Wer Augen hatte zu sehen und Ohren zu hören, hätte Warnungen genug vernehmen können bezüglich des Ausgangs, angefangen bei den Äußerungen des hellsichtigen Markus (s. 119/20) bis hin zu den wirren Reden des seherisch meschuggen Leo (s. 229/30). Die deutlichsten Fingerzeige indes gehen aus von einem Kapitel, das unter dem Stichwort «Niobe» vordergründig Herbert Truczinskis Lebensgeschichte berichtet (s. 212 ff.; 229) und damit in einem Buch voll kurioser Lebensläufe nichts als ein weiteres Kuriosum zu erzählen scheint, in

---

[14] Vgl. das noch weit ausführlichere ‹Greuel›-Märchen aus den ‹Hundejahren›, das im wesentlichen die Vernichtungsmechanismen der Konzentrationslager zum Thema hat und die Ungemäßheit von Form und Inhalt, verschleiernder Sprache bei grellem Sachverhalt, zu satirischen Effekten nutzt.

[15] s. dazu die briefliche Äußerung des Autors, abgedruckt in: Der Spiegel Nr. 33, 23. Jahrgang, 11. 8. 1969, S. 94.

Wahrheit aber, mit einer Passage aus den ‹Hundejahren› als Anleitung gelesen, in verschlüsselter Form eine Deutung deutschen Wesens und seines geschichtlichen Versagens beinhaltet: Herbert, Kellner in einem Lokal mit internationalem Anstrich, stark und gutmütig, mit der Neigung, sich schlichtend in alle Händel zu mischen, dabei nichts als Undank erntend bis hin zu Messerstichen, die ihn aufs Sofa zwingen, der Heilung wie der (zwischenzeitlichen) Bequemlichkeit wegen, das ist der «ehrliche Makler, aber mit wenig Witz und viel zuviel Behagen»; Herbert, dessen Rückenpartie man mit Messern traktiert, das mutet — in der Verketzerung der andern — an wie der Ansatz zu neuerlichen Dolchstoßlegenden; Herbert schließlich, der zwar das Beste will, den Frieden, in seiner tolpatschigen Art nur leider das genaue Gegenteil bewirkt, d. h. (aus Versehen) einen Matrosen erschlägt, sich daraufhin als Museumswächter verdingt, aber in den stummen Zeugen der Vergangenheit nichts erkennt als sein vermeintlich vorbestimmtes Unglück, das ist — der psychologischen Struktur nach — der Prototyp all jener Deutschen, die stets den Beruf verfehlt haben, die «nie aus ihrer Geschichte [lernen]: meinen immer, die anderen» (H 522), während der Ausgang der Parabel — einmal in sein ‹Niobe›-Schicksal vernarrt, begeht Herbert zuletzt Selbstmord — die sich abzeichnende (ebenso selbstverschuldete wie unmythologische) Katastrophe vorwegnimmt.

Trifft diese Deutung zu, dann wäre Behagen nicht nur ein soziologisches Spezifikum, sondern eine sozusagen nationale, sprich deutsche Unart, wie Jan Bronskis Gefühlsverstiegenheit über den individuellen Fall hinaus eine Art landsmannschaftlicher Mitgift, die Folge polnischer Abstammung, meint[16]. Darf man dem Autor glauben, dann hat jeder Mensch (mindestens) zwei Väter (s. H 454; 490), und das ist ebenso wörtlich — und alsdann unanständig-unmoralisch — wie übertragen, d. h. seine geistige Herkunft betreffend, gemeint. Sohn eines Kolonialwarenhändlers wie eines Postbeamten, stünde Oskar demnach in einem wunderlichen Traditionsgemisch, hätte er sich nicht entschlossen, alles Überkommene grundsätzlich zurückzuweisen oder zumindest dem kritischen Härtetest seiner diamantenen Stimme zu unterwerfen. Neugierig[17], vielschichtig und kritisch zugleich (s. 87), ist er als Kind so, wie Erwachsene sein sollten; seine Weigerung zu wachsen resultiert (u. a.) auch aus der Furcht, ähnlich systemkonform werden zu können wie diejenigen, die sich seine Väter nennen. So geht

---

[16] Vgl. die Schilderung der Kampfhandlungen um die Polnische Post, wo sich den Polen ob ihrer notorischen Courtoisie noch die angreifenden Panzer in Damen verwandeln und sie selbst angesichts des Todes die Donquichotterie ritterlichen Betragens nicht ablegen 272/73. — Bezeichnend in diesem Zusammenhang ferner die tragikomische Gestalt jenes Viktor (!) Weluhn, der in tapsiger Kurzsichtigkeit bis zuletzt an die Einlösung des englisch-französischen Hilfsversprechens glaubt (s. 277/78).

[17] Wobei die Haltung des Probierens viel unverdauliche Kost beschert und als Folge davon Ekel (anstatt Behagen) und häufiges Erbrechen mit sich bringt (s. 84/85; 105/06; 109/10; 363 u. a.).

er auf Distanz zu ihnen, nennt ihre Vaterschaft abwechselnd ‹mutmaßlich› —
und wird zum Vatermörder in dem Augenblick, als Bronski und Matzerath sich
aus der Verantwortlichkeit stehlen wollen, der eine, Jan, zu Beginn des Krieges,
der andere an dessen Ende. In diesen Augenblicken schreitet der Sohn vom bloß
akustischen Protest zur Tat. Oskar zieht seine Väter, und in ihnen stellvertretend eine ganze Generation von (um 1933) Erwachsenen zur Verantwortung,
und er bestraft die ‹Schuldigen› mit deren ureigensten Fehlern: Jan Bronski
gegenüber kehrt er das hilfsbedürftige, um ein Spielzeug verlegene Kind hervor,
packt den Leichtgläubigen bei dessen (Vater-)Gefühlen; und indem er den an-
gehenden Quisling nötigt, Farbe zu bekennen (s. 254 ff.), treibt er ihn schließlich
in den Tod: Als ‹Verteidiger› der Post wird Jan von den siegreichen Deutschen
füsiliert. — Dagegen scheint es zunächst, als sollte Matzerath seinem Schicksal
entgehen. Und doch fällt auch er, der den Krieg bereits überstanden hat, dem
Treiben des Sohnes zum Opfer just in dem Augenblick, als er sich anschickt, im
Keller seines Hauses auch die Wirren der Kapitulation und Besetzung zu überdauern: Oskar weiß ihm das verräterische Parteiabzeichen in die Hand zu drük-
ken und zwingt den lebenslangen ‹Fresser› am Ende, einmal eine unbekömm-
liche Speise zu schlucken (s. 470 ff.); mit dem Erfolg, daß der fast schon Geret-
tete, grimassierend und zappelnd, von den Russen inmitten seiner Vorräte er-
schossen wird. Damit ist, was auf personaler Ebene, in privatem Rahmen anmutet wie Vaterkomplex und Austrag eines Generationskonfliktes, in den Rang
eines Politikums erhoben. Akzeptiert man die Perspektive des Erzähler-
Autors[18], dann stellt diese exemplarische Liquidation die Quittung dar für das
politische Versagen einer ganzen Generation. Die Aufgabe des Rächers aber
übernimmt Oskar, darin die Rolle des Trommlers mit der des Täters vertau-
schend.

3. Die Stunde ‹Null›: genutzte oder verpaßte Chance?

Als Oskar sich am Grab des Vaters, die Trommel wegwerfend, zu wachsen
anschickt (s. 487)[19], ist dieser Entschluß nur die logische Folge des Vorangegan-

---

[18] Beider Identität wird (u. a.) nahegelegt durch den biographischen Hinweis, daß Oskar ausgerechnet 1927, im Geburtsjahr des Dichters, zu wachsen aufhört.

[19] Von ursprünglich 0.94 (als Dreijähriger) auf 1.21 m, d. h. um insgesamt 27 cm, so das Ver-
säumte nachholend wie die spätere Rückkehr hinter die Trommel vorwegnehmend: Oskar, der
schreibend Dreißigjährige, hinter Anstaltsmauern sich erneut der Gesellschaft verweigernd,
hätte demnach (bei Annahme gleichmäßiger Wachstumsraten) pro Lebensjahr einen Zentimeter
an Körpergröße gewonnen. — Numerische Spielereien wie diese sind im Falle des Zahlen-
mystikers Grass keine Seltenheit: Die Geburt des Helden für 1924 anzusetzen ermöglicht nicht
nur die Wachstumsweigerung im Geburtsjahr des Autors, sondern mehr noch das Erreichen
der Volljährigkeit mit Kriegsende (1945), so daß alle äußeren Voraussetzungen gegeben sind,
Oskar die Vaternachfolge antreten zu lassen.

genen. Man schreibt das Jahr 1945, und das bedeutet zwar den Zusammenbruch
Deutschlands, aber in eins damit die Beendigung des braunen Spuks wie den
Untergang derer, die ihn befördern halfen. Die Schuldigen sind bestraft, die
Überlebenden finden sich quasi auf dem Nullpunkt ihrer Existenz wieder. Vor
dem Nichts stehend, bleibt ihnen nur die Verpflichtung, von vorn zu beginnen,
aber mit diesem Auftrag ist bei aller Mühsal zumindest die Chance gegeben, es
anders und besser zu machen als bisher, eine Gelegenheit, die freilich nur genutzt werden kann, wenn man bereit ist, das Zurückliegende zu überdenken
und aus den Fehlern der Vergangenheit zu lernen. Ob und wieweit das geschieht,
darauf sucht der dritte und letzte Teil des Romans mit der Schilderung der
Nachkriegszeit eine Antwort zu geben. Wieder ist unser Vorgehen (entsprechend der Darstellungsweise) exemplarisch, wobei das Augenmerk diesmal insbesondere den Bewohnern jenes Hauses gilt, in das Oskar sich, in den Westen
geflohen, nach einem Zerwürfnis mit Maria einquartiert hat.

Gleich die erste Begegnung mit dem Eigentümer ist bezeichnend: Als Oskar
erscheint, ein Zimmer zu mieten, betrifft er Herrn Zeidler gerade bei der Rasur,
was zur Folge hat, daß die ganze untere Gesichtshälfte des Vermieters hinter
Seifenschaum verborgen bleibt (s. 573). Nicht genug damit, daß man seine Ge-
sichtszüge nur unzureichend erkennen kann, lassen die Angaben bezüglich seiner
beruflichen Position ihn in höchstem Maße verdächtig[20] erscheinen. Als Vertreter für Haarschneidemaschinen (s. 578/79) repräsentiert er ein Metier, das
(über die Korrektur der Haartracht) wesentlich zur Veränderung des menschlichen Erscheinungsbildes beiträgt und um so eher aussagekräftig wird hinsichtlich der Geisteshaltung des ‹Vertretenden›, wenn dieser die Maschinen, die er
feilbietet, selbst so häufig benutzt, daß sein beständig kurzgeschorener Kopf
ihm den Übernamen ‹Der Igel›[21] eingetragen hat. Derartige Wandlungen an
sich wie anderen berufsmäßig zu betreiben, und dies über einen Zeitraum von
immerhin fünfzehn Jahren — mehr als die Dauer des tausendjährigen Reiches! —
hinweg, ist gleichbedeutend mit der Fähigkeit, jeder (politischen) Situation gewachsen zu sein, kennzeichnet Herrn Zeidler als notorischen Anpasser, mit
einem Wort, als Opportunisten. Eine Kostprobe seiner psychologischen Trapez-
künste liefert er noch während Oskars Antrittsbesuch. Aus Anlaß einer harmlosen Einrede seiner Frau in Rage gebracht, mimt er einen Wutanfall, markiert
er, ganz Bismarckpose, den Haustyrannen, indem er exakt acht Likörgläser
— nicht mehr, nicht weniger — aus dem Schrank greift und am Kachelofen zerscherbt. Derart wohldosierter Temperamentsausbruch ist begleitet von ängstlichen Seitenblicken auf seine Ehehälfte, der zuliebe er sich anschließend bemüßigt fühlt, zu Schaufel und Kehrblech zu greifen und den Schaden zu beseitigen,

---

[20] Auch Matzerath, der Anpasser, war zunächst Vertreter (s. 42/43; 44/45).
[21] Weniger vordergründig ist damit auf die Fähigkeit angespielt, sich nach (möglichst) allen
Seiten hin absichern zu können (s. H 516).

so das Bild abgebend eines unterm Pantoffel stehenden Wüterichs. Die Szene ist gedacht, Oskar zu beeindrucken[22], ohne es — das wäre inopportun — mit der Hausfrau zu verderben. — Nach dieser Vorstellung gehört wenig Phantasie dazu, sich Herrn Zeidlers Auftreten außer Hauses vorzustellen, zumal seine Rolle während der Nazizeit zu imaginieren.

Wenn Oskar sich dennoch bei diesem Wirte ‹wunderwild› einmietet, dann um der Aussicht willen, eine Krankenschwester in seiner unmittelbaren Nähe zu haben. Freilich will es zunächst zu keiner Begegnung mit ihr kommen, statt dessen stößt er in Herrn Münzer unvermutet auf einen weiteren Untermieter des Hauses, der nun allerdings weniger helfend-heilend eingreifen kann als seinerseits der Hilfe bedürftig erscheint. Dieser Münzer alias Klepp ist eine der skurrilsten Erscheinungen des ‹Blechtrommel›-Panoptikums, ein in die Nachkriegszeit transponierter deutscher Oblomow. Mit ihm haben wir wieder einen Vertreter aus der Gattung der ‹Fresser› vor uns, einen der Typen, die übereinstimmend der Meinung sind, alles Leid dieser Welt durch reichliches Essen kurieren zu können (s. 615). Darin ein entfernter geistiger Verwandter Matzeraths, ist Klepp dem Behagen in einem Übermaß verfallen, daß er es ablehnt, sich auch nur zu erheben, und lieber genüßlich vor sich hinfault, einzig um sein leibliches Wohl besorgt und zu dessen Sicherung seine Umwelt ab und an um Hilfe angehend. Ein Virtuose im Ersinnen bewegungssparender Praktiken, versteht er selbst die elementarsten Bedürfnisse — das Geschäft der Verdauung — im oder vom Bett aus zu erledigen, hat er sich angewöhnt, anstatt des zeit- und kräfteraubenden Ganges zur Toilette sein Wasser in leergewordene Bierflaschen abzuschlagen! Zumindest gewinnt er auf diese Weise die nötige Muße, der Frage nachzuhängen, ob es ihm wohlergehe — natürlich geht es ihm ‹sterbensgut› — oder nicht. — Wie alle Fresser ist auch Klepp ein Träumer (s. 613), ja so sehr weltabgewandter Egozentriker, daß es scheint, als habe er die Ereignisse der letzten zehn, zwölf Jahre glatt verschlafen. Jedenfalls erinnert er sich nicht, je von Danzig gehört zu haben, und wenn er überhaupt Interesse bekundet, dann für längst Vergangenes: In den Genealogien aller europäischen Fürstenhäuser bewandert, ist er nach Denkungsart und Lebensgefühl ein ausgepichter Royalist, Verehrer höfischen Lebensstils, kurzum, ein Mann von vorgestern! Wie wenig es indessen bedarf, ihn umzustimmen und den anscheinend sterbensmüden, mit seinem Ende kokettierenden Dickwanst[23] dem Leben zurückzugewinnen, zeigt die Begegnung mit (dem zu diesem Zeitpunkt bereits erneut im Besitz einer Trommel befindlichen) Oskar. Es ist die «Trösterin Musik» (H 463), mit deren

---

[22] Dagegen macht gerade der Vergleich mit dessen rücksichtslos zerscherbender Wut den Unterschied deutlich zwischen Anpassung und Widerstand, ‹zeit-lerischer› Konzilianz und echter Gegnerschaft.

[23] Bei jedem Luftzug zelebriert Klepp mit Hilfe der dem Ofenrohr entströmenden Rußwolken symbolische Begräbnisse (s. 609).

Hilfe es auch hier gelingt, die lediglich schlummernden, unter Trägheit verschüt-
teten Lebensgeister neu zu entfachen, wobei freilich der Monarchist sich plötzlich — in einen strammen Marxisten verwandelt (s. 613); so daß denn das Zeidlersche Anwesen einen weiteren Gesinnungsjongleur und Opportunisten beher-
bergt!

Ein derartiges Zusammentreffen von chamäleonhaften Wesen an diesem Ort
ist gewiß kein Zufall. Zwar spielen die Ereignisse des Dritten Buchs als Folge der
mit Kriegsende verlorenen Ostgebiete notgedrungen in Westdeutschland, aber
sie sind, über diese Sachzwänge hinaus, da angesiedelt, wo der Westen sozusagen
am ‹westlichsten› ist, im Rheinland nämlich, genauer gesagt in Düsseldorf[24].
Rheinland, für Grass ist dies die Heimat eines bestimmten Menschenschlags,
jenes lustigen und fröhlichen Völkchens, das nach der Devise handelt: leben und
leben lassen. Schon Matzerath war nicht zufällig Rheinländer, vielmehr (zugleich) die geborene Frohnatur und auf seine «rheinisch fröhliche Art» (42) bald
der erklärte Liebling aller Krankenschwestern. Es ist diese Neigung zur Heiterkeit auch ohne Grund[25], ja in objektiv deprimierender Situation, eine Leicht-
lebigkeit, die an Leichtfertigkeit grenzt und oberflächlich genannt werden muß,
insofern sie ein (allzu) kurzes Gedächtnis, die Fähigkeit, schnell und nachhaltig
vergessen zu können, voraussetzt[26], die Oskar wie dessen Autor überall da, wo
sie ins Kraut schießt, auf die Nerven geht[27]. Im Falle Zeidlers etwa äußert sich
dies kurzatmige carpe diem im Ablehnen oder Verdrängen alles Unbequemen
und Unangenehmen: Der Krieg war schlimm genug, er brachte Chaos und
Unsicherheit; jetzt will man zurück zu ungestört-friedlichen Zeiten, zurück auch
an den heimischen Herd, in das Reservat der eignen vier Wände. Kein Zweifel,
daß aus solcher Einstellung heraus weniger erneuert als vielmehr restauriert
werden kann, restauriert in der Hoffnung, den alten Zustand, in dem sich so
behaglich leben ließ, wiederherstellen zu können. Darum das Streben nach
‹Milieu› beinah um jeden Preis (s. 609 u. 576. H 466/67), wie es etwa im Horten
weicher Teppiche zum Ausdruck kommt. Zwar ist ringsumher manches zu
Bruch gegangen — auch das Zeidlersche Anwesen weist deutliche Spuren von
Kriegseinwirkung auf (s. 572/73) —, um so emsiger aber das Bemühen vieler
Leute um die Wiederherstellung einer in Wahrheit längst in Trümmer versun-

---

[24] Auch dies ist autobiographisch, und ebenso ist die Reaktion Grassens der Oskars verwandt:
Dieser salviert sich hinter die Gitterstäbe seines Anstaltsbettes, Grass schreibt seine Tiraden
gegen die «butzenscheibenverklebte Pestbeule...» (H 515) in Paris und siedelt später in die
‹Frontstadt› Berlin über.

[25] s. das unmotivierte Kichern der Zeidlerin 624; 579, wie die Inge Sawatzki der «Hundejahre»
ein rheinisch-puppiges Geschöpf.

[26] Ferner das Vermögen, sich bis zur Selbstaufgabe anpassen zu können: Ingemaus, die Materns
Scheiße fressen könnte (s. H 540).

[27] Nur so ist noch der jüngste Protest des Dichters gegen den seiner Meinung nach zu ‹bequemen›
Bundespräsidenten Scheel zu verstehen.

kenen idyllisch-heilen Welt[28]. Zeidler weiß sich in dieser Gesinnung mit anderen verbunden: Rheinland ist Biedermeierland (s. H 527), Düsseldorf, zumal seine Altstadt mit ihrer Butzenscheibengemütlichkeit (s. 614; 628; 127), der klassische Fall eines verlogenen, weil künstlich aufgesetzten Neo-Biedermeier.

In der Jülicher Straße gelegen, ist es von Zeidlers Haus nicht weit zur Kunstakademie, kein Zufall also, daß Oskar sich in dem Augenblick, als auch Maria dem alles vereinnahmenden Trend zu spießbürgerlicher Idyllik anheimzufallen droht, der Kunst ergibt. Bezeichnend erst recht, wie die Gilde der Künstler sich mit der Vergangenheit auseinandersetzt: In den Augen der Kunsteleven stellt Oskar die Inkarnation des ‹kaputten› Menschen dar, interessant seines Buckels wegen (s. 554 ff.), und in eben dieser Weise wird der Krieg einer Generation der Nachgeborenen zum ‹Gegenstand›: als dankbares, weil ungewöhnliches und somit künstlerisch verwertbares Thema[29]. Unfähig zu wirklichem Einfühlen — dies das Dilemma der Jungen —, sind die Erwachsenen — ihre Lehrer — ebensowenig imstande, gehabte Erlebnisse innerlich aufzuarbeiten. So kommt ihnen der Krieg allenfalls recht, als sich herausstellt, daß man mit diesem Genre vor allem geschäftlich reüssieren kann. — Diese Möglichkeit wird vorexerziert am Beispiel der doppelgängerisch-schizophrenen Gestalt des Soldaten-Künstlers Lankes, dem Oskar zuerst am Atlantikwall begegnete (s. 398 ff.), ehe er ihm auf einer Karnevalsfête erneut und unvermutet über den Weg läuft (s. 564 ff.). Seines Kadavergehorsams wegen noch in unrühmlicher Erinnerung, kommt beim Wiedersehen augenblicksweise Verlegenheit auf, ehe von Lankes' Seite her die alte Ungeniertheit die Oberhand gewinnt. Da Lankes gute Gründe hat, sich seiner Vergangenheit zu schämen, ist er dazu übergegangen, alle Dinge einzuteilen in «aktuell» und «passé», und keine Frage, daß der Krieg zu den ein für allemal vergangenen Begebenheiten gehört (656), zumindest soweit es seine Rolle darin angeht. Daß er sich, die frühere Roheit betreffend, in keiner Weise geändert hat, zeigt nicht nur die rüde Behandlung der Muse Ulla (s. 567), sondern deutlicher die — in einer irrealen Szene — nachvollzogene Wiederholung jener entscheidenden Situation am Atlantikwall: Von dem Zwang befreit, arglose Nonnen erschießen zu müssen, entscheidet er sich dafür, sie nach genüßlich-behaglicher Mahlzeit — zu vergewaltigen (s. 660 ff.)! Auch als Privatmann ist Lankes der

---

[28] Oskar geht, nachdem er das ihm angewiesene Zimmer, ein «außer Betrieb gesetztes» (!) Bad in Augenschein genommen hat (573), schnurstracks zur Toilette (s. 574/75), so seinen Abscheu gegenüber soviel abgestandenem (realem wie moralischem) Schmutz bekundend. Höhepunkt derart dreckig-ungeläuterten Behagens ist die Umgebung des Betthüters Klepp, in der sich außer dem Hauptmöbel denn auch nur noch ein paar jener Teppiche Zeidlerscher Herkunft wiederfinden (s. 609).

[29] Wobei die eine Richtung — Zigeuner-Kuchen mit seiner Schwarzen Periode (s. 555 ff.) — meint, die chaotisch-negativen Aspekte noch zusätzlich strapazieren zu müssen, während die andern ihr Versagen vor der unmittelbaren Vergangenheit in einem epigonenhaften Klassizismus bekunden (s. 558 f.).

Unmensch geblieben, der er inmitten eines Ausnahmezustandes (immer) war, ja man weiß nicht, worüber man sich mehr empören soll, die Hörigkeit von einst oder die neuerliche Untat. Das einzige Motiv, das diesen Kerl dazu bringt, sich mit Vergangenem zu beschäftigen, ist der Gedanke an materielle Bereicherung, ein Anlaß, der in der Tat einer Schändung (von Kunst wie Vergangenheit) gleichkommt!

Geld — damit sind wir, neben dem Standardmerkmal des Biedermeierlich-Idyllischen, bei dem zweiten Epitheton Düsseldorfs angelangt. Der Landeshauptstadt fehlt, im Gegensatz zur benachbarten rheinischen Metropole, das katholische Flair und damit das für Grass einzig Anziehende, statt dessen ist es vornehmlich die Stadt der Geschäftemacher und Emporkömmlinge. Hier vollzieht sich die materielle Seite des Wiederaufbaus, das Wirtschaftswunder, am rasantesten und auffälligsten (s. 628). Ohne das Gegengewicht des Religiösen aber ist dieses biedermeierliche Sündenbabel nichts als leichtlebig, ja zuletzt frivol, und in dieser Frivolität dem Dichter verhaßt. — In welchem Stil hier Geschäfte gemacht werden können, zeigt deutlicher noch als der Fall des Ex-Obergefreiten Lankes das Beispiel Bebras: Oskar trifft den ehemaligen Musikalclown als Chef einer Konzertagentur und schwerreichen Herrscher über ein Musikimperium inmitten eines anonymen, gläsern-stählernen Verwaltungspalastes (s. 666 ff.) wieder. Was die Grundlage seiner Nachkriegskarriere abgab? Bebras Haltung in Krieg und Nazizeit! Dabei war beider Ausgangsbasis ursprünglich die gleiche: Klein und schutzbedürftig auch jener, dabei hellsichtig der politischen Entwicklung gegenüber, konnte Bebra sogar zeitweilig Oskars Lehrer werden (s. 129 ff.; 366). Von dem Rat, sich nicht vor, sondern hinter der Bühne zu placieren oder (gleich) unter die Zuschauer zu mischen (s. 130), befolgt Oskar den erstern Teil, wählt er den Protest. Bebra dagegen stellt sich mit seiner Truppe bald darauf[30] der Propagandakompagnie, d. h. dem Regime zur Verfügung, zieht den Platz auf der Tribüne vor, freilich unter Hintanhaltung seiner wahren Meinung. Und er glaubt sich mit diesem Schritt für die innere Emigration entschieden zu haben, versinnbildlicht durch die ineinander verknoteten, quasi in sich selbst hineinkriechenden Akrobaten (s. 390. H 673/74). In Oskars Augen freilich ist er lediglich unters Fußvolk der Gesinnungsverräter geraten (s. 198); ihre Wege trennen sich künftighin (s. 367)[31]. Später beansprucht Bebra diese seine Haltung erneut als Verdienst, und in der Tat wird ihr nun allseits Anerkennung zuteil, klingende Münze ist der Lohn; ja Bebra kann Oskar, den weitaus konsequenteren Systemgegner, des Mordes bezichtigen und so seinen (geschäftlichen) Plänen gefügig machen. Wieder wird hier, wie schon in Lankes' Fall, aus einer dubiosen Haltung in der Vergangenheit Profit geschlagen; ande-

---

[30] Eine Entwicklung, die abzusehen war schon anhand seines Ahnenstolzes, der ihn angeblich zum Abkömmling des Prinzen Eugen macht, sowie der Stilisierung seiner Rolle zum Hofnarren, während Oskar im Sich-Absetzen von den Vätern bewußt mit aller Tradition bricht.

[31] Oskar schließt sich der Truppe erst an, als ihm (1943) ein Euthanasie-Schicksal droht.

rerseits bleibt kein Zweifel, daß Oskars Vorbehalt Bebra gegenüber der sog.
‹inneren› Emigration als eines moralischen Bastards gilt. Die grimmige Ironie
des Dichters[32] besteht darin, Bebra zwar erfolgreich sein zu lassen, am Ende
aber — man darf wohl folgern, auf Grund seiner früheren beständigen Verren-
kungen — als fast völlig gelähmt und bewegungsunfähig zu zeigen! Womit geistiges Emigrantentum dieser Valeur als zwar subtilste, dafür aber auch verlo-
genste Form von Anpassung decouvriert wird.

Schließlich läßt sich im Rheinland nicht nur mit vermeintlichen Heldentaten
(Bebra) und wirklichen Verbrechern (Lankes) Geschäfte machen, sondern ebenso
mit den (verjährten) Untaten und dem daraus resultierenden schlechten Gewissen anderer. Dies ist der Fall Schmuhs, von dem, könnte man es nicht über den
Namen vermuten, spätestens aus den ‹Hundejahren› deutlich wird, daß er Jude
ist (s. H 518), (über-)lebender Jude, ein Umstand, der ihm inmitten von Leuten,
die sich früher auf ihr Ariertum etwas zugute hielten, trefflich zustatten kommen muß. Um das schlechte Gewissen dieser Mitbürger wissend, nutzt er seine
‹moralische› Überlegenheit kommerziell geschickt aus: Als Inhaber eines Alt-
stadtlokals setzt er seinen Gästen Zwiebeln vor und bringt sie, die sich zwar
schuldig fühlen[33], aber unfähig sind zu Tränen und Trauer, auf künstlich-natür-
lichem Wege, beim Häuten[34], Zubereiten und Verzehr dieser Knollen[35] zu
Tränen. Unter seiner Anleitung werden im «Zwiebelkeller» temperierte Orgien
zelebriert (s. 640), und da dies weniger schmerzlich ist als wirkliche Reue, sind es

---

[32] Vgl. seinen Spott über die innere Emigration 142; 198/99; 367; 396 u. a. Sosehr er die
mangelnde Flexibilität und Rollenfixiertheit der Erwachsenen verurteilt, im Augenblick, da es
um den Kampf geht gegen die Inhumanität, gibt es keinen Kompromiß mehr, nur noch ein
Trommeln bis zum bitteren Finale (s. 378). Mit dieser Konsequenz, seiner Vorliebe fürs
Hitzige oder eisig Kalte (s. 349) hat Greff, der Gemüsehändler, ungeachtet seiner sonstigen
Verschrobenheiten, die Sympathien des Autors auf seiner Seite, während für die Lauen nur
Verachtung bleibt.

[33] Daher sein Bekanntheitsgrad. Man hofiert ihm sozusagen aus lauter schlechtem Gewissen.
Zugleich ist das Stichwort vom «Allerweltsschmuh» (627) ein Hinweis auf das Thema ‹Kollek-
tivschuld› (s. 522) und, wie schon in Gestalt des Malers Raskolnikoff — «man nannte ihn so,
weil er ständig von Schuld und Sühne sprach» (566) —, Gegenstand der Persiflage von seiten
des Erzählers.

[34] Im übertragenen Sinne ist damit die «Enthäutung», d. h. moralische Bloßstellung der Anwesenden gemeint, die Lockerung des «Zapfen[s], der die Bekenntnisse unter Verschluß hält»
(T 86; vgl. 186). Ähnliches muß der Held von «örtlich betäubt» über sich ergehen lassen,
wenn der Arzt ihn «wie eine Zwiebel behandelte, die, Haut weniger Haut, immer kleiner und
glasiger wurde» (öb 343), bis Starusch zuletzt (sich selbst und anderen) ‹durchsichtig› erscheint.

[35] Die Zwiebel als ‹Judenspeise› verweist noch einmal auf die Herkunft des Wirtes, freilich, geht
man einer Bemerkung aus «Katz und Maus» nach, nicht minder auf jenen einst «vorherrschenden Leichengeruch», den zu verbieten sie ihrer alles überlagernden scharfen Ausdünstung
wegen in den Jahren nach 1939 in ganz Deutschland so begehrt wie geeignet war (KuM 119);
eine Assoziation, die für sich spricht und (auf dem Umweg über verschüttete Erinnerungen)
bereits tränentreibend wirken müßte.

alle zufrieden, mit Ausnahme von Schmuh selbst, der die, die da seine ‹Gäste›
sind und ein Stück ‹Wiedergutmachung› leisten, insgeheim haßt, wie jene ihn
irgendwo, in einem Winkel ihres Herzens, fürchten. Als einstiges Opfer möchte
er sich für erlittene Unbill rächen, aber dem stehen sein Geschäftssinn ebenso
wie die allseits akzeptierten Spielregeln im Weg. Und so wagt er sein Mütchen
allenfalls indirekt zu kühlen: an der Klofrau (s. 639/40), die vermutlich unschuldig ist, aber zugleich wehrlos, sodann — auch dies ersatzweise — an den Spatzen!
Sperlinge meinen bei Grass einmal, auf Grund ihrer Vielzahl, das Volk; als
Vögel versinnbildlichen sie die Eigenschaft der Deutschen, im Wolkenkuckucksheim zu leben, selbstvergessen in den Tag hineinzuträumen — eine Variante der
Leichtgläubigkeit — zu Lasten zunehmender Unachtsamkeit ihrer nächsten Umgebung gegenüber (s. H 522). Wenn Schmuh Tag für Tag zwölf Spatzen erlegt
(s. 626; 639), dann rächt er sich damit symbolisch an der Menge derer, die durch
ihr ‹Hans guck in die Luft›-Gebaren die zwölf Jahre Naziherrschaft ermöglich-
ten. Und wie er für maßvolle Zerknirschung zu annehmbaren Preisen sorgt,
sind die ehemaligen Peiniger bereit, solche Rachegefühle innerhalb gewisser
Grenzen zu tolerieren. In dem Augenblick aber, da Schmuh sich einmal vergißt,
einen allzu unverschämten, herausfordernden dreizehnten Spatz tötet, schlägt
die Allgemeinheit zurück, wird Schmuh durch einen Vogelschwarm getötet.

Faßt man zusammen, dann bringt die Zeit nach 1945, in rheinischer Umgebung verlebendigt, zwar materiellen und wirtschaftlichen Aufstieg, nicht aber
innere Einkehr und Besinnung, Verarbeitung der Vergangenheit als (notwendige) Voraussetzung eines wirklichen Neuanfangs. Guste Truczinskis verzwei-
felter Ruf, wenn erst ihr Angetrauter zurückkomme, werde alles anders (s. 519/
20), zeigt — zumal da die Heimkehr des beharrlich zitierten Veränderers ironischerweise ausbleibt —, wie wenig sich im Grunde gewandelt hat. So kann für
jemanden, der wie Oskar auszog auf die Suche nach politisch wie menschlich
überzeugendem Verhalten, nach angemessener Einstellung zu den bedrängenden
zeitgeschichtlichen Fragen, die Enttäuschung nicht ausbleiben. Die Euphorie der
ersten Nachkriegszeit ist bald verflogen (s. 523), was bleibt, ist ein Katzenjammer, der um so nachhaltiger wirkt, als die Folgen (lediglich) restaurativer Gesinnung ihn nun auch persönlich betreffen: Maria hat sich nach ersten Schwierigkeiten eingelebt, aus dem einstigen Flüchtling ist eine Integrierte geworden. Als
sie, die anfangs Schwarzhandel betrieb mit Nahrungsmitteln (s. 519 ff.), zuletzt
in ein Feinkostgeschäft überwechselt und zu allem Überfluß auch noch ein Verhältnis mit ihrem neuen Arbeitgeber beginnt, ist sie für ein neues, sinnvolles
Leben endgültig verloren, ihre (klein-)bürgerlichen Instinkte haben die Oberhand gewonnen (s. 567; 569), das Rheinland hat sie vereinnahmt. Oskar bleibt
nichts als Verzweiflung[36], über den privaten Rahmen hinaus Erbitterung dar-

---

[36] Zwar tut er so, als mache ihm Marias ‹Verrat› — die Ablehnung seines Heiratsantrags ist
    dafür nur äußeres Zeichen — nichts aus (s. 584), das häufige Erwähnen ihres Liebhabers
    (s. 616; 639; 650; 665) indes beweist gerade das Gegenteil.

über, daß die trübe Vision aus den letzten Kriegstagen am Atlantikwall ihn schließlich doch eingeholt hat: jene Aufführung der Bebra-Truppe, bei der in einer dramatisierten (und darum dialogisierten) Auseinandersetzung die Strömungen der Zeit in allegorischer Form aufeinandertrafen und im Ringen um eine neue Lebensform das Alte schließlich die Oberhand behielt, biedermeierlicher Geist aufs neue einzog ins Land ‹Pantoffel›. Oskar empfindet Melancholie und (Lebens-)Überdruß ob diesem Eingeständnis. Und er reagiert auf seine Weise: Nach zwei Jahren Teilhabe am Leben der Erwachsenen kehrt er endgültig hinter seine Trommel zurück[37].

Und erneut ist dies Trommeln Distanzierung und Protest gegen die Befindlichkeit der Welt, nur beides radikaler als früher. Während alles um ihn herum Idyllik und Behagen verbreiten möchte, fühlt Oskar sich mehr und mehr vereinsamt (s. 683), dabei zunehmend geplagt von Langeweile wie Angstzuständen. Je länger die Schatten werden der Schwarzen Köchin[38], desto dringlicher sein Verlangen (nicht nach Gemütlichkeit, wohl aber) nach Erlösung. Zwar erscheint diese Sehnsucht noch einmal auf eine Person konzentriert, die Gestalt der Krankenschwester Dorothea, doch ist damit weniger ein Individuum gemeint denn ein Typus, und erst recht keine Frau, vielmehr ein Wesen von engelhafter Reinheit (s. 295) und in dieser ‹Zwischenstellung› ein «Mysterium...» (579)[39]. — Für Oskar freilich wird die Begegnung mit Dorothea zu einer neuerlichen Enttäuschung, lernt er doch in ihr einen ‹Engel› kennen weniger in idealischem Sinne als dem der (ambivalent-ironisch gemeinten) Verführung zum Tode. Bliebe nachzutragen, daß der Berufsstand, den Dorothea vertritt, auch in dieser Hinsicht für den Helden von höchstem Reiz sein kann: Weiß und betäubend, machen Krankenschwestern den melancholischen Patienten müde (s. 524), animieren sie Oskar dazu, anstatt unter Tischen und in Schränken, in Haustüren und Kellern, ein letztes Versteck zu suchen, den Mutterschoß als Heimat und Urgrund allen Seins (s. 25/26; 49; 144; 206). So meint denn Oskars Trommeln auf einer letzten Ebene radikale Distanzierung, nicht allein Rückzug auf die Position der Kindheit, sondern «Rückkehr zur Nabelschnur» (206). Zugleich ist seine vielfältig intensive sexuelle Betätigung — Trommel-

---

[37] Die Folge dieses Verzichts ist Einsamkeit, ein Zustand, in dem die Trommel ihm nicht selten zum einzig verbleibenden Gefährten wird, eine Rolle, über der sie zuletzt sogar menschliche Züge gewinnt (s. 200; 253; 260). — Gegenüber dieser quasi ‹partnerschaftlichen› Bindung erscheinen uns Trommel (wie Dinge überhaupt) bei Lore Schefter Ferguson — ‹Die Blechtrommel› von Günter Grass: Versuch einer Interpretation, The Ohio State University, Ph. D. 1967 — zu einseitig dämonisiert (s. S. 200 ff.).

[38] s. 391/92; 458; 464; 644; 671; 701/02; 710 ff. Als Symbolgehalt (auf dem Felde der Nahrungsaufnahme) das genaue Gegenteil des Behagens andeutend, beginnt sich (von der Einrichtungsseite her) mit Hilfe des genagelten Kokosläufers (s. 616 ff.) Oskars Passionsweg abzuzeichnen.

[39] Dazu paßt, daß Oskar Dorothea nie zu Gesicht bekommt.

stöcke als Sexualsymbol (s. 205 f.; 369) — nicht nur obszön[40], vielmehr sind all
seine unappetitlich-schockierenden Praktiken — wie schon Koljaiczeks Flucht
unter die Röcke der Großmutter (s. 16 ff.; 144) — irgendwo (mit-)diktiert von
Angst und Erlösungsbedürfnis. Immer schon latent vorhanden, wird das Gefühl
der Todessehnsucht in einem Augenblick, da privatmenschliche Enttäuschung
und Lebensekel zusammenfallen, übermächtig: Der Falter, der bei seiner Geburt
gegen das Licht (als Zeichen des Lebens) trommelte, wird nun endgültig «Oskars
Meister» (48). Nicht geboren zu sein ist das Beste in einer Zeit voll Barbarei und
Langeweile, gefolgt von dem Verlangen, den Mißgriff der Individuation rück-
gängig zu machen. — Als Antwort auf die Pervertierung menschlicher Möglichkeiten weitet Oskars Protest sich auf einer dritten und letzten Stufe aus zu einer
allgemeinen Anklage gegen das Dasein schlechthin.

4. Perspektiven künftiger Entwicklung

Damit ist am Ende der ‹Blechtrommel› die Frage nach Anpassung oder
Widerstand zumindest für diesen Roman eindeutig beantwortet; so eindeutig,
daß sich von daher die Frage erhebt, wie es weitergehen sollte in der Ausein-
andersetzung des Dichters mit der Wirklichkeit seiner Zeit, konkret, ob sich
Wege finden ließen aus der Sackgasse absoluter Negation heraus. Einen ersten
Schritt in dieser Richtung tut das Schlußstück der Danzig-Trilogie: «Hundejahre» haben zum Thema noch einmal Krieg und Nazismus, nur daß deren
Aufkommen nunmehr weniger durch Behagen als durch das, was bei Grass
Idealismus heißt und in Gestalt von Romantizismen wie Philosophemen daherkommt, bewirkt wird. Die Hauptakteure sind diesmal erwachsen und können
sich so dem Zugriff des Systems, sei es in der Rolle des Täters, sei es in der Position des Opfers, nicht entziehen. Mit den Vorteilen der Kindheit sind (ein Großteil) Flexibilität und mehr noch Vielschichtigkeit dahin. Auf vorgeprägte Ver-
haltensmuster (der Skeptiker — der Leichtgläubige) festgelegt, kennen die beiden Protagonisten jeweils nur zwei Möglichkeiten, dabei überdies, nach schlechter deutscher Sitte, von einem Extrem ins andere fallend: So ist Matern zunächst
Nazihandlanger (und als solcher Vertreter der Macht) — später ebenso entschieden Antifaschist[41]; Amsel wechselt aus der Rolle des welt- und gegenwartsfernen
Intellektuellen über zum einflußreich-allgegenwärtigen Geschäftemacher und
‹Futurologen›. Nicht nur werden beide im Verlauf der Handlung von Einseitig-

---

[40] Nicht einmal der Angriff auf Dorothea ist einzig in der Absicht der Schändung unternommen,
vielmehr hat auch er als Ausdruck Oskarschen Erlösungsbedürfnisses zu gelten.

[41] Zwischendurch wechselnden, ja einander ausschließenden Ideologien anhängend: dem Katholizismus ebenso wie dem Kommunismus, und alles jeweils mit Ausschließlichkeitsgebärde und
der theatralischen Übersteigerung des Schauspielers!

keiten dieser und ähnlicher Art zurückgeholt, am Ende des Romans — eine
Konfrontation mit der zu einem dantesken Inferno verfratzten Vergangenheit
ist vorausgegangen[42] — steht überdies zwar keine Versöhnungsszene, immerhin
aber erstmals ein, wenn auch unpathetisches Nebeneinander: Beide, Matern und
Amsel, baden getrennt, waschen, jeder für sich, das Salz der Schuld ab (s. H 682).
— Überblickt man die zwischenzeitliche Entwicklung bei Grass, dann stellt das
‹Tagebuch einer Schnecke› das bisher letzte Wort dar hinsichtlich des Problems
einer möglichen Aussöhnung mit der Wirklichkeit; und das weitestreichende[43]
dazu, insofern der Autor (zumindest in den nichtfiktionalen Partien) vom
Widerstandskämpfer zum Wahlkämpfer geworden scheint.

Nun ließe sich wohl auch die umgekehrte Behauptung vertreten, wonach
Grass als Wahlhelfer noch einmal (und jetzt erst recht) zum Widerstandskämpfer
wurde, dennoch setzt der Entscheid, sich in dieser Weise mit der (politischen)
Gegenwart einzulassen, eine ‹Bekehrung› voraus, die Wandlung nämlich vom
Revolutionär zum Revisionisten. Und es erhebt sich die Frage, ob der Dichter
dabei nicht alte Positionen aufgegeben, ja seine ursprünglichen Intentionen verraten hat. Diese Bedenken bestätigen oder zerstreuen zu können, müssen wir
noch einmal zu den Anfängen des Epikers Grass, genauer gesagt, den Äußerungsformen Oskarschen Protestierens zurückkehren. Und dabei ergibt sich zwar
die Bestätigung der Trommel als eines Protestinstrumentes, läßt sich, zumal
im Hinblick auf die rot-weiß geflammten Exemplare[44], eine direkte Beziehung
herstellen zum Brandstifterblut des Großvaters Koljaiczek (s. 24; 247)[45]; wie
auch der revolutionäre Impetus des Schreiens dingfest gemacht werden kann,
insofern zerscherbtes Glas Zugluft herbeiführt, frischen Wind wehen läßt, wo
stickig-muffige Atmosphäre herrschte (s. 68; 90), Bewegung hineinbringt, wo
nichts als Stillstand war (s. H 521 f.). Dennoch sind (Trommel-)Krach und Ge-
schrei zugleich, wenn auch auf reduzierte Weise, musikalische Verlautbarungen,
und damit typisch deutsche Unmutsäußerungen in den Augen eines Dichters,
dem die eignen Landsleute «Revolutionen immer nur in der Musik» veranstalten
(H 523).

---

[42] Und daraus resultierend ein neues Verhältnis zu Geschichte und Gegenwart, Leben unter und
über Tage.
[43] Dies trotz «örtlich betäubt». Zwar wird dort erstmals der Versuch unternommen, der Gegenwart positive Züge abzugewinnen, doch steht statt eines Propagandisten fürs Heutige ein eher
passiver ‹Held› und Abwiegler allzu revolutionären Elans im Mittelpunkt.
[44] Was zunächst nichts als Realitätswiedergabe scheint — Trommeln sind nun einmal für gewöhnlich rot-weiß geflammt —, gewinnt bei näherem Zusehen doch Hinweischarakter: zunächst
auf die Nationalfarben Polens (s. 63; 142), dann, als stilisiertes Feuerzeichen, auf die revolutionäre Gesinnung des Trommlers.
[45] Während Kurtchens Handel ausgerechnet mit Feuersteinen (s. 520 ff.) Oskars Sohn als ebenso
angepaßt wie geschäftstüchtig charakterisiert. — Dazu paßt ferner der Umstand, daß er im
Gegensatz zum Vater «viel zu gerne» die Schule besucht (540) und sich dort bald als Streber
(s. 519/20) und Musterschüler entpuppt (s. 689; 706).

Seis drum, wird man einwenden; wenn Oskars Protestsongs schon nicht
überzeugend wirken, so bleibt doch der Tatbestand doppelten Vatermords[46].
Und doch sind auch hier Zweifel möglich. Wie das? Zwar behauptet Oskar, seine

[46] Es wäre dies der sozusagen klassische Fall einer objektiv festschreibbaren Schuld. Freilich,
sobald man in die ‹Beweisaufnahme› eintreten möchte, verflüchtigt sich, wie im Falle der
Eltern so beim Ableben Jan Bronskis oder Dorothea Köngetters beinah alles, was in juristi-
schem Sinne als strafbare Handlung bezeichnet und gerichtlich geahndet werden könnte. Kein
Wunder, daß das Problem der ‹Beteiligung› Oskars an den Schicksalen der genannten Personen die Forschung wiederholt und so extensiv beschäftigt hat, daß es unmöglich ist, der
Fülle von Ansätzen zu diesem Themenkomplex referierend gerecht zu werden und wir uns
statt dessen (und gleichsam exemplarisch) mit der Vorstellung eines Buches begnügen möchten,
dessen Thematik insgesamt der Frage nach Oskars Schuldanteil unterstellt ist: Die Arbeit von
Robert Leroy — «Die Blechtrommel» von Günter Grass. Eine Interpretation, Paris 1973 —
geht im wesentlichen auf eine Anregung von Hildegard Emmel — Das Gericht in der deutschen Literatur des 20. Jahrhunderts, Bern/München 1963 — zurück, dabei vor allem die
(seitens der Verfasserin) in dem Kapitel «Das Selbstgericht» entwickelten Grundgedanken
(S. 105—119) aufgreifend und (erweiternd) fortführend. Auch Leroy spricht statt von Schuld
von Schuldgefühlen (s. S. 49 ff.), die weniger in konkreten Straftaten begründet als vielmehr
von einer höheren Instanz, Oskars Gewissen (s. S. 54), abzuleiten seien. Zwar bleibe jener
Außenseiter insofern, als er der Gesellschaft das Recht abspreche, über ihn zu Gericht zu sitzen
(s. S. 49), nicht aber stelle er selbst sich außerhalb der ethischen Normen, ja sein Verhalten
sei im Gegenteil sosehr von dorther bestimmt, daß ihm aus Sorge, hier (innerlich) nicht bestehen zu können, jedes Mittel der Selbstrechtfertigung gelegen komme: Nächst der Selbst-
analyse, bei der er sich als Opfer unbewußter Verhaltenszwänge — Ödipuskomplex (s. S. 57;
60), die Krankenschwester als ihn traumatisch verfolgende Mutter-Imago (s. S.89/90; 96 ff.) —
ausgibt, dient die Einschwärzung speziell der (Kriegs-)Welt in Richtung auf das Absurde hin
(s. S. 103 ff.) — Wiederholung der insgesamt negativen Weltsicht des einleitenden Teils —
dazu, der Schuldidee (subjektiv) jegliche Relevanz zu nehmen (s. S. 111), muß die Dämonisie-
rung des Leblosen, die Gewalt, die die Dinge über den in sich zerrissenen Menschen bekommen, dazu herhalten, die Eigenverantwortlichkeit des Individuums herabzumindern (s. S. 129).
Als sich erweist, daß alle diese Mittel letztlich nicht anschlagen und die nicht oder nicht
genügend bewältigte Schuld gegen Ende erneut und dann stärker denn je auf Oskar zukommt,
flüchtet dieser sich von der ethischen auf die ästhetische Ebene hinüber (s. S. 135 ff.), erscheint,
wie früher im Verhältnis zur Welt, so jetzt in bezug auf ihn selbst Kunst «als die allerletzte
Möglichkeit der Rettung» (S. 145). Damit wäre die ‹Anstalt› nicht, wie bei Emmel, der
schutzbietende Ort, «den er braucht, um ... über sich selbst Gericht zu halten» (a. a. O. S. 118),
sondern — unter umgekehrten Vorzeichen — «der Schlupfwinkel, wo er [Oskar] der Anklage
des Bewußtseins zu entgehen und die eigene Schuldhaftigkeit endgültig zu vergessen versucht»
(S. 11). — Oskars Leben als beständige Flucht vor der Welt wie seinen Bewußtseinsmartern
(s. S. 151), diese These ist haltbar nur bei ebenso reduzierter wie einseitig orientierter Text-
auswahl — immer wieder rekurriert der Verf. vor allem auf das Kapitel «Die letzte Straßenbahn ...» —, während insbesondere der Schlußteil des Romans mit dem Versuch des Helden,
im Westdeutschland der Nachkriegszeit Fuß zu fassen, den Interpreten vor (eingestandener-
maßen) unlösbare Probleme (s. S. 55) stellt. Insgesamt aber und über viele Unrichtigkeiten im
Detail hinaus wird hier eine Mystifizierung des Schuldgedankens betrieben, die, wenn wir
recht sehen, den (eher) aufklärerischen Intentionen des Autors glatt zuwiderläuft. Schuld, auch
solche an allgemeinen Entwicklungen, ist bei Grass immer konkret benennbar, und wenn
gerade diese Benennbarkeit sich (wie im vorliegenden Falle) im Ungefähren verliert, dann

Väter[47] umgebracht zu haben, aber wie er am Ende eines Verbrechens angeklagt ist, das er mit Sicherheit nicht verübt hat — Mord an Dorothea —, so ungewiß ist es, ob er die Taten, die er sich zuschreibt, auch wirklich begangen hat. Zumindest seine Freunde bezweifeln dies, freilich in der Absicht, einen Freispruch zu erwirken. Und doch kommen bei diesen Rechtfertigungsversuchen Gründe zur Sprache, die des Nachdenkens wert sind. Insbesondere Vittlar (s. 38; 291; 473/74; 485) hat eine vorwiegend psychologische Erklärung parat, hält das Ganze für eine Art raffinierter Selbstbezichtigung[48], inszeniert in selbstmörderischer Absicht, um den Plan der melancholischen Selbstvernichtung in die Tat umzusetzen. — Einmal aufmerksam gemacht auf Oskars subjektive Perspektive, ergibt sich generell und grundsätzlich die Möglichkeit, die Dinge anders zu sehen: Oskar markiert nicht den greinenden Säugling (s. 290), um sich der Verantwortung zu entziehen, er ist es wirklich (und verantwortlich Jan allein); er spielt nicht den unschuldigen Kleinen im Hinblick auf die Kinderliebe der Russen (s. 472 ff.), sondern ist tatsächlich der hilflos Minderjährige, Matzerath entsprechend sein eigner Henker! Wo aber selbst die eindeutigsten Zeichen revolutionären Verhaltens ungewiß werden, gerät nachträglich auch die allererste der Verweigerungen ins Zwielicht: Gewollt herbeigeführter Kellersturz, um den Erwachsenen das ‹Wunder› der Wachstumshemmung plausibel zu machen (s. 66/67), oder absichtsloser Fehltritt eines auf den Beinen unsicheren Kleinkindes, und alleiniges Verschulden dessen, der vergaß, die (Fall-)Tür zum Keller zu schließen?[49]

Grass läßt dies alles bewußt offen[50], um hinter die Eindeutigkeit Oskarscher Anti-Haltung seine Fragezeichen setzen zu können. Bleibt die Probe auf den Stellenwert des letzten, absoluten und gegen das Dasein insgesamt gerichteten Protestes. Haben wir bisher hervorgehoben, Ekel und Lebensüberdruß des Hel-

weniger aus der quasi theologischen Überhöhung der Sache selbst heraus als vielmehr darum, weil hier ein Individuum gezeigt wird am Kreuzweg stehend zwischen Infantilität und Erwachsensein, Freiheit und Verantwortung. Es ist der Lockruf des ‹süßen Vogels Jugend›, nicht moralisches Bedenken, was den herangewachsenen Oskar zögern und lavieren läßt. Erst einmal jenseits des dritten Lebensjahrzehnts angelangt, würde er, wie das Beispiel der «Hundejahre» lehrt, sich notwendig bekennen müssen; ein Vergleich, von dem her das Verhalten des ‹Erstlings› ebenso biographischen Hintergrund bekommt wie das Ganze wesentlich als ‹Politikum› (anstatt in moralisierendem Lichte) erscheint.

[47] Und nicht nur diese; vielmehr beharrt er auf seinem Anteil Schuld auch am Tod der Mutter (s. 197) sowie am Ende der Raguna (s. 414).

[48] Eine Perspektive, die dadurch an Wahrscheinlichkeit gewinnt, daß Oskar sich der (vorgeblichen) Morde allzusehr und in auffälliger Weise berühmt.

[49] Auch für sein späteres Wachstum gibt es eine sozusagen ‹natürliche› Erklärung: Kurtchens Steinwurf (s. 492/93), der denn auch von ärztlicher Seite als auslösendes Moment diagnostiziert wird.

[50] Die Forschung hat deshalb gemeint, von unzuverlässigem Erzählen sprechen zu müssen, doch ist insbesondere gegen John Reddick — The eccentric narrative world of Günter Grass: Aspects of «Die Blechtrommel», «Katz und Maus» and «Hundejahre», (Diss.) Oxford 1970, S. 166–173 — einzuwenden, daß dieses Phänomen einer inhaltlichen Präzisierung bedarf:

den resultiere wesentlich aus seiner Einsicht in die Unausrottbarkeit menschlichen Beharrungsvermögens, so bleibt diese Auskunft zwar richtig, erscheint
aber nun doch einer Ergänzung bedürftig: Oskars Enttäuschung ist über das
Politische hinaus im wesentlichen eine allgemein menschliche, und damit sowohl
breiter angelegt als auch tiefer begründet. Zwar ist er in allem kritisch, prüfend,
aber dabei, wie noch der Held des letzten Romans (s. T 76/77), gläubig in der
Liebe. Was immer er sucht auf seinen Streifzügen, es ist diese Liebe, verstanden
weniger als Eros denn als Agape, als Selbstlosigkeit und Güte. Liebe in so reiner
Form — es ist die Suche nach diesem Geheimnis, die dem Zeitalter nach den
Kennzeichen des ‹Barbarischen› und ‹Gelangweilten› in Gestalt des ‹Mystischen›
(s. 404) das letzte signifikante Epitheton einträgt. Was Oskar statt dessen findet,
sind (isolierter) Sexus und ein Egoismus, der das Gegenteil darstellt des gesuchten Ideals und das Treiben der Mutter (mit Jan) wie Marias (mit Matzerath) so
unappetitlich macht, wie er erlaubt, Betterfolge dieser Art mit Fronterfolgen,
d. h. kriegerischen Auseinandersetzungen, in einem Atem zu nennen (s. 364).
Entsprechendes gilt für die Nachforschungen im Zimmer der Schwester Dorothea. Nicht nur zeigt sich, daß diese sehr menschlich verstrickt ist[51], die häßlich-
schmutzige Umgebung läßt vermuten, daß sie, wenn nicht (geschlechts-)krank,
so doch in höchstem Grade unreinlich ist[52]. Als Fazit dieses Ausflugs aber kommt
dem Helden die Ahnung, es gebe gar keine Reinheit, das höchste Erreichbare
sei allenfalls eine Art von Sterilität[53]. Und das ist eine Summe, mit der Oskar
sich (noch) nicht abfinden kann, so wenig, daß Lebensüberdruß sich einstellt. —
Was wieder die umgekehrte Schlußfolgerung zuläßt: Hätte er das Ideal der
Reinheit und erfüllten Liebe gefunden, Oskar wäre lebensbejahend, ja am Ende
Bürger und Ehemann geworden (s. 553). Auch hier also Protest nicht um des
Protestes willen, vielmehr ist die Ursache seines ablehnenden Verhaltens gelegen
im Zustand der Welt, die Oskar zum Narren werden läßt statt zum Bürger
(s. 552).

Vieldeutig wird der Erzähler nur dann, wenn es gilt, Unterlassungssünden zu kaschieren.
Diese These zu stützen, ist (indirekt) auch Vittlars Einlassung hinsichtlich der Rettung Weluhns
durch Oskar geeignet (s. 691 ff.): Vorgebracht in der Absicht, den des Mordes an der Krankenschwester Dorothea Angeklagten zu entlasten, ergibt sich bei der Rekonstruktion des Vorfalls
der imaginiert-irreale Charakter der Szene, in der Oskar trommelnd die polnische Kavallerie
herbeizitiert, Viktors Verfolger zu zerstreuen, aber dies lediglich gedankenweise und einzig
zu dem Zweck, sein Gewissen (hinsichtlich der früher unterbliebenen Hilfeleistung) zu entlasten (s. 286).

[51] Wieder handelt es sich, wie sooft in diesem Roman, um ein Dreiecksverhältnis, hier in der
Variante des Mannes zwischen zwei Frauen (s. 583 ff.).

[52] Auch hier findet Oskar statt der ersehnten Reinheit Haare im Kamm, d. h. Menschlich-Allzumenschliches, um im Bild zu bleiben, «ein Haar in der Suppe» (öb 203).

[53] Darauf deutet der Essiggeruch als Hinweis auf den Gebrauch antiseptischer Mittel (s. 589). —
Vgl. ferner die Umgebung des Managers Bebra, die, mit Hilfe modernster Techniken steril-
keimfrei gehalten, schließlich einem Präservativ-Palast verglichen wird 669.

Ist Oskar nicht von Anfang an und um jeden Preis verneinender Geist, dann wird von daher eher ein Brückenschlag möglich zur Haltung des ‹Tagebuchs›, in dem der Dichter sich bemüht zeigt um Verbesserung bestehender Lebensbedingungen. Diese Mitarbeit ist freilich möglich nur unter zwei Voraussetzungen: der Aufgabe absoluter Markierungen ebenso wie der Anpassung wenigstens bis zu einem gewissen Grade. Dem Eingeständnis, nichts sei rein — das Motto der «Hundejahre» (s. H 357) — entspricht die Einsicht, daß man nicht immer Partisan sein kann[54]. Anpassung mit Maßen, damit taucht freilich erneut das Problem auf, wie weit derartige Arrangements gehen dürfen[55]. Sicher nicht bis zum Verlust der Persönlichkeit und Deformierung zur Existenzkarikatur, wie an vielen Erwachsenen[56] erkennbar. Dies generell; im Einzelfall allerdings bleibt ein jeweils schwieriger Balanceakt zwischen Reserviertheit des Individuums und Anforderung von seiten der Gesellschaft. Diesen Zwiespalt auszuhalten, macht die Grundsituation aus des Dichter-Narren (s. 523; 550 ff.)[57]. — Könnte man Oskars Haltung, auf den ersten Blick radikal ablehnend, bei genauerem Zusehen mit der Formel ‹Nein, aber› umschreiben, so ist umgekehrt das Ja des ‹Tagebuchs› nicht nur an (theoretische) Bedingungen geknüpft, sondern auch dort, wo es praktisch geleistet wird, keineswegs ungebrochen. Im Gegenteil klingt es alles andere als begeistert; immer wieder wird der Zustimmende von Skrupeln geplagt, immer noch ist der Dichter jemand, der gegen die Zeit und das Vergessen schreibt (s. T 169)[58]. Ein Testfall darauf, wie wenig sich die Wirklichkeit — und damit die Einstellung zu ihr — tatsächlich gewandelt hat, wie klein im Grunde der Schritt ist von einem zwar energischen, nicht aber notorisch unumstößlichen Nein hin zu einem ‹Ja, aber›, zeigt die jedesmalige Auswirkung: hier wie dort Melancholie, in der ‹Blechtrommel› aus Trauer über den (als unheilbar) desolat empfundenen Zustand der Welt, im ‹Tagebuch› aus Verzweiflung ob der Langsamkeit jeder zu erreichenden Besserung. Fern aller Fortschrittseuphorie dominiert noch einmal eine eher pessimistische Grundstimmung, erwachsen aus den

---

[54] Der notorische Widerstandskämpfer wird — in Gestalt des magenkranken, d. h. allem Behagen entwöhnten Sozialdemokraten — schon in der ‹Blechtrommel› ironisiert (s. 509/10).

[55] Vgl. die diesbezüglichen Äußerungen des Dichters anläßlich eines Interviews mit Günter Gaus (Epoca-Feuilleton S. 117), bei welcher Gelegenheit er den Emigranten (d. h. den konsequenten Gegner des Faschismus) als seine Lieblingsfigur bezeichnet, ein Bekenntnis, das einen Teil seiner Sympathien für Willy Brandt verständlich macht.

[56] Etwa der Lehrerin Fräulein Spollenhauer (s. 87).

[57] s. dazu die Rede «Vom mangelnden Selbstvertrauen der schreibenden Hofnarren unter Berücksichtigung nicht vorhandener Höfe». — In: G. Grass, «Über das Selbstverständliche». Reden Aufsätze Offene Briefe Kommentare, Neuwied 1968, S. 105–112.

[58] Dies — Vergegenwärtigen als wortwörtliches Herantasten an die Vergangenheit — die erzähltechnische Bedeutung des Trommelmotivs: Von daher erscheint seine Interpretation als ‹Verfremdungseffekt›, wie bei Georg Just — Darstellung und Appell in der «Blechtrommel» von Günter Grass. Darstellungsästhetik versus Wirkungsästhetik, Frankfurt/Main 1972 — vorgenommen (s. S. 100 ff.; 190; 211 ff.), zumindest einseitig.

Mühsalen der Sisyphusarbeit, die Welt auch nur in einen halbwegs lebens- und liebenswerten Zustand zu bringen.

Damit hat sich die Frage, ob Grass, der als Literat jede Anpassung zunächst satirisch verwarf, sie dann aber sowohl praktizierte als auch imaginierte, deshalb des Verrats der eignen Ausgangsposition zu bezichtigen sei, weitgehend beantwortet: Der Dissens zwischen den Anfängen und dem gegenwärtig erreichten Status, wenn es denn einer ist, erscheint minimal. Bliebe nachzutragen, daß über allen pragmatischen Wechsel der Standpunkte hinaus das Ziel unverrückbar feststeht: die Beförderung des Humanen. Das schließt aus, daß der Dichter sich, aus Gründen der Menschlichkeit, Prinzipien gleich welcher Art verschreibt; es erlaubt dem Praktiker kaum (oder noch soeben), sich einer Partei anzuschließen. Waren Oskars Protestaktionen[59] in jeder Richtung, nur nicht parteipolitisch ausdeutbar, so ist es, positiv gewendet, eben dieser kämpferische Humanismus, der Grass zu einem so unbequemen Parteigänger[60] wie zu einem wahltaktisch letztlich ineffizienten Weggenossen macht. Das Maß, an dem alles, sei es Zustimmung oder Ablehnung, gemessen wird, ist der Mensch. Und wie die Standorte, so bestimmt dies Ziel die Mittel: Schließlich wird selbst der insgeheime Lieblingsgedanke eines revolutionären Umschwungs der Einsicht in die (innere) Unmöglichkeit verordneten Glücks geopfert. — Wenn es um den Menschen geht, ist Grass, der so umstürzlerisch-revolutionär daherkommen kann, auf eine erstaunlich gleichbleibende Art gemäßigt, um nicht zu sagen ‹konservativ›; auf seine Art freilich, was bedeutet, mit Hilfe von ‹kaputten› Typen und auf schockierend unkonventionelle Weise[61], ein Nonkonformist, aber beileibe kein Bürgerschreck und Buhmann der Nation, vielmehr unermüdlich eintretend für die Idee des Humanen in barbarischer Zeit.

---

[59] Er trommelt gegen alles (s. 142/43). Das macht die Schwierigkeit aus, den Roman ideologisch einzuordnen oder auch nur ideologiekritisch zu interpretieren, wie Just (a. a. O. S. 48 ff.) dies will. Wer sich dazu entschließt, ist allerdings gezwungen, einen Bruch zwischen Anfang (I/II) und Schlußteil (III), d. h. aber dichterisches Versagen zu konstatieren (s. S. 209 ff.).

[60] Der die SPD weniger als Partei denn als Mittel zum Zweck, d. h. als Vehikel zur Beförderung des Humanen versteht.

[61] Die Kirche vor allem hat nur diese Züge gesehen, wobei ihr entgangen ist, daß sie zwar als Institution abgelehnt wird, der Bereich aber, den sie vertrat, das Metaphysische also, die einzige Wertvorstellung bleibt, deren Existenz immerhin für möglich gehalten wird. Die Kirche als letzte Bastion des Humanen: Jesus, der Oskars Kinderlieder trommelt (s. 429), dies bleibt zumindest als Potentialis offen, wie man sich umgekehrt von aller Deformation nicht täuschen lassen sollte: Oskar ist zwar ein leib-seelisches Scheusal, aber auch auf dieser Reduktionsstufe noch unterwegs auf der Suche nach der Idee des Menschlichen — und nicht bloß ein Monstrum, wie Peter Michelsen — Oskar oder das Monstrum. Reflexionen über «Die Blechtrommel» von Günter Grass. — In: Neue Rundschau 83, 1972, S. 722—740 — gemeint hat (s. S. 739/40). Wenn er inmitten eines Polizeistaates die Rolle des Versuchers übernimmt, dann ist dies zwar unmoralisch, aber doch auch im Interesse der ‹Versuchten›, dann nämlich, wenn es gelingt, sie nachdenklich und — in Erinnerung an eigne Schwächen (s. 150) — andern gegenüber nachsichtig(-er) zu machen.

II. AUSGESETZT INS ‹RAUBTIERGEHEGE› LEBEN:
«KATZ UND MAUS»

Vorzugsobjekt literarhistorischen Interesses ebenso wie Favorit eines breiten (meist jüngeren) Lesepublikums, ist die Wirkungsgeschichte dieser Erzählung im wesentlichen die Geschichte eines literarischen Erfolges. Freilich blieben die Auffassungen, wie denn nun «Katz und Maus» zu interpretieren sei, bis heute kontrovers, wobei die Skala von der Betonung des Privatistischen — Mahlke als ein später Urenkel Wilhelm Meisters, das Geschehen um ihn herum «eine Schüler- und Jungengeschichte mit deutlichem entwicklungsgeschichtlichem Gehalt»[1] — bis hin zur «Betrachtung des Einzelschicksals auf seine geschichtlichen und politischen — d. h. gesellschaftlichen — Verflechtungen hin»[2] reicht. Psychopathologie eines (mehr oder minder) abseitigen Sonderfalls oder Menschheitsdichtung, anhand derer sich mit Hilfe sukzessiver Bloßlegung von Bedeutungsschichten nicht nur eine historische Fallstudie (Hitler-Deutschlands) aufzeigen läßt, sondern mehr noch «ein Bild von der Geistesgeschichte der Menschheit am Beispiel der Entwicklung der abendländischen Kultur bis in unser gegenwärtiges atomares Zeitalter»[3] hinein erschließt? Resümiert man die Vielzahl teils widersprüchlicher, teils einander gar ausschließender Deutungen, so könnte man augenblicksweise geneigt sein, der These zuzustimmen, nach der Texte dieses Autors als «prinzipiell interpretationsfeindlich» zu gelten haben[4]. Und doch erscheint uns eine Kapitulation solchen Ausmaßes unnötig, zumindest aber so lange verfrüht, wie nicht schlüssig erwiesen ist, daß und warum sich kein Erzählthema ausmachen läßt. In der Tat ist ein wesentlicher Grund für die Unzulänglichkeit vieler Interpretationsversuche in der Ungewißheit hinsichtlich des (abzusteckenden) thematischen Horizonts zu erblicken[5]. Von daher erweist es sich

---

[1] Hans Lucke, Günter Grass' Novelle ‹Katz und Maus› im Unterricht. — In: DU 21, 1969, Heft 2, S. 86—95, dort S. 86.

[2] Ulrich Karthaus, ‹Katz und Maus› von Günter Grass — eine politische Dichtung. — In: DU 23, 1971, Heft 1, S. 74—85, dort S. 77.

[3] Johanna E. Behrendt, Die Ausweglosigkeit der menschlichen Natur. Eine Interpretation von Günter Grass' «Katz und Maus». — In: ZfdPh 87, 1968, S. 546—562, dort S. 546.

[4] Diese Auffassung findet sich entschieden vorgetragen von Klaus Wagenbach — Günter Grass. — In: Schriftsteller der Gegenwart, hrsg. v. Klaus Nonnenmann, Olten u. Freiburg 1963, S. 118 bis 126, dort S. 120 —, der darum konsequenterweise das Was zurückstellt hinter das Wie, die Art und Weise des Erzählten.

[5] Nicht zufällig stehen (von daher) bestimmte Interpretationstypen im Vordergrund: Der vorsichtigen Beschränkung auf Paraphrasierung des Faktischen — dazu neigt neben den Ausführungen von Werner Zimmermann — Günter Grass, «Katz und Maus». — In: W. Zimmer-

als unumgänglich, zunächst einmal abzuklären, wovon in dieser Novelle eigentlich erzählt wird, eine Frage, die sich am ehesten beantworten läßt aus einer
Analyse der Handlungsantriebe Joachim Mahlkes.

1. Mahlkes Motivationen

Der Versuch, ein (wenigstens abrißartiges) Psychogramm der Hauptfigur zu
entwerfen, ergibt, daß trotz Marienverehrung und Schulfixiertheit Mahlkes
überdimensionierter Kehlkopf als Primärmotivation zu gelten hat (s. 37)[6]. Damit scheint zunächst nicht mehr angesprochen als eine lediglich körperliche
Anomalie, eine jener physischen Übertreibungen, wie sie auch sonst innerhalb
des Grass'schen Figurenkaleidoskops nicht eben selten anzutreffen sind. Freilich
sticht Mahlkes ‹Knorpel› nicht nur seiner Dimension wegen hervor, sondern
mindestens sosehr darum, weil er «immer in Bewegung [war] und einen Schatten warf» (5). Am Beispiel der Lebenssituation und Verhaltensweise einer
Charge aus der ‹Blechtrommel› läßt sich ablesen, was es mit diesem so beweg-
lichen wie hypertrophen Körperteil auf sich hat: Oskar zeigt sich von der Hals-
partie seines Freundes Herbert Truczinski fasziniert in dem Augenblick, als
jener dabei ist, sich in sein (vermeintliches) Unglück zu verrennen. Indes der
Trommler auf den Stufen des Museums zurückbleibt, steigt dieser ruckende
Adamsapfel (s. B 226) in der Vorstellung des Wartenden zum beherrschenden
Eindruck auf und will Oskar darum nicht gefallen, weil er Herberts insgeheime
(selbstmörderische) Absichten wie seine Angst[7] vor der Ausführung des geplanten Suizids verrät. Mahlkes fortwährendes Schlucken — eine Eigenart, die ihm,
wenn auch nur vorübergehend und versuchsweise, den Übernamen des ‹Schluk-
kers› einträgt (s. 97) — weist demnach auf die für ihn bestimmende seelische
Grundbefindlichkeit, sein ständiges Geplagtsein von Angstzuständen, hin. Trifft
diese Deutung zu, dann ist es nur konsequent, den Knorpel im metaphorischen
Bereich als ‹Maus› zu bezeichnen, d. h. ihn mit dem Namen eines notorisch
ängstlichen (und darum schutzbedürftigen) Lebewesens zu belegen. — Wem
derartige Empfindungen gelten, macht bereits die Eingangsszene auf dem

---

mann, Deutsche Prosadichtungen unseres Jahrhunderts, Bd. 2, Düsseldorf [1969], S. 267—300
— besonders die Arbeit von Ingrid Tiesler, Günter Grass. Katz und Maus, München 1971 —
entspricht die immer wieder zu beobachtende Neigung zur Überinterpretation (vgl. den For-
schungsbericht der Monographie von Gerhard Kaiser, Günter Grass, Katz und Maus, München 1971 = Literatur im Dialog, Bd. 1 und die dort S. 45 ff. genannten Beispiele), die den Text
als Beleg für beliebig subjektivistische Theoreme ausschlachten zu können glaubt.

[6] Zitate nach der Originalausgabe, Neuwied 1961. Vom übrigen Werk werden herangezogen:
«Die Blechtrommel» [= B], Neuwied [14]1971; «Hundejahre», Neuwied 1963; «Aus dem
Tagebuch einer Schnecke», Neuwied 1972.

[7] Herbert ‹schluckt› Machandel, d. h. er trinkt sich Mut an, während es ihm, der sonst sosehr
fürs Behagen war, in der Rolle des ‹Delinquenten› unmöglich ist, etwas zu essen.

Sportplatz deutlich, in der auch die Katze metaphorice steht, über sich selbst
hinausweisend auf ein unmerklich heraufkommendes, auf leisen Sohlen heran-
schleichendes Unheil[8]. ‹Katz› und ‹Maus› als Titelmotiv, das meint ein darwi-
nistisch gesehenes Weltverhältnis, bei dem Jagen und Gehetztwerden an die
Stelle mitmenschlicher Beziehungen tritt, eine Szenerie, in der, da die Rolle
des Freiwilds vergeben ist, lediglich offenbleibt, wer die Treiber sind. Zwar kann
die Katze im Verlauf der Erzählung mit dem Sammelbegriff (feindliche) ‹Umwelt›[9] gleichgesetzt werden, indem jedoch bis zuletzt mehrere Versionen kur-
sieren, wer konkret sie Mahlke an die Gurgel gesetzt haben soll, nimmt die
Bedrohung zwar Konturen an, wird sie kompakt zumal in ihrer Schwärze (s. 5),
ohne jedoch im letzten präzise benennbar zu sein; womit genau jenes Maß an
Unbestimmtheit gewahrt bleibt, das nötig ist, Ängste — anstelle des Gefühls der
Furcht — zu erzeugen.

Wichtiger als die exakte Definition der Katzenmetapher, die, als Summe
angstbewirkender Faktoren verstanden, von dieser Funktion her gar nicht möglich erscheint, ist die Beobachtung des gejagten Objekts, will sagen der Anomalie
selbst und der genauen Fixierung ihres frühesten Auftretens. Dabei erweist sich
der erste Eindruck, die ‹Maus› sei von Anfang an vorhanden, als trügerisch und
hervorgerufen lediglich durch den Umstand, daß hier nicht ab ovo erzählt wird.
Sorgfältiges Recherchieren ergibt vielmehr, daß Mahlke noch als Vierzehnjäh-
riger «überhaupt nicht auf[fällt] und ... jenen Adamsapfel vermissen [läßt], der
später die Katze anlockte» (8). Erst ein knappes Jahr später, der Sommer ist
bereits weit fortgeschritten, zeigt der Badende «jenen fatalen Knorpel zwischen
Kinnlade und Schlüsselbein» (9), von dem abzulenken in Zukunft sein Haupt-
anliegen sein wird. Dieses biographische Datum im Verein mit dem Umstand,
daß er zur Zeit seiner (währenden) körperlichen Normalität den Acht- bis
Zehnjährigen zugeschlagen wird, legt den Schluß nahe, Halsschmerz und (ver-
spätet-verzögert) durchbrechende Pubertät müßten in direktem (kausalem) Zusammenhang stehen. Zwar ist Mahlke, als er das ehemalige Minensuchboot
anschwimmt, noch längst nicht erwachsen[10], doch markiert das Hervortreten

---

[8] Schon in der ‹Blechtrommel› wird die Episode, in der der Musiker Meyn seine vier Katzen
   erschlägt, als Hinweis auf künftiges Unheil gedeutet. Und als man später am Atlantikwall
   gezwungen ist, Katzen (anstatt Hunde) in den Beton einzumauern, lautet der Kommentar des
   Obergefreiten Lankes: «...Katzen, das bedeutet nix Gutes» (B 399); mit welcher Prophetie —
   die Invasion steht unmittelbar bevor — er Recht behalten soll.

[9] Später, im Zusammenhang mit Mahlkes zunehmend erwachendem Selbstverständnis, wird es
   präziser ‹Gesellschaft› heißen dürfen. Es ist dies ahnungsvolle Aufgehen dessen, was Gesellschaft und die (unvermeidliche) Abhängigkeit von ihr beinhalten kann, welches das tiefinnere
   Erschrecken des Individuums bewirkt.

[10] Freilich steht er nach Alter — ein Jahr Abstand zu den Kameraden meint mehr als nur den
   Zeitraum von 365 Tagen — wie Lebensumständen — Mahlke ist vaterlose Halbwaise (s. 11)
   und also früher als andere vom ‹Lebensernst› betroffen — der Welt der Erwachsenen näher als
   die Mitschüler.

seines ‹Wahrzeichens› zumindest den Abschied von jenem behüteten Freiraum ‹Kindheit›, wobei der Übertritt, das Hineinwachsen in eine weniger unverbindlich-sorglose Lebenssphäre begleitet ist von zunehmend aufkommenden Angstgefühlen.

Aus dem (vagen) Empfinden heraus, ‹man› wolle ihm an den Kragen, tritt Mahlke zur Zeit seiner Mannbarkeit — die Bezeichnung des Knorpels als ‹Adams›-Apfel weist ihn nunmehr eindeutig als Geschlechtswesen aus — die Flucht nach vorn an, beginnt er sich, seiner konstitutionellen Veranlagung zum Trotz — nicht nur ist er der notorische Leptosome, sondern darüber hinaus von Natur aus schwächlich veranlagt, ja kränkelnd (s. 28) — und im Gegensatz zu seinem bisherigen Verhalten[11] als Sportler zu profilieren. In einer Zeit, da körperliche Leistung großgeschrieben wird — nicht umsonst spielt die Eingangsszene auf dem Sportplatz, sind die nachmaligen Ritterkreuzträger gewesene Sportler (s. 61) oder Turner (s. 86) —, zeigt Mahlke, der als Schüler alles andere denn ein Streber ist (s. 28), Ehrgeiz auf einem Gebiet, das, wenn es ihm schon nicht liegt, so doch jedenfalls sichere Anerkennung einzutragen verspricht. Auf diese Weise übt er sich in der Kunst der Anpassung, lernt er ‹radzufahren› in wörtlichem wie im übertragenen Sinne (s. 8). In der Diskrepanz zwischen forciertem Bemühen — in Waghalsigkeit wie Ausdauer sucht er es dem besten Turner der Klasse (mindestens) gleichzutun (s. 12) — und ansonsten eher phlegmatischem Naturell bei absoluter Talentlosigkeit offenbart sich dies Treiben als Kompensation, als der Versuch, von seiner Gurgel — ungeschütztester Körperteil wie Ausdruck eines (zumindest im Urteil der Zeit allgemein als verächtlich angesehenen) psychischen Mankos — abzulenken.

Als verkrampfter Turner und sich abstrampelnder Schwimmer (s. 9) wird er es seinen Altersgenossen zeigen, des Beifalls wegen, der seinen «Hüpfer» beruhigt (29), wie auch aus Gründen der Tarnung. Denn des Ablenkens und Kaschierens ist Mahlke, der Neurotiker der Angst, inmitten einer von flink-zäh-harten Virilitätsparolen durchsetzten Umgebung in hohem Maße bedürftig. Wie sehr Joachim, bei aller Gefallsucht, allem Angewiesensein auf Bewunderung und Publicity, im Grunde seines Wesens eine Schattenexistenz ist, zeigt eine Synopse der (immer gleichen) Szenenbilder auf dem Minensuchboot: Während die andern in der Sonne liegen und sich ungeniert bräunen lassen, erscheint Mahlke von allem Anfang an als der Außenseiter, sein angestammter Platz im Schatten des Kompaßhäuschens gelegen (s. 10; 20; 39; 102 u. a.). Zwar mag auch dies typologisch bedingt und damit (nichts als) physische Veranlagung sein, seine notorisch lichtempfindliche Haut — Mahlkes ewig frischer Sonnenbrand (s. 10; 14; 25 u. a.) — indes verweist auf mehr und Grundsätzlicheres, ein dünnhäutiges Naturell wie eine wesensmäßige Aversion aller Lichthelle gegenüber, in die er sich höchstens vorübergehend und (allenfalls noch) aus Nötigung begibt, wie

---

[11] Wo er sich noch stets durch Atteste freizukaufen gewußt hatte (s. 12).

das Beispiel von Tullas[12] herausfordernd anstachelnder Frage lehrt: Ihren Zweifeln an seiner Potenz ein für allemal zu begegnen, dient Mahlkes Darbietung während des Onaniewettstreits, die Erektion seines Geschlechtsteils, bei welcher Demonstration «sein Schwanz [schließlich] so sperrig [stand], daß die Eichel aus dem Schatten des Kompaßhäuschens herauswuchs und Sonne bekam», das Publikum aber wie auf Verabredung «einen Halbkreis» bildet, so daß sich «Mahlkes Stehaufmännchen» alsbald «wieder im Schatten» weiß (40).

Aus dieser Widersprüchlichkeit seiner Natur heraus wird das Tauchen schließlich zu dem ihm gemäßen Metier, sei es, daß es ein Arbeiten im Verborgenen in eins mit der Möglichkeit spektakulärer Leistungsnachweise erlaubt, sei es, daß es öffentliches Interesse ausgerechnet durch mangelnde Präsenz, ein zumindest zeitweiliges Nichtgreifbarsein, provoziert. Kein Wunder, wenn Joachim diesem Sport bald ebenso besessen huldigt (s. 29)[13], wie er ihn unübertrefflich beherrscht, so daß sein Intimus Pilenz die erzählte Zeit eines Sommers lang vornehmlich mit der Notierung von Mahlkes Tauch- und Vorzeigeleistungen beschäftigt ist (s. 15/16; 19/20; 26). Was wegtauchender Sammelfleiß in diesen Ferienwochen ans Tageslicht holt, ist staunenswert wie schutzschaffend zugleich, eine Sammlung von Trophäen, die, um den Hals gehängt, von dessen Disproportion ablenken kann[14]. Wie sehr er solcher tarnenden Auszeichnung bedarf, ergibt die Episode auf dem winterlich vereisten Wrack (s. 50 ff.), die Mahlke damit beschäftigt sieht, die Eisdecke aufzubrechen zu keinem anderen Behuf, als sich selbst den Nachweis zu liefern, daß er jederzeit imstande ist, aus der bloßen Erinnerung heraus die Stelle über der Schiffsluke zu treffen und damit den Zugang ins Innere des Bootes freizulegen. Ungeachtet dieses Triumphes steht es schlecht um ihn in einer Jahreszeit, in der es mit dem Tauchen nichts ist, der Einstieg in den Schiffsrumpf der Rybitwa eine bloße Möglichkeit bleibt und er sich je länger je mehr der zudringlichen Klarheit einer winterlichen Schneelandschaft ausgesetzt sieht (s. 131), Lichtverhältnissen, die seinen Defekt zuletzt überdeutlich hervortreten lassen: Erkennbar an der Reihe grünschimmernder Mantelknöpfe, Leuchtknöpfen, die die Gestalt von Fischen oder Möwen haben (s. 65), ist diese Maskerade Ausdruck seiner Zwangslage, in «kaum gestufte[r] Dunkelheit ... abzählbar [zu sein] von oben nach unten und zurück» ebenso wie der Versuch, mit Hilfe von Form und Farbe jener phosphoreszierenden

---

[12] In den ‹Hundejahren› deutlicher als Verkörperung des Bösen zu erkennen, spielt sie schon hier die Rolle der Versucherin (s. 39).

[13] Wüßte man es nicht anders, könnte man argumentieren, sein Kehlkopf habe die kropfartige Erweiterung erst im Gefolge dieses exzessiven Tauchens bekommen.

[14] Wenn Mahlkes ‹schwache Stelle› mit dem Begriff der Angst zutreffend umschrieben ist, dann erfüllt die gefundene Pilsudski-Medaille, einen Kriegshelden zeigend, am ehesten diesen kompensatorischen Zweck (s. 20). Aber dahin gehört auch die Grammophonkurbel (s. 75) als Signum für «die große Trösterin» Musik (H 463), wie ja Mahlke überhaupt und nachweislich viel übrig hat für ernste Kompositionen (s. 76).

Verschlußstücke die Situation des verflossenen Sommers zu simulieren, Ausdruck
der Sehnsucht vor allem, wegtauchen zu können in eine Schwärze, die allein
«diese ausgewachsene Frucht zu schlucken [vermag, die] jeder sieht ahnt
fühlt . . .» greifen möchte, «denn sie ist handlich»; darum der (abschließende)
Stoßseufzer; «wenn dieser Winter doch bald vorbei wäre — ich will wieder
tauchen und unter Wasser sein» (65). — Taucher mit legendärem Ruf (s. 31),
beherrscht Mahlke das Standardrepertoire der Rolle ‹graue Maus›[15] ebenso
virtuos, wie er sich bei passender Gelegenheit als buntschillernder Pfau eindrucksvoll in Szene zu setzen weiß. Diese Doppeldeutigkeit seiner Existenz zu
unterstreichen, ist kein anderes Tier besser geeignet als jene (ausgestopfte)
Schnee-Eule, die denn auch unter den Einrichtungsgegenständen seiner Man-
sarde einen hervorragenden Platz einnimmt (s. 25): Eigentlich ein Nachtvogel,
unterscheidet gerade diese Spezies sich von verwandten Arten durch die Ungunst
des Lebensraumes. Gezwungen, vor einem Hintergrund zu agieren, der alles
deutlich macht (s. 131)[16], das schützende Dunkel der Nacht ins Gegenteil verkehrt, zeigt das in Frage stehende Exemplar (darum) «gleich Mahlke» dieselbe
«leidende und sanft entschlossene, wie von inwendigem Zahnschmerz durch-
tobte Erlösermiene» (25). Gefährte in der Not, kann es gleichsam zum Wappen-
tier eines Menschen werden, dem es aufgegeben ist, sich verhüllend zu offenbaren, stigmatisiert von einem Leiden, das ihm auf die genannt ambivalente
Weise «Motor und Bremse» zugleich wird (103).

Mahlke, der Mann des Schattens und der seelischen Kellerfarbe, denkt man
diese ‹kauzige› Seite seines Wesens zu Ende, dann gewinnt das Tauchen über die
Rolle kompensatorischen Leistungsnachweises hinaus zusätzliche Funktion: Aus
der Möglichkeit, sich für Augenblicke aus dem Blickfeld zu begeben, wird die
Suche nach einem dauerhaften Versteck. Wenn es im dritten Kriegssommer
erneut ans Tauchen geht, nach einer Phase freilich, in der Mahlke — aus Gründen, die noch zu erörtern sein werden — wie gelähmt erscheint, dann aus akutem
Anlaß heraus — Fahndung nach einem allzu vorwitzig-waghalsigen Tertianer —
und mit veränderter Intention. Zwar taucht Mahlke im Gefolge dieser Ret-
tungsaktion erneut wie besessen (s. 69), doch ergibt sich die neue Zielrichtung

---

[15] Weniger exzellierend wirkt in dieser Doppelrolle sein Vorgänger Herbert Truczinski, der
zwar noch als Museumswächter — schon seine Mutter wird ausdrücklich und ausdauernd als
‹graue Maus› apostrophiert (s. B 202 ff.) — eine mausgraue Uniform trägt (s. B 220), aber das
Hervortreten aus dem Schatten (der Geschichte) mit einem raschen Ende bezahlt.

[16] Hier mit Hilfe weißen Birkengeästs! Zwar kann man in «Katz und Maus» kaum, wie Gertrud
Bauer-Pickar — Intentional ambiguity in Günter Grass' «Katz und Maus». — In: Orbis
litterarum 26, 1971, S. 232—245 — dies will, von einer generellen Farbsymbolik sprechen
(s. S. 244), wohl aber ist der Gegensatz Hell — Dunkel, das Spiel von Licht und Schatten
ebenso folgerichtig durchgeführt wie (in dieser Konsequenz) bedeutungstragend. Vgl. etwa die
Zeichnung, die, ausdrücklich statt mit Rötel mit (weißer) Kreide auf die Tafel geworfen, den
für Mahlke typischen Seelenzustand — Leiden aus Angst — in karikaturistischer Manier überdeutlich hervortreten läßt (s. 45).

schon aus dem Umstand, daß Joachim nunmehr ohne Schraubenzieher unter Deck geht: Nicht mehr gilt es, etwas abzuschrauben und so die Trophäensammlung zu erweitern, die Liste der Beutestücke zu verlängern, vielmehr geht es jetzt darum, sich des Zugangs zu einem neuentdeckten Schlupfwinkel zu versichern. Mit dem ersten Betreten der ehemaligen Funkerkabine (und der anschließenden Tarnung des ‹Entrees›) ist dieses Ziel erreicht. ‹Begehbar› nur durch eine unerhörte Leistung[17], unter Einsatz des Lebens, gehört dies Refugium künftighin ihm allein, wie die Betonung derartiger Besitzansprüche sich verbindet mit einer vorausweisenden Andeutung hinsichtlich seiner Nutzung, der Überlegung nämlich, daß man «‹sich drin verkrümeln [könnte], wenn's mal brenzlich wird›» (71). Ein, wie es scheint, zumindest für Mahlke gar nicht so unbedingter Eventualis; jedenfalls gibt er keine Ruhe, ehe nicht die Kabine ausgeräumt und neu eingerichtet, d. h. aber im wesentlichen mit dem (vormaligen) Inventar seines Zimmers in der Osterzeile ausstaffiert ist (s. 71 ff.). Erst nach diesem ‹Umzug› wirkt Mahlke zufrieden, ja beinahe gelöst, und als Ausdruck dieser Stimmung, aus dem Bewußtsein heraus, für alle Fälle, den Tag X eingeschlossen, gerüstet zu sein, einem beruhigenden Sicherheitsgefühl also, beginnt Joachim zu pfeifen.

*

Was er aber pfeift, sind ausnahmslos Kirchenlieder, was er vor sich hinbetet, ist eine nahezu vollständige Litanei einschlägiger Mariensequenzen (s. 73 f.). Womit wir bei dem zweiten bestimmenden Motiv seines Handelns angelangt sind, Mahlkes Religiosität nämlich. Die Frage, ob Joachim gläubig genannt werden darf, läßt sich relativ rasch und präzise beantworten: Er ist es durchaus nicht, nach Meinung seiner Kameraden sowenig (s. 32) wie nach eigenem Eingeständnis (s. 156). Dennoch scheint Mahlke religiös, und dies in einem Maße, daß der Erzähler augenblicksweise überlegen kann, welcher von beiden Antrieben, Körperdefekt oder Religion, vorrangig zu nennen ist (s. 43). Aber wenn schon Joachim als religiöser Mensch bezeichnet werden muß, dann wie alle Gestalten dieses Dichters auf gut katholische, und das heißt bei Grass, auf eine ganz sinnenhaft-handgreifliche Weise. Niemals steht bei ihm darum das Wort, die Verkündigung im Vordergrund — das wäre protestantisch-nüchtern gedacht —, sondern der sinnenberückende Kultus, d. h. alles das, was sich inmitten sakraler Umgebung an religiöser Offenbarung sehen, riechen, ja (er-)tasten läßt. Gerichtet auf das Vorzeigbare, nimmt religiöse Verehrung nicht selten geradezu heid-

---

[17] Niemand von den andern gelangt je bis dorthin (s. 69; 74). Nicht nur ist es ihnen unmöglich, Mahlke auf diesem Felde nachzueifern, das Versteck wäre auch alsbald seines Exklusivcharakters (als Refugium) entkleidet. Von daher stellt die Variante der Verfilmung, bei der (ausgerechnet) Tulla eines Tages mit hinabgenommen wird, um dann davon erzählen zu können, eine unzulässige Verkehrung der ursprünglichen Intentionen des Autors dar.

nische Züge an (s. 115), grenzt die Art, in der bei diesem Autor ‹geglaubt› wird, mitunter bedenklich an Aberglauben und Fetischismus (s. 16). — Sofern Andacht und Verehrung personenbezogen sind, steht (anstelle Christi) ganz eindeutig die Gestalt der Gottesmutter im Mittelpunkt. Insbesondere Mahlke huldigt einem ausschweifenden Marienkult, ja augenblicksweise scheint es, als seien alle seine Leistungen weniger seiner Umgebung zugedacht als vielmehr der Himmelskönigin dediziert, Maria die auserkoren-ausdauerndste Zuschauerin seiner Anstrengungen (s. 56). Die Bedeutung derartiger Adoration› wird deutlich eben in den Augenblicken höchster Verzückung. Was Pilenz im Gefolge rückhaltloser Hingabebereitschaft an Mahlke registriert, ist ein Abnehmen ängstlichen Schlukkens und mähliches Zur-Ruhe-Kommen des im Angesicht des Altars ebenso freiliegenden (s. 114) wie (anfänglich) nervös ruckenden Adamsapfels (s. 37; 114/15; 117/18). Andacht, wenn sie denn schon ein Tick ist (s. 32), besänftigt, womit klar ist, was den Betenden vor den Altar bringt. Um es mit einer rhetorischen Frage des ‹Blechtrommel›-Finales zu formulieren: «... was wäre der Katholizismus ohne die Köchin, die alle Beichtstühle schwärzt?» (B 711) Personifizierte Angstzustände, damit ist der gemeinsame Nenner gefunden[18] zwischen Frommkeit und kompensatorischem Tun: Zwar ist Mahlke nicht unbedingt ein religiöses Naturell, aber, aus Gründen der Angst und zumindest in bezug auf Maria einer (sinnlichen) Inbrunst fähig, die an Religion grenzt (s. dazu B 44). — Zuletzt entspringt auch der Kirchgang, wie (früher) das Tauchen, der Suche nach einer Zuflucht, der Sehnsucht nach einer Heimat, die nicht von dieser Welt ist, und verschieden ist nur die Richtung, in der man sich dabei bewegt: hinab in das bergende Dunkel eines Schiffsrumpfs oder aufwärts, Auge (wie Seele) gen Himmel gerichtet. In beiden Fällen ist Lebensangst die treibende Kraft bei dem Versuch, dem Erdendasein, sei es transzendierend oder per ‹Unterwanderung›, zu entkommen.

✳

«Schließlich kann noch, ohne daß Jungfrau und Maus überfällig werden, ein drittes Motiv genannt werden: Unser Gymnasium, dieser muffige, nicht zu lüftende Kasten, und besonders die Aula, bedeuteten Joachim Mahlke viel, und zwangen Dich später, letzte Anstrengungen zu machen» (43; vgl. 32). Kryptische Bemerkungen, die durch den Kontrast zwischen behaupteter Faszination und (teilweise) despektierlichem Tonfall (des Vortrags) nicht eben einleuchtender werden. Nun ist mit dem Conradinum nicht irgendein beliebiges Bildungs-

---

[18] Gegen Heinz Ide — Dialektisches Denken im Werk von Günter Grass. — In: Studium generale 21, 1968, S. 612–622 —, der das Verbindende aller Handlungsantriebe (statt in der Angst) in einer eher kämpferischen Attitüde (!) sieht (s. S. 616), während wir Seelenhaushalt wie Denkweise der Grass'schen Figuren (vor den ‹Hundejahren› zumindest) weniger dialektisch ausgerichtet als vielmehr antithetisch strukturiert finden.

institut angesprochen, sondern die für den Danziger Raum herausragende Traditionsstätte schlechthin. Welcher Art aber die Überlieferung ist, auf die in diesem Zusammenhang angespielt wird, machen die Reden deutlich, die dort zu verschiedenen Zeiten aus den immer gleichen Anlässen von der Aula her verlautbaren: Registriert man die Namen, die da beschworen werden[19], dann handelt es sich im Falle des Conradinischen Geistes, verkörpert von Anstaltsleiter Klohse und gekleidet in die Prinzipien ‹Ordnung› und ‹Sauberkeit› um Ideengut, das sich letztendlich zurückführen läßt auf Traditionen des deutschen Idealismus[20]. Es ist das von daher überkommene Bild vom schönen, sprich harmonischen Menschen, das auf ein so exzeptionell häßliches Wesen wie Mahlke, diesen Typus, der Harmonie nur als bizarre Neutralisation von Gegensätzen kennt (s. 41), nachgerade verführerischen Zauber ausüben muß. Mahlke, unterwegs nach stimmigen Verhältnissen[21], dem ausgewogen Mittleren (der Erscheinung wie Seelenlage) — gäbe es dieses harmonische Miteinander des Ästhetischen wie Ethischen anstatt als abgelebte Phantasmagorie als lebendige Größe, müßte dies gleichbedeutend sein mit dem Ende aller Ängste. — Womit auch dieses dritte und letzte aus der Reihe der zentralen Motive an die zuvor genannten anschließt: Als Grundtenor aller Handlungsantriebe tritt die Existenzangst beherrschend hervor; entscheidende Fragestellung des Erzählten wird demnach sein, ob und wieweit es dem Individuum gelingt, sich nicht übermächtigen zu lassen von den dunkel-bedrohlichen Zügen des umstellenden Daseins als der Voraussetzung, das Leben zu bestehen.

2. Lust am Untergang?

Derartiges Bemühen hätte einige Aussicht auf Erfolg allenfalls bei schonungsvollem Verhalten von seiten der Umwelt, nicht aber in einer Umgebung, in der, um das Titelmotiv abzuwandeln, die Katze das Mausen nicht lassen kann oder, ins Politische gewendet, nach macchiavellistischer Art das Recht stets auf der Seite des Stärkeren zu finden ist. So schnappt denn, als Mahlke, um nachhaltige Linderung seiner Halsschmerzen bemüht, auf den Gedanken verfällt, sich hinter einem ‹selbstverliehenen› Orden zu verstecken, die Falle zu, hat er mit diesem Diebstahl einen Fauxpas begangen, der nicht mehr gutzumachen ist. — Daß sich im gleichen Moment (zumindest in den Augen der andern) Entscheidendes verändert haben muß zwischen Outsider und Gesellschaft, mehr jedenfalls, als es zunächst den Anschein hat und, ginge es lediglich rational zu, zu erwarten wäre, läßt sich beispielhaft im Blick auf das ebenso radikal wie abrupt gewandelte Ver

[19] Von Fichte, Arndt (s. 80), Schiller ist die Rede, eine Lessingbüste wird erwähnt (s. 64).
[20] Eine in Grassens Augen zwar verhunzte, aber dennoch ungebrochene Tradition.
[21] Von seinem Symmetriebedürfnis kündet auch der stets sorgfältig gezogene Mittelscheitel.

halten des Erzählers demonstrieren: Als Pilenz zum Kronzeugen des Mahlkeschen Raptus gemacht werden soll, hat dieser ansonsten notorische Reporter-
typ keinen sehnlicheren Wunsch, als von der Rolle des Inspizienten dispensiert
zu werden. Erst als sich niemand anderes bereitfindet, diese Aufgabe zu übernehmen (s. 98), und ihm selbst keine Ausrede bleibt, schwimmt er notgedrungen
zum ‹Kahn› hinüber, um sich per Augenschein bestätigen zu lassen, was ohnehin
jeder aus der Gruppe weiß, daß nämlich kein anderer als Mahlke Urheber des
Skandals sein kann. Auffällig erscheint nächst der mangelnden Spontaneität des
Aufbruchs die Art und Weise, in der Pilenz sich dem Wrack nähert: ohne die
geringste Eile, dazu in der Rückenlage schwimmend, was ihm erlaubt, den Blick
auf die am Ufer zurückbleibende Gestalt Tullas zu richten, wie er bestrebt ist,
die Gedanken auf sein Verhältnis zu ihr zu konzentrieren, um sich so möglichst
lange von dem Bevorstehenden ablenken zu können (s. 99). Pilenz zögert[22], und
dieses sein Verhalten ist um so bemerkenswerter, als er bisher, d. h. die ersten
sechs Kapitel hindurch, so etwas wie Mahlkes Schatten war, sein alter ego gleichsam, dem anderen hinterdrein mit einem geradezu hündischen Eifer, in dem
Hörigkeit sich paarte mit einer Neugier, die nicht selten die Grenze des Zu-
dringlich-Indiskreten streifte; Pilenz gehörte zu den glühendsten Bewunderern
von Mahlkes Taten, war der Eifrigste unter seinen Claqueuren, er ist mehr noch
und über bloß räumliche Nachbarschaft hinaus (s. 70) Mahlkes Freund, soweit
man mit Mahlke überhaupt befreundet sein kann (s. 101). Dieses Aug-in-Aug-
Verhältnis ist in den letzten sechs Kapiteln gründlich dahin, im Gegenteil scheint
unser Gewährsmann nun alles daranzusetzen, dem ehemaligen Intimus nach
Möglichkeit aus dem Wege zu gehen. So kommt es in den späteren Partien der
Novelle lediglich noch zu drei[23] vereinzelt-vorübergehenden Begegnungen, gibt
es ganze Passagen, in denen Pilenz als Augenzeuge Mahlkeschen Treibens nicht
zugegen ist. Nun mag diese Abkühlung des bisherigen Verhältnisses ihre plau-
sible Erklärung finden in dem bloßen Umstand, daß beide — als Folge von
Joachims Schulverweis — mit Ende der Ferien verschiedene Gymnasien besuchen.
Verfolgt man jedoch die (beiderseitigen) Reaktionen beim Wiedersehen, dann
scheint es, als stelle die räumliche Trennung weniger ein Hindernis dar als eine
erwünschte Gelegenheit zur Lösung auch der gefühlsmäßigen Bindungen.

Was es mit diesem Zögern und Distanzieren auf sich hat, ist an Veränderungen des Mahlkeschen Erscheinungsbildes ebenso ablesbar wie aus seinem (gewandelten) Verhalten zu entnehmen. Das Gemeinte zu verdeutlichen, greifen wir
das erste der drei Zusammentreffen heraus: Kaum sind die Großen Ferien vorüber, meldet Pilenz sich erneut zum Ministrieren (s. 111), und der Anstoß dazu

---

[22] Auch später, in der Rolle des Schreibenden, erzählt er erst noch von etwas anderem (s. 100).
[23] Wobei wir Kirchgang und Einladung (zum Besuch der Osterzeile) sowie deren verspätet-
saumselige Befolgung — dies im Gegensatz zu Lucke, a. a. O. S. 91 — als eine Einheit betrachten.

ist, wie Hochwürden Gusewski richtig argwöhnt, weniger Glaubenseifer als die (mit Furcht untermischte) Erwartung, Mahlke wie früher vor dem Marienaltar knien zu sehen. Daß diese Rechnung aufgeht, verweist auf die innere Not, die Joachim hertreibt, und wenn sich überhaupt noch eine Steigerung denken läßt, so betet er womöglich noch rücksichtsloser als zuvor in Richtung ‹Jungfrau› (s. 113 ff.). Es ist diese ekstatische Hingabe, die Pilenzens Bedenklichkeit zurücktreten läßt hinter wachsender Neugier und ihn, wenn auch mit einiger Verzögerung — Monate sind seit Mahlkes (erneutem) Kirchenbesuch und der anschließenden Einladung vergangen — schließlich doch veranlaßt, in der Osterzeile vorzusprechen. Joachim zeigt sich, als er dem Freund die Tür öffnet, wie schon in der Kirche mit offenem Hemd (s. 120), aber wenn sein Hals «nunmehr aus weißem Schillerkragen» hervorwächst (117), dann soll dies zwar eine gewandelte Bewußtseinshaltung — das Manko als offen zu tragende ‹Normalität› (s. 116) — andeuten, doch zeigen Farbangaben wie die absichtsvolle Placierung der Gesprächsrunde im Wohnzimmer, daß hier in Wahrheit das Gegenteil, die Offenbarung fortgeschrittenen (Angst-)Leidens gemeint ist; denn während vom Garten her «kaltes Winterlicht» in das Zimmer fällt, hat Mahlke es einzurichten gewußt, die Veranda im Rücken zu haben[24], mit dem Erfolg, daß nun zwar «der obere Teil des breitfallenden Schillerkragens» «Mehr als weiß» aufleuchtet, nach unten zu aber «grau an[läuft]: Mahlkes Hals lag flach im Schatten» (120). — Bemerkenswert ist ferner die Frisur des Gastgebers. Schon früh zeigt Joachim den bezeichnenden Mittelscheitel. Was zunächst als Folge des Tauchens erscheint (s. 14/15; 102), wird später zur bewußt getragenen ‹Haarmode›, bei der er, seinem «von Natur dünnen und haltlosen Haar Festigkeit [zu] geben», die Frisur jeden Morgen mit einer fixierenden Lösung behandelt (27). So mochte er auch jetzt, als Pilenz zu Besuch kommt, «seinen Mittelscheitel kurz zuvor frisch gerichtet haben. Starr und in Kammsträhnen liefen nicht helle, nicht dunkle Haare vom Scheitel schräg abwärts nach hinten ...» (120)[25]. In anderem Zusammenhang als Ausdruck seiner Ordnungsliebe apostrophiert, ist nunmehr zu ergänzen, daß diese Art, das Haar zu scheiteln, einen ernsten, ja leidenden Eindruck hervorruft (s. 25) und ihm im Verein mit dem (oft) sauer verkniffenen Mund (s. 45) jene Erlösermiene einträgt (s. 102; 147), die für seinen Seelenzustand als typisch gelten darf, nur daß sie jetzt, im Unterschied zu früher, wesentlich prononcierter hervortritt: «Starr und kandiert» fällt das nun längere Haar, «zwei steile Dächer, über beide Ohren: er hätte als Jesus auftreten können ...» (114). Mit ernstem Scheitel und Leidensmiene augenblicksweise messianische

---

[24] Zwar liegt draußen kein Schnee (s. 118), aber der Baum, der sonst einen Teil des Lichts auffängt, steht jetzt «blätterlos» da «und mit weißgestrichenem Stamm ...» (120).

[25] Wenn sie eine Stunde später den Halt verlieren und (ausgerechnet) zu ‹zittern› beginnen (s. 120), dann, wie schon einmal (s. 64), weniger aus Gründen erhöhter Zimmertemperatur denn aus tiefinnerer Angst.

Konturen gewinnend, weist dieser Adaptionsversuch der Christusrolle nicht nur auf die Dringlichkeit seiner Seelennot hin, der Umstand, daß er als Fixativ ausgerechnet Zuckerwasser benutzt (s. 27), deutet Mahlkes Erlösungsbereitschaft, um nicht zu sagen Todessehnsucht — noch einmal das Motiv verlockender Süße! — an.

In dieser Richtung ist auch die zunehmende Übernahme der Vaterrolle zu interpretieren: «Mahlke mit Schillerkragen machte in Filzschuhen auf» (120). Zwar wird nicht direkt gesagt, daß es sich um das Fußzeug des Vaters handelt, aber da er sich außer Hauses winters wie sommers in altmodischen Schuhen bewegt, «die er von seinem Vater geerbt haben mochte» (11; vgl. 32), liegt der Schluß nahe, es möchte sich auch hier um einen symbolischen Vorgang, ein ‹In-Spuren-Gehen› handeln[26]. Immer schon trug Mahlke Vaters Sachen[27], und dies nicht etwa bestehender Armut wegen (s. 11), sondern aus Pietät — oder Nachahmungsdrang. Hier, inmitten der eignen vier Wände, redet er wie der Vater, regiert die Frauen quasi im Sinne des verstorbenen Haushaltsvorstandes, und Mutter wie Tante «gehorchten ihm oder jenem verstorbenen Lokomotivführer, den er unaufdringlich beschwor und Stille gebieten ließ ...» (121). — Es ist die Eule, längst zwar im Innern des Schiffswracks untergebracht, aber nichtsdestoweniger in Pilenzens Erinnerung gegenwärtig, die — Hinterlassenschaft des Vaters (s. 25) — am entschiedensten darauf hindeutet, daß das Verhältnis zwischen Sohn und Erzeuger das der Fixiertheit ist (s. dazu B 37/38; 129). In welchem Sinne diese Fixierung gemeint ist, wird bei Pilenzens Abschied deutlich, als Joachim auf das Bild im Flur verweist mit den Worten: « ‹Mein Vater und der Heizer Labuda, kurz bevor sie vierunddreißig nahe Dirschau verunglückten. Das heißt, mein Vater konnte das Schlimmste verhüten und bekam nachträglich eine Medaille› » (123). Wenn der Vater hier zum Leitbild avanciert, dann durch seine gelebte Opferbereitschaft. Joachim, der angstvoll Leidende, ist dabei, diese Rolle fortzuführen, freilich auf seine Weise, indem er die vom Vater gelebte und im Conradinum gepredigte Haltung[28], nach der es (süß und) ehrenvoll sei, sein Leben (fürs Vaterland) in die Schanze zu schlagen, umdeutet in die Möglichkeit, seinem Dasein ein Ende zu bereiten und sich so die Sehnsucht zum Tode zu erfüllen.

Über diese insgeheime Absicht vermag auch die Leichtigkeit des angeschlagenen Tons nicht hinwegzutäuschen, im Gegenteil. Zwar lacht Mahlke im An-

---

[26] Von Pilenzens Zuhause wird berichtet, wie die fremden Herren, der Mutter hinterdrein, sich in seines Vaters «eingetragene[n] Hausschuhe[n]» bewegen, «ohne das Symbol zu begreifen ...» (135).

[27] Übers Schuhwerk hinaus geht er gekleidet in Vaters Mantel (s. 49; 117), hängen die Beutestücke an Schnürsenkeln aus väterlichem Bestand (s. 16; 18; 32/33), sind die Puscheln aus der Wolle von Vaters Socken gefertigt (s. 47).

[28] Darf man den altmodischen Schillerkragen, der den Hals ungeschützt läßt, verstehen als Anspielung auf das Verstiegene des von dort überkommenen Idealismus?

schluß an die Wiederaufnahme der Kirchenbesuche «auf neue Art ungezwungen, plauderte plauderte. Er, der Einsilbige, sprach übers Wetter — Altweibersommer, goldene Fäden in der Luft . . .» (115), zeigt er sich bereit, einen Schlußstrich unter die Katzengeschichte zu ziehen — «‹Schwamm drüber›» (116) —, ja sie bei Pilenzens vorweihnachtlichem Besuch gar als eine Art Ammenmärchen zu verharmlosen (s. 122), doch läßt er im nämlichen Plauderton seine Meldung als Kriegsfreiwilliger einfließen (s. 115/16), bringt er en passant den ‹Kahn›, d. h. die früher ventilierte Möglichkeit des Verschwindens ins Gespräch (s. 116 u. 133); Gründe genug, Pilenz hellhörig zu machen, wie er ja nur auf den RAD-Mann Mahlke zu schauen braucht, um die wahre Situation — verstärkte Angstzustände — vor Augen zu haben. Nicht nur ist der Arbeitsdiensthut überhaupt «ein Unikum an Häßlichkeit: hoch und unproportioniert beulte er sich über dem Schirm, war durchtränkt von der Farbe angetrockneter Exkremente, hatte zwar oben den Mittelschlag nach Art eines Herrenhutes, nur lagen die Wülste näher beieinander, kniffen sich und ergaben jene plastische Furche, die der Reichsarbeitsdienstkopfbedeckung den Übernamen ‹Arsch mit Griff› eingetragen hatte. Mahlkes Haupt bedeckte dieser Hut besonders peinlich. Wurde doch so sein Mittelscheitel, selbst wenn er ihn beim Arbeitsdienst hatte aufgeben müssen, drastisch gesteigert» (127)[29]. So kommt die zweite Begegnung zustande überhaupt nur, weil sich keine Gelegenheit des Ausweichens oder Aneinander-Vorbeisehens anbietet, und die Wirkung ist denn auch peinliche Verlegenheit (s. 127), ein fahriges Bemühen um Überspielen des Eigentlichen, während beim letzten Zusammentreffen die Initiative zwar von Pilenz ausgeht, sein Verhalten sich aber bezeichnenderweise erschöpft in verzweifelten Versuchen (s. 148/49), eine als ausweglos erkannte Situation mit (unzulänglichen) Scherzen zu überspielen, während die nahende Katastrophe sich (in Gestalt der im Hintergrund lauernden Katze) bereits überdeutlich abzeichnet. — Was Pilenz jeweils erschreckt, ist die Konsequenz, mit der Mahlke sein Ende herbeiführt, jene eher finstere Entschlossenheit, der gegenüber alles forsche Understatement wie eine unzukömmliche Maskerade wirken muß. Es sind gerade diese Ablenkungsmanöver, die Pilenz, den Hellsichtigen, Mahlke tunlichst vermeiden lassen oder ihn, wo immer sie aufeinandertreffen, zutiefst verstören, so sehr, daß der «Schreck . . . [ihn] wieder in die Tür drücken» will (115). «Schlug mein Herz mit dem Stiefelabsatz und wollte die Tür eintreten», heißt es an anderer Stelle; eine kühne Metapher, gewählt, die verzweifelte Furcht des Erzählers auszudrücken, die Furcht darüber, daß Mahlke, wie der Brief an die Tante beweist, wieder «am Zug» ist (131), dabei, sich dem Tode unaufhaltsam in die Arme zu

---

[29] Später erinnert die Kopfbedeckung des Panzergrenadiers an das fortgeschrittene Stadium dieses Leidenszustands. Zwar geht Mahlke nun ohne ‹Erlöserfrisur›, «Dennoch Erlösermiene: der Hoheitsadler an einer wie genagelt im Lot sitzenden Feldmütze spreizte sich über Deiner Stirn als Taube des Heiligen Geistes» (147/48).

werfen, welche Haltung nichts anderes darstellt als eine Herausforderung zu helfendem Eingreifen!

3. Anti-Held und Anti-Novelle

Die Suche nach dem Anlaß, mit dessen Hilfe Mahlke den Referenten, dem er lange Zeit hindurch Bewunderung abnötigte, schließlich das Fürchten lehrt, führt zurück auf das siebente Kapitel der Erzählung. Als Movens für die beobachtete Kehre in der Beziehung Mahlke — Pilenz erhält das dort Berichtete, der Auftritt des Kapitänleutnants zur See wie das schließliche Verschwinden seines Verdienstkreuzes, nachträglich überragende Bedeutung. Die Frage ist, ob eine derartige Aufwertung sachlich gerechtfertigt erscheint. Ja und nein, könnte die Antwort lauten. Ja, sobald man sich entschließt, die Affäre isoliert und lediglich aus der Sicht des Agierenden zu betrachten. Auf Pilenzens Spuren begegnen wir dem Kleptomanen zwischen den Aufbauten des einstigen Minensuchers, «den Artikel mit dem Band am Hals». Und man erkennt die Wirkung, die von dieser Maskerade ausgeht (und ein gut Teil der Begründung liefert für die Inszenierung des Ganzen): «Es hatte ein Adamsapfel ... zum erstenmal ein genaues Gegengewicht gefunden. Still schlief er unter der Haut und mußte eine Zeit lang nicht rucken ...». Mahlke, der in seiner Disharmonie nach Proportionen Verlangende, hat sich in Gestalt des Ordens eines Symbols zu bemächtigen gewußt, das «die Symmetrie als Credo verkündete» und hinter dem sich zu verstecken Beruhigung verheißt (103). So zeigt ihn die nun folgende Szene wie befreit von allen Ängsten, in einem Zustand, der so neu und überwältigend ungewohnt ist, daß er keine geringere Bezeichnung als die des Glücklichseins verdient. Erfüllt von diesem Hochgefühl, sehen wir Joachim erstmals locker, entkrampft, fern aller gewohnten Wehleidigkeit, vielmehr ausgelassen singend und tanzend, so daß das ‹Ding› zwar hüpft, «aber nicht weil die Gurgel, nein, weil er überall lebendig und zum erstenmal bißchen albern, keine Erlösermiene, schnappte vielmehr über ...» (104). — Außerhalb dieser individuellen Wirkung und gleichsam ‹objektiv› betrachtet, muß die eingangs aufgeworfene Frage nach der Wichtigkeit des Vorgefallenen hingegen eher verneint werden. Allenfalls dann, wenn man in der Tapferkeitsmedaille etwas vom Wesen des Staates verkörpert sehen wollte, der sie verleiht, könnte man den Diebstahl nach Art eines Sakrilegs bewerten. Aber die Meinung darüber ist selbst bei den Insidern keineswegs einheitlich, ja der unmittelbar Betroffene scheint noch am ehesten bereit, das Ganze anzusehen als das, was es im Grunde ist, als Dummejungenstreich nämlich (s. 92), d. h. ein zwar ärgerliches, aber keineswegs irreparables Malheur[30].

---

[30] Wirklich soll er bereits am darauffolgenden Sonntag mit passendem ‹Ersatz› in einem Café der Stadt gesehen worden sein (s. 95).

Mallenbrandt freilich, der Turnlehrer, und mehr noch Klohse sind anderer Meinung, wittern subversives Verhalten, stellen Untersuchungen an und sprechen schließlich, ungerührt von Mahlkes Selbstbezichtigung, den Schulverweis aus. Unter ihrer Kuratel wird das Ganze aufgebauscht, zum Komplott erklärt und damit für Mahlke im wahrsten Sinne des Wortes ein ‹halsbrecherisches› Unternehmen. — Bagatelle oder Staatsaktion? Angesichts so divergierender Wertungen ist es unumgänglich, sich der Meinung des Autors zu versichern: «Unerhörtes habe sich zugetragen, und das in schicksalhaften Zeiten, da alle zusammenhalten müßten» (107), läßt er den Anstaltsleiter und (gleichzeitigen) Vertreter des Systems sich äußern und spielt damit deutlich und bis in die Wortwahl hinein erkennbar an auf literarisch Überliefertes, jenes die Gattung wesentlich konstituierende ‹unerhörte› Ereignis. Damit nicht genug, hat er diese ‹Heldentat› in das siebente von insgesamt dreizehn Kapiteln, d. h. genau in die Mitte des Erzählten verlegt[31], an die exponierteste Stelle also, die sich denken läßt. Um auf diese Weise, von der kompositorisch-kompositionellen Seite her Direktor Klohses Auffassung zu bestätigen? Für Augenblicke mag es so scheinen, aber nur so lange, wie man Joachims eigentliche (soldatische) Leistungen außer acht läßt. Wenn sie späterhin wie beiläufig und in möglichst unauffälligem Kontext nachgetragen werden, dafür aber ein ‹Bubenstück› in den Mittelpunkt gestellt und zum nervus rerum emporstilisiert wird, dann ist diese Umkehrung der Gewichte komisch gemeint, wird die Struktur der Satire bemüht, um ein (in den Augen des Autors verlogenes) Heldenideal ironisch zu entlarven. Nicht nur die Anspielung auf ein ‹klassisches› Stück Novellentheorie ist demnach ironisch gemeint, doppelsinnig wirkt nun auch der Untertitel ‹Eine Novelle›, sofern diese ‹Neuigkeit› statt auf Unerhörtes auf eine schiere Belanglosigkeit hinausläuft[32].

In satirischem Licht erscheint, bei aller subjektiven Ernsthaftigkeit, am Ende selbst die Mahlkesche Angstbewältigung. Zwar tut er auf dem Schiff (und zuvor in der Aula), wie das Ergebnis lehrt, etwas in seinem Sinne durchaus Zweck-

---

[31] Ein Umstand, der bisher einzig bei James C. Bruce — The equivocating narrator in Günter Grass's «Katz und Maus». — In: Monatshefte für deutschen Unterricht 58, 1966, S. 139 bis 149 — bemerkt worden ist (s. S. 139).

[32] Daß der Dichter den Diebstahl eher als komisches Malheur betrachtet wissen will, geht allein schon aus der Einführung eines ‹Grinsers› als des vermeintlichen Täters hervor: Trotz allen verbissenen Schlagens triumphiert das unbezwingbare Grinsen Heini Buschmanns — «Grinsen ist menschlich» (T 61) — über die humorlose Roheit der Inquisitoren (s. 89/90). — Komisch ist freilich nicht nur die offiziöse Empörung über die (vermeintliche) Ordensschändung, lächerlich wirkt auch die kritiklose Bewunderung von seiten der Mitschüler, denen es erst jetzt gelingt, für den Täter einen passenden Übernamen — der ‹Große Mahlke› — zu finden (s. 97), eine Titulierung, die das Denken dieser Jugendlichen als unzukömmlichen Heroenkult entlarvt. — Zur Parodie der Novellenform vgl. ferner die Ausführungen bei Manfred Durzak, Satirische Demontage: «Katz und Maus». — In: M. Durzak, Der deutsche Roman der Gegenwart, Stuttgart 1971, S. 129—139, dort S. 132.

mäßiges[33], aber wieder fällt in der Gegenüberstellung mit vergleichbaren Situationen ein merkwürdiges Zwielicht auf diesen Augenblick des Triumphes. Der Kleptomane angstbefreit, in einem Zustand, der ihm niemals vorher zuteil wurde noch später je wiederkehren wird — das ist erstaunlich insofern, als Mahlke längst und sehr viel früher Gelegenheit gehabt hätte, dieser (erwünschten) Empfindung teilhaftig zu werden: aus Anlaß der herzstärkenden Reden nämlich, wie sie von den hochdekorierten Fronturlaubern je und je gehalten wurden, den Schulalltag durchbrechend in der Absicht, die Moral der ‹Heimatfront› wie des soldatischen Nachwuchses zu festigen. Anstatt sich indes von der Überlegenheit der eignen Waffen, der Gerechtigkeit der Sache, für die da gekämpft wird, überzeugen zu lassen, beginnt Mahlke bei den Ausführungen des Fliegerleutnants Reaktionen zu zeigen, die man bei den gewagtesten turnerischen Übungen an Reck oder Barren an ihm nicht hatte beobachten können (s. 12), bekommt er schweißtreibende (Angst-)Zustände derart, daß sein «Zuckerwasserhaar ... in verklebten Spießen um den zerstörten Mittelscheitel» stand und (hier wird die Anspielung eindeutig) seine «Angströhren, diese zwei, vom siebten Halswirbel gegen den ausladenden Hinterkopf stoßenden Muskelstränge, glühten und perlten» (64). Den Vortrag des Kaleu will er erst gar nicht anhören (s. 80), und als er dann doch erscheint, da nur des geplanten Diebstahls wegen, und von Gliederschlagen befallen schon vor Beginn der Ausführungen, einem Zittern, dem auch dadurch nicht beizukommen ist, daß er seine Hände in die Kniekehlen klemmt, und das sich überhaupt nur darum verausgabt (s. 80/81), weil der Vortragende weniger seine militärischen Leistungen in den Vordergrund stellt als sich in wortreichen, poetisierenden Abschweifungen ergeht. — Wenn schon die ‹Vorbilder› derart frustrierend wirken, kann man vermuten, wie es um Joachims Seelenverfassung bestellt ist, sobald er selbst an der Front steht. Sofern man überhaupt etwas erfährt über den Akteur und ‹Panzerknacker› Mahlke, dann im Nachhinein und in bezeichnender Lage. Zähneklappernd vor Angst, lassen Bruchstücke eines skizzierten Vortrags vermuten, was der Kanonier Mahlke im Angesicht der angreifenden feindlichen Panzer empfunden haben muß: alle Schrecknisse der Hölle, die ihn seine Schutzpatronin Maria so inbrünstig um Beistand anflehen ließen, bis aus sich verdichtenden Angstzuständen heraus zuletzt die Vision der leibhaftig erscheinenden Jungfrau ersteht (s. 169/70). Und der Lohn dieser Angst, die inzwischen hoch verdiente, unter vielfachem Einsatz des Lebens erworbene Tapferkeitsauszeichnung? In der Rolle des Tranquillizers erweist sie sich eher minder geeignet (s. 146) als jenes gestohlene Blech, zumindest die Euphorie von einst fehlt nun ganz. — Angstbewältigung durch Diebstahl — Heldentaten aus Angst geboren und ohne das Selbstgefühl zu heben; am Ende erscheint der Mahlkesche Aktionismus, seiner

---

[33] Wie minutiös das ganze Unternehmen geplant ist, hat U. Karthaus (a. a. O. S. 80) nachgewiesen.

(psychologischen) Wirkung nach zu urteilen, wo nicht objektiv falsch, so doch als im Widerspruch stehend zu allen offiziösen Verlautbarungen wie dem normalerweise zu Erwartenden — und damit als satirische Verkehrung!

Nicht nur wird auf diese Weise, mit den Mitteln von Komik[34] und Satire, systematische Heldendemontage betrieben, es wird in eins damit und mehr noch das System entlarvt, das solche kuriosen ‹Helden› zuläßt, weil es ihrer bedürftig ist. Am Beispiel Klohses, jenes Mannes, der Sauberkeit als Atem und Vokabel beständig im Munde führt, aber wenig oder nichts tut, dem einstigen Schüler Mahlke (als Entgelt für seine Frontkämpferzeit) den Auftritt in der Aula zu ermöglichen, erweist sich die oft beschworene Ordnung (statt als lebendiger Wert) als ein ebenso abgestandenes wie abstraktes Prinzip, das unbekümmert um Verdienst oder Schicksal des einzelnen durchgehalten werden muß um seiner selbst willen. Ein Verstoß dagegen, und sei er noch so gering, ist nicht mehr gutzumachen, auch nicht um den Preis wiederholten Lebenseinsatzes. Indem ein ehrlich erworbenes Ritterkreuz einen Jugendstreich nicht aufzuwiegen vermag, entlarvt die vorgebliche Ordnung sich als das, was sie ist: nicht für den Menschen gemacht, sondern als ein Wert sui generis, und darin ebenso unmenschlich wie sinnlos[35].

Das Gerede von Ordnung und Sauberkeit ist überdies so phrasenhaft verlogen wie inhuman, da die kategorisch erhobene Forderung nach moralischer Integrität verbunden ist mit dem Wissen um das genaue Gegenteil, ja die stillschweigende Duldung von Willkür- und Terrorakten aller Art. Hier ist an die Gestalt des Studienrats Brunies zu erinnern, der, ein weltferner Romantiker, gegen die Dekrete eines Polizeistaates verstößt, mit dem ‹Gesetz› in Konflikt gerät und schließlich im Konzentrationslager endet (s. 48/49); ein unverdientes

---

[34] Nicht erst Joachims Heldentat, das Ergebnis des Unternehmens ‹Ordensklau› ist komisch anzusehen, Mahlke scheint überhaupt zum Helden denkbar ungeeignet. Immer wieder gibt sein eher clowneskes Äußeres Anlaß zu Pasquillen aller Art, wie all seine Leistungen in ihrer krampfigen Bemühtheit stets auch zum Lachen reizen: Nach Statur wie Seelenverfassung ist er *der* Anti-Held schlechthin. — Eine Materialsammlung komischer Passagen bietet (über die Person Mahlkes hinaus) Ingrid Tiesler, a. a. O. S. 117 ff.

[35] Zugleich erweist ein derart ‹kategorischer› Konservatismus sich (gewollt oder ungewollt) als Handlanger faschistischen Terrors, während die ‹Anstalt› sich auf diese Weise ihrer (ohnehin bescheidenen) Möglichkeiten entschlägt, einem Bedürftigen (wenigstens) geistiges Asyl zu gewähren. Statt dessen ist auch hier ‹Jagdgebiet›, und folglich taucht bei Mahlkes Bittgang um Redeerlaubnis für die Aula erneut die alles beherrschende Gestalt der Katze auf — als ausgestopftes Exemplar lebendig-dräuender denn je (s. 148/49; 146)! —, während man erst jetzt die Bemerkung des Erzählers versteht, wonach Mahlke sich von der Schule denn doch wohl zuviel versprochen habe (s. 43), mehr jedenfalls, als diese Institution schließlich habe halten können (s. 32).

Schicksal, das um so schändlicher ist, als sich niemand bereitfindet, ihm zu helfen, sein Untergang sich vielmehr unter den Augen der gesamten Lehrerschaft vollzieht. Daß Brunies' Martyrium, bei aller abrißartigen Kürze des Berichts[36], dennoch nicht als Einzelerscheinung anzusehen ist, davon zeugt der die Szene beherrschende Zwiebelgeruch (s. 119), eingesetzt, den durchdringenden Pesthauch — Anspielung auf die Vergasung eines ganzes Volkes[37] und größtes Vergehen dieses Unrechtsregimes — zu kaschieren. Mahlkes Heldentum, es ist von hierher in doppelter Hinsicht sinnlos: Weder hilft es ihm selbst zur Re-Integration in die Gesellschaft, noch ist es überhaupt und für andere in irgendeiner Weise von Nutzen. Heroismus, schon an sich als Wert bezweifelbar, wird da, wo er lediglich das System zu stabilisieren, die Schreckensherrschaft zu verlängern hilft, absolut und auf nachhaltige Weise fragwürdig. Daß Mahlke, wenn auch aus privaten Gründen, die Konsequenz zieht und mitsamt dem Orden ‹untertaucht›[38], erspart ihm die bedauernswerte und im Grunde schizophrene Situation[39], sich nach Kriegsende in einem militärischen Traditionsverein wiederzufinden und gefeiert zu werden für etwas, das besser unterblieben wäre: ein in der Ausführung komisches[40], der Wirkung nach widersinniges und insgesamt groteskes Heldentum[41].

4. Mangelnde Zivilcourage als Erzählantrieb

Entlarvung des Systems und der von ihm propagierten (Schein-)Werte, damit ist nun eine der entscheidenden Funktionen des Erzählers angesprochen, eine Aufgabe, die Mahlke (von den Besonderheiten seiner psychischen Konstitution

---

[36] Ausführlich ist von seinem Schicksal (als Folge unpolitischen Romantizismus') in den ‹Hundejahren› die Rede.

[37] Und zugleich Aufnahme des Hinweises auf das arbeitende Krematorium der Eingangsszene (s. 5).

[38] Wo genau das vielverlästerte corpus delicti am Ende abbleibt, ist ungewiß (s. 172/73).

[39] Bezeichnend, daß ausgerechnet in diesem Zusammenhang die erste und einzige korrekte Benennung des Ordens fällt (s. 177).

[40] Mahlke als der triste, weil erfolglose Clown, wobei die «Komik des Scheiterns» (T 342) einen Einwand darstellt gegen die von John Reddick — Eine epische Trilogie des Leidens? «Die Blechtrommel», «Katz und Maus», «Hundejahre». — In: TEXT + KRITIK. Zeitschrift für Literatur, hrsg. v. Heinz Ludwig Arnold, Heft 1/1 a [: Günter Grass], ⁴1971, S. 38—51 — betriebene Glorifizierung Joachims zum mächtigen, dynamischen Könner (s. S. 46). Selbst wo Mahlkes Clownerien nur Maske sind, aus dem Wunsch geboren, weniger Feinde zu haben (s. T 213), stehen Können und Erfolg (oder Effekt) in Mißverhältnis zueinander, gelingt es höchstens vorübergehend, die verfolgende Meute zu irritieren.

[41] s. dazu Passagen der «Rede von der Wut über den verlorenen Milchpfennig». — In: G. Grass, «Über das Selbstverständliche». Reden Aufsätze Offene Briefe Kommentare, Neuwied/Berlin 1968, S. 182—185.

her) nicht oder nur unzureichend zu leisten vermöchte. Zwar durchaus kein Konformist, steht Joachim, wovon noch zu reden sein wird, dem Nazismus eher beziehungslos gegenüber, aber dieses Unverhältnis bei (andererseits) latenter seelischer Bedürftigkeit, resultierend aus mancherlei Komplexen, schließt eine durchgehend kritische Position aus. Verglichen damit erscheint Pilenz, obwohl sicherlich weniger originell, doch in vieler Hinsicht unabhängiger, jedenfalls sowenig psychologischen Zwängen unterworfen wie (überhaupt) existentiell betroffen und von daher distanzierterer Beobachtung wie kritischen Kommentars fähig. Welcher Art der hier angesprochene Unterschied des Bewegungsspielraums ist, läßt sich am ehesten am Beispiel von Mahlkes großem Coup demonstrieren: Joachim braucht und mißbraucht das Ehrenzeichen gleichermaßen; die Pantomime, bei der er, ein verschämtes Mädchen imitierend, das Ordenskreuz nach Art eines Feigenblatts benutzt, seine Blöße damit zu bedecken, ist Schutzgebärde, Freudentanz und komische Nummer — die Tapferkeitsmedaille als (unzureichendes) Alibi für alles, was an Ungeheuerlichem hinter der Fassade des Systems vorgeht — zugleich. Artikuliert hingegen wird die diesem Treiben immanente Kritik erst mit Hilfe von Pilenzens Diktion, einer Sprachgebung, die, jenseits aller Enthusiasmierbarkeit angesiedelt, die Inkarnation des Heldischen nie anders denn in despektierlichen Umschreibungen (Bonbon, Ding, Apparat usw.) angeht. Hinter derartiger Erzählhaltung wird die Gestalt des Autors sichtbar in dem Augenblick, da der Haß auf das im Grunde Unaussprechliche (s. 89) Pilenz[42] zu lästerlichen Einfällen nach Art der Wortschöpfung «Dingslamdei» (146) verhilft. — Es ist dies der gleiche Erzähler-Autor, aus dessen degagierter Optik wir von den ‹Heldenstunden› in der Aula erfahren. Während Mahlke über der bloßen Vorstellung des ihn (zukünftig) erwartenden Leistungsdrucks ins Schwitzen gerät, geht aus Pilenzens unterkühlter Art, die Vorträge zu referieren, die grundsätzliche Unangemessenheit dieses Redens über das Thema ‹Krieg› hervor. Bei aller subjektiv ehrlichen Überzeugung der dort Auftretenden — der Fliegerleutnant etwa wird als jungenhaft-sympathische Erscheinung geschildert — ist die Auseinandersetzung mit der Waffe weder der geeignete Anlaß, Anekdotisches zum Besten zu geben noch dazu angetan, in einen legeren Kasinoton zu verfallen (s. 62) oder gar so zu tun, als handle es sich bei diesem blutigen Metier lediglich um die Fortsetzung (einstiger) sportlicher Wettkämpfe mit anderen Mitteln (s. 61). Nicht minder deplaciert müssen alle Versuche wirken, das gefahrvolle Unternehmen ‹U-Booteinsatz› in poetisierende Stimmungsbilder[43] umzumünzen und bei dieser ‹Gelegenheit› einem falschen Romantizis-

---

[42] Freilich muß man auch hier zwischen dem Akteur Pilenz und dem Schreiber gleichen Namens unterscheiden: Während die Umrisse des Erzählenden augenblicksweise mit der Gestalt des Autors zusammenfallen — beide sind sich einig in der Ablehnung des Heldischen —, geht dem ‹Inspizienten› Mahlkes despektierliches Gehabe eher auf die Nerven (s. 104).

[43] Vgl. dagegen Grassens bewußt stimmungstötende Art der Naturbeschreibung, in dieser Erzählung am deutlichsten greifbar in jener Redewendung von der «Natur, wo man hinschiß» (136).

mus und Märchengeraune zu huldigen (s. 83 ff.). Zwar bleibt das Kriegsgeschehen
in «Katz und Maus» lediglich am Horizont sichtbar, findet es lange Zeit zunächst im Radio, dann wesentlich in den Zeitungen statt (s. 33), doch hat Grass
weder hier noch anderswo[44] Zweifel daran gelassen, daß dieses Phänomen, wann
immer es hervortritt, nie ohne die Greuel physischer Vernichtung wie als psy-
chisches Schrecknis allerersten Ranges daherkommt. Diese (leidvolle) Seite zu
unterschlagen, die Gefallenen zu verschweigen, wie der Leutnant es fertigbringt,
ist demnach ebenso verlogen wie der (überzogene) Kultus des Heroischen. Auch
hier trifft der Erzähler Pilenz eher die Wahrheit, wenn er uns den (immerhin
noch) uniformierten Deserteur schildert, wie er, in gekrümmter Haltung Schleif-
spuren in den Sand zeichnend, hinter Strandhaferbüschen verschwindet, seine
Notdurft zu verrichten, Zeichen dafür, daß kreatürliche Angst auch bei hochdekorierten ‹Leitbildern› bis zur Desorganisation des Verdauungsmechanismus
führen kann (s. 168). Mahlke hat, um es im Landser-Argot zu sagen, ‹Schiß›,
und das ist zwar weniger erhebend, aber immerhin realitätsnäher als die offizielle Version.

Nun ist Pilenz in seiner Animosität dem Militärischen gegenüber weder
konsequent — er selbst hat ja das Wort vom ‹Großen Mahlke› kreiert — noch
ausschließlich damit befaßt, Heroen vom Sockel zu stoßen, vielmehr gilt sein
Augenmerk mindestens ebensosehr Mahlkes geistlichem Refugium, d. h. aber
der Institution Katholische Kirche. Neben Joachim der einzige Katholik (s. 73),
bringt er als ‹ungläubiger› Ministrant (s. 56/57; 100/01) alle Voraussetzungen
mit, Kirchenvertreter wie Glaubensinhalte kritisch unter die Lupe zu nehmen,
wie er in seinem betenden Freunde ein geeignetes Studienobjekt[45], die Wirksamkeit des Transzendenten betreffend, vor Augen hat. Was bei diesen skeptischen
Observationen vor dem Altare herauskommt? Neben menschlichen Schwächen
des kirchlichen Personals[46] nagende Zweifel an der Glaubwürdigkeit christlicher
Botschaft wie der Wirksamkeit religiöser Symbole. Den theologisch-geistlichen
Kern der Offenbarung in Frage zu stellen, die Ausstrahlungskraft zentraler
Gestalten christlicher Glaubenslehre zu negieren, dient in «Katz und Maus»
jenes (kunstvoll arrangierte) Ineinander von sakralem (Kirchen-)Raum und
profaner Wettkampfstätte[47] ebenso wie die Konfrontation (des Heiligen) mit

---

[44] Für «Die Blechtrommel» s. vor allem das Kapitel ‹Polnische Post›, für die «Hundejahre» das
   Schlußmärchen des Zweiten Buches (s. H 358 ff.).

[45] So ungläubig erscheint Pilenz, daß er zwar die Karikatur abwischt, während er dem Urbild
   die Leidenshaltung nur bedingt abnimmt und statt dessen die Komik der Christus-Nachfolge
   sieht (s. 45).

[46] Vgl. die homoerotischen Neigungen Hochwürden Gusewskis, wie sie sich bemerkbar machen in
   dem versuchten Griff in die Hosen der Ministranten 112/13.

[47] In einer zur Kirche umfunktionierten ehemaligen Turnhalle (s. 17/18) tritt das Übersinnliche
   zurück zugunsten des bloß Handgreiflichen, wirkt Christus zuletzt wie ein Turner am Kreuz
   (s. B 160), eher imstande, Klimmzüge zu vollbringen als (geistliche) Wunder zu tun. Umge-

dem Obszönen[48]: Selber verhunzte Form und Reduktionsstufe zwischenmensch-
licher Beziehung, ist aller bloße Sexus von dem Mysterium (engel-)reiner Liebe
so meilenweit entfernt, daß er nur mehr im Zusammenhang mit Schmutz und
Fäkalien gezeigt werden kann. Wo der Mensch statt als leib-seelische Einheit
einzig noch organisch-orgastisch funktioniert, bleibt zur Komik lediglich die
schmutzig-widerliche Seite. Ein derart zum Obszönen hin verkommener Eros
aber ist nun andererseits der rechte Indikator im Hinblick auf die Intaktheit
aller übrigen tradierten Wertvorstellungen[49]. Was bei dieser Art von ‹Scheide›-
Probe herauskommt, gibt weder für «Katz und Maus» noch das übrige Werk
dieses Dichters zu übertriebenem Optimismus Anlaß. Es ist, als Ergebnis der
Hinfälligkeit fast aller ‹Überbauphänomene›, auf eine Formel gebracht: die Welt
in reduziertem Zustand. — Die vorliegende Novelle betreffend, fällt diese Aufgabe der skeptischen Reduktion (auch über die Darstellung des ‹Helden› Mahlke
hinaus) dem fingierten Erzähler zu, ein Kunstgriff, mit dessen Hilfe es gelingt,
alle kritischen Vorbehalte auf eine breitere Basis zu stellen wie auch von objek-
tiverer Warte aus vorzutragen. In dieser Funktion als Sprachrohr der (Zeit-)
Kritik könnte der Referent, der lange Zeit hindurch überhaupt namenlos bleibt,
auf den Rufnamen Günter hören.

Über die (allgemeinere) Rolle als kritische Erzählinstanz hinaus hat Pilenz
auf der Handlungsebene noch einen sozusagen privaten Auftrag zu erfüllen[50],
die heikle Mission nämlich, Mahlke in schwieriger Lage helfend beizustehen.
Insbesondere für die (beiden) letzten Kapitel, d. h. bei zunehmend aussichtslos

---

kehrt reicht die schummrige Atmosphäre einer altmodischen Turnhalle hin, dem physisch
Machbaren den Anstrich des Numinosen zu verleihen, so sehr, daß die dort übenden Jungen
den Umkleideraum als ‹Sakristei› zitieren (s. 87/88).

[48] Diese sog. ‹anstößigen› Stellen sind Anlaß gewesen, «Katz und Maus» indizieren zu wollen,
und haben dem Dichter außer Verleumdungen aller Art schließlich einen Prozeß (mit zweifel-
haftem Freispruch) eingetragen; Gelegenheit, das Problem von Kunst und Pornographie
grundsätzlich aufzurollen. Statt dessen wurde diese Möglichkeit zur Rechtfertigung von seiten
der Kritik kläglich vertan, beließ man es bei Hinweisen auf ‹klassische› Anstößigkeiten der
Weltliteratur, übte sich in Aggressivität statt in Argumentation und blieb zuletzt stecken in
der bloßen Behauptung von der Funktionalität der Ärgernis erregenden Partien (s. dazu die
Materialsammlung bei Gert Loschütz [Hg.], Von Buch zu Buch — Günter Grass in der Kritik.
Eine Dokumentation, Neuwied/Berlin 1968, S. 53—66). — Der Betroffene selbst beklagt dar-
über hinaus «die Sprachlosigkeit der deutschen intellektuellen Öffentlichkeit auf diesen
Gerichtsentscheid hin» (vgl. das ‹Gespräch [des Herausgebers] mit Günter Grass›. — In:
TEXT + KRITIK, a. a. O. S. 10).

[49] Man kann die Gegenprobe machen: Je ‹positiver› Grass wird, desto mehr nehmen die Obszö-
nitäten ab. In den ‹Hundejahren› wird nur noch Materns Rachefeldzug auf diese Weise der
Sinnlosigkeit überführt.

[50] Dies die Erklärung dafür, daß er erst jetzt einen Namen bekommt.

werdender Situation ist Pilenz zwar der einzig verbleibende, aber nicht unbedingt auch der verläßlichste Partner. Schon die früher bemerkte Haltung zögernden Taktierens verheißt wenig Gutes im Hinblick auf seine (moralische) Integrität. Was (damals) mit jenem lediglich halbherzigen Ausreden von Mahlkes Selbstbezichtigungsplänen begann (s. 104 ff.), setzt sich in der Schlußsequenz, die sich abzeichnende Katastrophe betreffend, fort in zunehmender Vogel-Strauß-Mentalität wie dem Ausbleiben des energischen Versuchs, einem ‹Illuminierten› die Lust am Untergang zu verleiden. Zwar rafft Pilenz sich auf zu dem Vorsatz, den Direktor umzustimmen, das Klohsesche Placet zu dem geplanten Vortrag zu erwirken, aber seine Argumente wirken flau, und der schließliche Mißerfolg geht auch zu Lasten seines wenig überzeugenden Auftretens. — Anstatt den Desertionsabsichten (als Folge des Fehlschlags, ins — nunmehr bergende — Zentrum des Conradinums vorzudringen) entschieden entgegenzutreten, bleibt es bei wortreichen Ermahnungen, einer Litanei (s. 154), die durch beständige Wiederholung nicht überzeugender wirkt und schließlich, wie schon einmal aus Anlaß des Diebstahls, in ein ebenso wüstes wie hilfloses Geschimpfe einmündet (s. 168; 107). Die eigentliche Nagelprobe auf Pilenzens Gesinnung kommt freilich erst, als deutlich geworden ist (s. 158), daß mit der Urlaubsüberschreitung die Chance einer Rückkehr zur Truppe bewußt vertan und eine Zwangslage eingetreten ist, in der nur noch die Flucht bleibt, während die Unterstützung des Fahnenflüchtigen in Zukunft mit persönlichen Risiken verbunden sein wird. Von diesem Moment an wird das Verhalten des (bisherigen) Zauderers, gelinde gesagt, zweideutig. Am Anfang steht der Wunsch, mit der ganzen Angelegenheit fürderhin nichts mehr zu schaffen zu haben, sich auch räumlich davon zu distanzieren; daher die Ablehnung des Ansinnens, Mahlke im Keller des elterlichen Hauses Unterschlupf zu gewähren, verbunden mit dem Hinweis auf den ‹Kahn› als geeignetsten Schlupfwinkel (s. 162)! Als sich herausstellt, daß es für eine saubere, d. h. für Pilenz halbwegs honorige Trennung bereits zu spät ist, läuft all sein ferneres Bestreben darauf hinaus, sich auf möglichst unauffällige Art und Weise zu absentieren (s. 161). So stiehlt er sich unter dem Vorwand, Proviant holen zu wollen, davon (s. 165), und wenn er umkehrt, dann nur deshalb, weil das (psychologisch) erlösende Stichwort ausbleibt[51]. In der Osterzeile angekommen, stellt er keinerlei Fragen, zurückgekehrt aber behauptet er, die Gestapo sei dagewesen und habe Joachims Mutter zum Zwecke der Vernehmung, des Verhörs abgeholt (s. 167). Dieser (falsche) Zungenschlag erlaubt zwei Deutungen: Bestenfalls ist es eine Notlüge, in der Absicht vorgebracht, an Mahlkes familiäre Instinkte zu appellieren und ihn so von weiteren

---

[51] Vgl. das Unpathetische dieser Beziehung, wie es in dem leitmotivisch wiederkehrenden: ‹Regenwetter verbindet!› (s. 161 ff.) zum Ausdruck kommt, einer Wendung, die u. a. ironisch gemeint ist, denn was dem Flüchtigen die Sicht behindert, schützt den ‹Mitläufer› davor, erkannt zu werden.

‹Dummheiten› abzubringen, ebenso aber kann es eine bewußte Täuschung sein, ersonnen in der Absicht, dem kompromittierenden ‹Freunde› die Rückkehr endgültig zu verbauen. Dazu würde die beständig drängende Eile passen, die dauernden Ermahnungen, sich endlich auf das Wrack zu bequemen — wiewohl auch sie der altruistischen Sorge um das Wohl des andern entsprungen sein könnten. Freilich ist der ‹eilige Zauderer› wenig überzeugend, verdächtig vor allem die Konsequenz, mit der er sich durch keine der (zahlreich) auftretenden Schwierigkeiten beirren läßt, Mahlkes Finten, wenn es denn welche sind, geflissentlich übersehend[52]. Indem er auf alle Winkelzüge und Ausflüchte eine Antwort weiß, gewinnt es den Anschein, als treibe er seinen ‹Schutzbefohlenen› systematisch in das (sei es schützende, sei es tödliche) Dunkel des Schiffsrumpfes. Kaum ist die Überfahrt geschafft, das Deck des Minensuchers betreten, folgt die doppelsinnigste Aktion aus der ganzen Reihe Pilenzscher Zweideutigkeiten: Mit der letzten Mahnung, endlich unter Deck zu gehen, ist der Hinweis verbunden auf den Büchsenöffner (s. 172). Dann tritt Pilenz darauf und setzt den Fuß erst wieder ab, als Mahlke weggetaucht ist (s. 174) — in der Absicht, den Flüchtigen wieder ans Tageslicht zu nötigen oder ihn ohne die Möglichkeit, sich ernähren zu können, dem Tode zu überantworten?[53] Was zurückbleibt, ist der Eindruck eines Mannes, der, wenn er schon in Spuren geht, nunmehr aus der Rolle des ungläubigen Thomas hinübergewechselt ist in die des Judas, und der für diesen ‹Rollentausch› büßt mit der ihn ein Leben lang verfolgenden Ungewißheit hinsichtlich des Mahlkeschen Schicksals, aus der die Nötigung erwächst, ihn überall und beständig zu suchen.

Bei der Bewertung des Pilenzschen Verhaltens, dem Entscheid darüber, ob er in entscheidenden Momenten ‹versagt› hat, gilt es sich klarzuwerden über seinen Informationsstand, das Maß an Einsicht, das er in Mahlkes (Situation und) Handlungsantriebe haben konnte. Konkret gefragt: Gibt es eindeutige, in Pilenzens Augen unübersehbare Anhaltspunkte für einen Mahlkeschen Abschied ohne Wiederkehr? Zunächst scheint — wieder einmal — eher das Gegenteil vorzuliegen, wenn etwa Mahlke seinem Begleiter gegenüber darauf besteht, Tullas wegen den Urlaub überschritten zu haben (s. 161). Liebelei also statt Desertion und damit Bagatellisierung der Motive wie Vertuschung der eigentlichen Ab-

---

[52] Wieder stellt er sich ihm gegenüber ungläubig, nimmt ihm die Magenschmerzen nicht ab (s. 168), wobei er freilich Unterstützung erhält durch eine frühere Bemerkung der obersten Erzählinstanz, wonach Mahlke sich nie den Magen verdorben habe (s. 30). — Mögen die Magenbeschwerden demnach zweifelhaft bleiben, Mahlkes Angstzustände zumindest sind offenkundig (s. 173), aber selbst das läßt Pilenz ungerührt.

[53] Es gibt keine absolute Klarheit über diesen Punkt. Das anschließende wilde Klopfen und Schreien scheint auf die erstgenannte Möglichkeit hinzudeuten ebenso wie die (frühere) Bemerkung bezüglich des Ordens, den man vielleicht nochmal werde brauchen können (s. 172). Dem steht gegenüber der Bruch der Vereinbarung, noch am selben Abend zurückzukehren (s. 176), ein Versprechen, das mit dem Hinüberstarren per Fernrohr zu spät und allenfalls zur Hälfte eingelöst wird.

sichten? Oberflächlich scheint es so, aber wichtiger als der Umstand, daß Pilenz —
selbst übrigens der ‹Kuppler› zwischen Tulla und Joachim[54] — Mahlke in diesem
Punkte der Lüge überführt (Tulla fährt gar nicht auf der fraglichen Linie!), ist
der Hinweis des Todgeweihten auf die Möglichkeit sexueller Tätigkeit überhaupt. Gerade sie ist ja für Mahlke, den Marienverehrer, keineswegs (immer)
selbstverständlich; aber wenn es (gelegentlich) Phasen gibt sexueller Kontakt-
nahme, dann nicht beliebig, sondern, wie im Falle der Beziehung zur Frau des
Oberfeldmeisters, in unmittelbarem Zusammenhang mit dem Faktum ‹Feind-
berührung› (s. 139/40), d. h. weniger aus Vergnügen denn aus (Lebens-)Angst!
Und nicht ein Mädchen ist Bezugsobjekt oder Partnerin, sondern eine rüstige
Vierzigerin, d. h. eine Frau, die Mahlkes Mutter sein könnte und dies — das
bergend Mütterliche — in seiner Vorstellung auch ist. Mahlkes Liebesbezeigun-
gen, sie sind von jeher wenig spezialisiert oder genau bestimmt, statt dem einzelnen Du gelten sie dem Weiblichen, der Jungfrau und Mutter schlechthin. Und
indem sein Trieb weniger das junge Mädchen sucht als die reife Frau, erweist er
sich zuletzt als Heimverlangen in den Mutterschoß, als Rückkehr in den dunklen Urgrund gestaltlosen, all-einen Seins (s. B 206; 25/26)[55]. — Damit sind Ge-
schlechts- und Todesverlangen unmittelbar benachbart! Und nun erinnert man
sich auch an Tullas früheres Gerede vom toten Mariner, den es heraufzuholen
gelte als Belohnung für ein Schäferstündchen (s. 42). Und wenn Mahlke gerade
jetzt partout etwas mit ihr gehabt haben will, dann gehört dies zwar auch in die
Reihe seiner Ablenkungsmanöver, darüber hinaus aber bedeutet es mehr und
(dann) Gegenläufiges: ein sicheres Indiz nämlich seiner Bereitschaft zum Tode[56].
    Derart unzweideutige Bekundungen müßten einem Erzähler, den wir früher
hellsichtig genannt haben, eigentlich zu denken geben, um so mehr, als während
der Überfahrt zur Rybitwa ein weiteres Signalwort fällt: Als ein Rudiment
jenes nicht zustande gekommenen Vortrags beschreibt Joachim die (gehabte)

---

[54] Von daher schon ist der Versuch, ein Eifersuchtsdrama zu konstruieren und die Spannungen
    zwischen Pilenz und Mahlke aus dieser Wurzel zu erklären (s. Bruce, a. a. O. S. 143), abwegig.
    Hinzu kommt, daß Mahlke sich nichts aus Mädchen macht (s. 37/38; 42/43) — Tulla bildet da
    keine Ausnahme —, während Pilenz von ihr ganz in den Grenzen klarer Hoffnungslosigkeit
    gehalten wird (s. 130).

[55] Diese Rückkehr in ‹Mutters Höhle› ist weniger infantil-pubertär gemeint, als Kaiser (a. a. O.
    S. 21/22) glauben machen will, vielmehr der konsequenteste Versuch, das Malheur der Geburt
    zu korrigieren. Vgl. in diesem Zusammenhang Oskars Bestreben, es dem trommelnden Nacht-
    falter nachzutun (s. B 47/48); Gesinnungen, von denen aus Dunkel und Schwärze (bezogen
    auf «Katz und Maus») im Nachhinein zu Farben des Todes werden.

[56] In diesem weniger erotischen als existentiellen Sinn ist auch das Tauchen bedeutsam als ein
    zwar sexueller, nicht aber dem Leben, sondern der Entgrenzung des Individuums (ins Reich
    des Todes) geltender Vorgang: Noch beim RAD-Mann Mahlke gehören Tauchen und Sexus
    zusammen (s. 140). — Rückkehr in den Mutterleib, von daher gewinnt ferner Mahlkes (sexu-
    elle) Beziehung zu Maria eine neue (und keineswegs nur blasphemische) Dimension: Das Weg-
    tauchen in die ‹Marienkapelle› des Schiffswracks erweist sich zuletzt als wortwörtliche Heim-
    kehr in den Schoß der Kirche — aus Daseinsangst!

Marienvision, und das Merkwürdige an dieser an sich schon obskuren Geschichte ist der Umstand, daß Maria statt des (Christus-)Sohnes das Bild des toten Vaters in Händen hält, und dies, wohlgemerkt, nicht in Brusthöhe, sondern tiefer, wobei man, ohne Genaueres zu erfahren, vermuten darf, daß die Gegend der Scham gemeint ist. Dorthin zielt der Kanonier Mahlke, mit tödlichem Erfolg, was die gegnerischen Panzer angeht, für sich selbst in der Absicht, das (den Schmerz lindernde) Ordenskreuz zu erwerben, aber eigentlich und mehr noch in der Vaternachfolge, dessen Opfersinn hier, in der Tollkühnheit, ja Todessehnsucht des Sohnes, seine gerade Fortsetzung erfährt. Wenn Mahlke, schließlich auf dem ‹Kahn› angelangt, den Begleiter an das Vaterbild auf dem heimischen Flur erinnert (s. 171/72), dann liegt die Assoziation — der (flüchtige) Sohn auf den Spuren des opfer- und todbereiten Vaters — überdeutlich zutage. Pilenz, der sich schon vorher, während des Abstechers in die Osterzeile, im Blick auf die Photographie (vergeblich) damit zu beruhigen suchte, daß die Lokomotive nicht unter Dampf stehe (s. 166), weiß Bescheid. Um so mehr ist er aufgefordert zu eindeutiger Stellungnahme, zu einer Aktion, die die selbstmörderischen Absichten seines Freundes gründlich durchkreuzt. Statt dessen tut er nichts oder doch nicht genug, und das Wenige zudem mit halbem Herzen. In einer Situation, die eine Herausforderung darstellt an seine Zivilcourage, versagt er, und dies Versagen, wenn auch kaum als objektive Schuld festschreibbar, macht sich doch als Schuldgefühl bemerkbar, ein Unbehagen, das dadurch nicht geringer wird, daß das Ende der Erzählung offen bleibt.

Ungewißheit aber wie Schuldkomplex werden die Antriebe seines Schreibens[57]: «... ich schreibe, denn das muß weg» (104/05), dies Bekenntnis (des Erwachsenen) findet sich nicht zufällig im Anschluß an die beginnende Komplicenschaft der Schüler Pilenz und Mahlke auf dem Boot, im Zusammenhang mit einem Mitwissertum, aus dem Pilenz nicht die nötigen Konsequenzen zu ziehen bereit ist, und es deutet bezeichnenderweise das Schreiben als einen Akt der Sühneleistung, ein Sich-Freischreiben von psychologischem Druck, dessen Ausgang begleitet ist von kathartischen Effekten (s. 125). Von Pater Alban als Therapie angeraten, erscheint das Schriftstellern zuletzt als eine Art Beichtersatz und Seelenmassage. Wie das? Schriftstellerei wird nur verständlich, wenn man

[57] Zwar ist diese Schuld erkannt als Anlaß des Schreibens — Grass selbst hat in Interviews und Gesprächen mehrfach darauf hingewiesen —, und auch die Vieldeutigkeit der Perspektiven, entscheidende Szenen betreffend, ist der Forschung nicht entgangen (s. Bruce, a. a. O. S. 146), ohne daß es bislang gelungen wäre, Zusammenhänge herzustellen, das eine (Vielzüngigkeit) als Ursache des andern (schlechtes Gewissen) zu begreifen. — Vgl. die in «Katz und Maus» erstmals anklingende Verbindung von Schuld- und Zahn(Weh-)Motiv, die sich in Pilenzens Fall aus dessen (zumindest vorübergehender) Identifizierung mit der raubtierhaft gefährlichen Katze ergibt (s. 5/6; 25); ferner die seit den ‹Hundejahren› zu beobachtenden Versuche, derart (zähne-)knirschender Brutalität bezähmend beizukommen, ein Bestreben, das dann den fast ganz in Zahnarztmilieu angesiedelten (und Staruschs ‹Hackbiß› behandelnden) Roman «örtlich betäubt» bestimmt.

den Zusammenhang zwischen Akteur und Schreiber ebenso beachtet wie die
Art, in der hier geschrieben wird: Dem schlechten Gewissen des jugendlichen
Zauderers korrespondiert ein ungenau-vieldeutiges Erzählen des rückblickenden
Erwachsenen, während ansonsten größtmöglicher Genauigkeit über weite Partien hinweg[58] lediglich vereinzelte unscharfe Stellen gegenüberstehen, in denen
man sich entweder zu übertreibenden Stilisierungen verleiten läßt — dies der
Fall des ‹Blechtrommlers›, sobald er sich mit seiner revolutionären Haltung
brüstet, seine Vatermorde repetiert — oder aber zu bagatellisieren versucht:
Pilenz, der (Möchtegern-)‹Täter›, der das Ausmaß seines Versagens (aus Scham-
gefühl) im Ungefähren beläßt. Aus Nietzsches Wort, die Spezies Dichter lüge
zuviel, ergibt sich — für den Fall, daß Akteur und Erzähler ein und dieselbe
Person sind — die Chance, ein Versagen in der Realität auszugleichen im fiktionalen Bereich, das lediglich in der Phantasie Existente als realiter Vollzogenes
darzustellen oder doch ein weniger ideales Verhalten zu retuschieren. — Über
derart subjektive Erleichterung hinaus liegt die eigentliche und grundsätzliche
Wirkung des Schreibens — im Schreiben selbst, das für Pilenz wie die übrigen
Erzähler bei Grass ein Vergegenwärtigen ist von Vergangenem. Wie die Beichte
den psychologischen Mechanismus des Sich-Aussprechen-Könnens nutzt, wirkt
bei der schriftlichen Variante erlösend weniger die Möglichkeit des Kaschierens
(von Schwächen), sondern im Gegenteil die Konfrontation durch (erneute) Annäherung. Wenn Pilenz schreibt, steigt das Vergangene auf in ihm, gewinnt
lebendige Gegenwart, tastet er sich erinnerungsweise heran an lange Zurück-
liegendes, halb Verdrängtes, wird aus dem Erwachsenen des Jahres 1959 der
Gymnasiast aus der Zeit des Zweiten Weltkrieges. Und bei dieser Reise in die
Vergangenheit mag (mit) unterlaufen, daß er sich manch schiefer Situation und
wenig einleuchtenden Verhaltensweise nur ungern (und deshalb in verschiedenen Versionen) erinnert, insgesamt aber vollzieht er das schon Gelebte noch
einmal nach, ein Prozeß, bei dem Gegenwart und Vergangenheit in eins fließen
und der älter Gewordene, zu Jahren Gekommene seinem früheren Ich gegen-
übertritt. Nur so, indem der schreibende Pilenz von heute sich dem ‹Akteur›
von einst stellt, kann Vergangenheit bewältigt werden.

5. Novelle und ‹Danzig-Saga›

Es ist an der Zeit, sich der Zusammenhänge anzunehmen, die zwischen «Katz
und Maus» und den in zeitlicher Nachbarschaft (ja teilweise im gleichen Arbeits-

---

[58] Pilenz ist, bis auf das Eingeständnis seines Versagens Mahlke gegenüber, durchaus zuverlässig,
ja er gibt sich gelegentlich sogar den Anschein des peniblen Chronisten, wenn er seine Erin-
nerungslücken korrigiert (s. 23) oder offen läßt, was er nicht präzise weiß oder wissen kann
(s. 47).

verfahren) entstandenen Romanen bestehen. Der Dichter selbst hat wiederholt
die innere Einheit der sog. Danzig-Trilogie betont und bedauert, daß das Prinzip der wechselseitigen Erhellung bislang so wenig Anwendung gefunden habe
auf sein Werk[59]. Läßt man die Zentralfiguren der drei ersten Bücher Revue
passieren, dann ist Mahlke im Vergleich zum Trommler Matzerath wie zum
Knirscher Matern sicher das am wenigsten revolutionär-gewalttätig gestimmte
Naturell. Zwischen Oskar, der bei Musterung seiner Ahnengalerie wenigstens
einen aufmüpfigen Großvater sein eigen nennen kann, und der Sippe des Müllers Matern, die sich vom großen Räuber Materna ableitet, wirkt Joachim fast
vergangenheitslos und von einer geradezu reaktionären Friedfertigkeit. Zwar
handelt auch er meist unvermutet und abweichend von der communis opinio,
aber gleich eine seiner ersten Vorzeigeleistungen ist typisch für seine insgesamt
eher bewahrende als umstürzlerische Gesinnung: Jener Feuerlöscher, den er an
Deck holt (s. 10), die grüne See damit zu glätten, stellt ihn in ausgesprochenen
Gegensatz zu dem brandstifterisch-revolutionären Elan des Oskarschen Großvaters Koljaiczek oder der entfesselt-mänadischen Großmutter Matern (s. H 26/
27). Und indem eigens darauf verwiesen wird, daß es sich bei jenem Minimax
um ein deutsches Fabrikat handelt, erscheint Mahlkes fehlendes Brandstifterblut
als ein überindividuelles, ja zuletzt spezifisch nationales Manko (s. dazu H 522/
23): Weder fühlt Joachim sich bemüßigt, gegen die Nazis zu protestieren[60] – das
tut auch Oskar nicht oder doch nur auf seine, d. h. eine ganz privat unpolitische
Weise –, noch läßt er sich für ihre Ziele einspannen[61]. Ausdrücklich wird seitens
des Chronisten festgehalten, daß die großen Ereignisse, die in seine Jugendzeit
hineinfallen, ihn selbst kaum berühren, er vielmehr seine eignen Probleme wie
seine private Zeitrechnung hat (s. 33)[62]. Und wenn es später zum Konflikt
kommt mit dem Regime, dann ist dieser Zusammenprall zwar nicht zufällig,
sondern (von Joachims Seite her) am Ende bewußt oder doch instinktiv herbei-
geführt, Ordensdiebstahl und Schulverweis aber sind nur Anlaß, nicht Ursache
eines Konfliktes, der in der Person Mahlkes latent vorhanden ist[63] und jederzeit,
fast möchte man meinen, bei politisch beliebiger Konstellation, zum Austrag

---

[59] Vgl. etwa die Äußerung gegenüber W. J. Schwarz: «‹Niemand hat bisher meine drei ersten
Prosawerke zusammen betrachtet und als Einheit behandelt... Für mich sind sie e i n Werk,
eine Trilogie›» (S. 164); zitiert bei: Wilhelm Johannes Schwarz, Auf Wahlreise mit Günter
Grass. – In: Grass. Kritik – Thesen – Analysen, hrsg. v. Manfred Jurgensen, Bern/München
1973, S. 151–165.

[60] Höchstens, wenn ihre Anforderungen mit seinem Kirchgang kollidieren, entscheidet er sich
gegen sie (s. 31).

[61] Seine freiwillige Meldung zur Front hat nichts zu tun mit Hurrapatriotismus, sie erfolgt
später (als es möglich gewesen wäre) und aus lediglich privaten Gründen (s. 99 u. 115/16).

[62] Die mit dem offiziellen Kalender nicht identisch ist, da die Stunde Null sich nach dem Zeitpunkt des Freischwimmens datiert und keineswegs etwa mit Kriegsbeginn einsetzt.

[63] So ist das Problem auch nicht ausschließlich psychologischer Natur, vielmehr wird hinter allen
Kompensationszwängen ein durch keine Psychologie oder Psychoanalyse zu erklärendes irra-

kommen könnte. Natürlich muß Mahlke sich gänzlich deplaciert fühlen in einer sich betont körperfreudig, um nicht zu sagen viriloman gerierenden Umgebung, aber genau genommen paßt er überhaupt nicht in diese Welt. Sein Defekt ist nichts anderes als eine Krankheit zum Tode, ein Befund, der darum nicht leichter wird, daß der von ihm Befallene (von Anfang an) darum weiß[64]. Kein Wunder bei solcher Diagnose, wenn ihm ernstlich nicht zu helfen ist (s. 95; 151). Vielmehr erweist die Maus sich als unersättlich, seine Ängste als unaufhebbar, es sei denn um den Preis des Todes. Diese letzte Lösung aber hat Mahlke beizeiten im Visier, das Schiffswrack war schon immer sein Ziel (s. 35), alles andere (Schwimmen, Tauchen, religiöse Exerzitien, sportliche wie militärische Leistungen) nur Mittel zum Zweck, Stationen auf dem Wege dorthin. Sicher tritt, was er fürchtet, in Gestalt der Büttel und Schergen des Nazismus auf, aber dahinter steht, wie schon in der ‹Blechtrommel›, nur noch deutlicher, die Figur der Schwarzen Köchin als das Symbol der Daseinsangst schlechthin. Zwar lebt — und stirbt — Mahlke in der Zeit des Nationalsozialismus, aber wenn er ein Opfer wird der braunen Machthaber, dann nutzt er doch auch zugleich die Chancen, die dieses Regime mit seinem Ordnungswahn und Heroenkult bot, sich die ihm, dem Exzentriker innewohnende, aus vielerlei Traditionsströmen überkommene Sehnsucht zum Tode (auf seine Weise) zu erfüllen. So ist er Opfer und Überwinder des Systems zugleich und darin, d. h. seinem Schicksal nach, ebenso zeitbedingt wie zeitlos[65]. So gesehen erweist sich die Geschichte vom sentimentalischen Helden, der in den Tod verliebt ist, als ganz und gar unpolitisch[66], wobei freilich ergänzt werden müßte, daß dieser unpolitische Fatalismus zugleich auch wieder in höchstem Maße ein Politikum darstellt, indem nämlich erst Mahlkes Haltung, genauer gesagt das, was daran verallgemeinert (und typisch ‹deutsch› genannt) werden darf, Dauer und innere Stabilisierung des Systems ermöglicht!

---

tionales Todesverlangen spürbar: Das Hantieren mit dem sachlich-nüchternen Schraubenzieher englischer Herkunft kann und soll nicht davon ablenken, daß Mahlke vorwiegend sinnlos Zerstörerisches tut.

[64] Vieles deutet auf dieses Wissen hin: So sieht man ihn nie — wie die andern — damit beschäftigt, Möwenmist zu kauen (s. 7), d. h. weder ist ihm (als notorisch magerem ‹Fresser›) Behagen eine bekannte Größe, noch kennt er eigentlich Lebenshoffnung oder Sehnsucht nach Glück. Auch verweigert er den auftauchenden U-Booten den Gruß (s. 68), anstatt mit Begeisterung erfüllt dieser Anblick ihn eher mit Melancholie, einem Zug von Grundtrauer, der darüber hinaus all seiner Komik innewohnt und den clownesken Zug seiner Eskapaden und Späße ausmacht.

[65] Die Frage, ob es Geschichten gibt, die aufhören können, ist in diesem Sinne rhetorisch gemeint (s. 133).

[66] Gegen Karthaus, der das Politische dieses Prosastücks zu direkt angeht und zu eng begrenzt sieht: Keineswegs ausschließlich auf die Reden bezogen (a. a. O. S. 78–81), ist es der Zeitkritik Pilenzens generell inhärent, während die Gestalt Mahlkes allenfalls indirekt politisch anmuten will.

Anpassung oder Widerstand, lautet die Alternative in den Romanen, soweit es um das Verhältnis des einzelnen geht zur Welt. Die Antworten darauf fallen verschieden aus, in der ‹Blechtrommel› eindeutig zugunsten des Protestes, während der Autor der «Hundejahre» unterwegs ist zu neuen Ufern, dabei, Kompromisse zu schließen, eine wenigstens partielle Anpassung als Voraussetzung einer Etablierung in diesem Leben zu ermöglichen. Hier die nötige Vorarbeit zu leisten, scheint «Katz und Maus» als Zwischenstufe unumgänglich gewesen zu sein, eine Erzählung, in der die Welt weder bekämpft wird — dies zeigt schon die neue Art des Vaterverhältnisses der Nachahmung statt des Mordanschlags — noch bereits, wie dann in den ‹Hundejahren›, akzeptiert werden kann. Vielmehr ist hier jemand dabei, den Freiheitsspielraum des einzelnen gegenüber der Gesellschaft zu vermessen, wobei ihm aufstößt, wie «parzelliert» das «unübersichtliche Raubtiergehege» des Daseins ist (T 89) und wie wenig Chancen es insbesondere dem Verständigen läßt. In einer Welt, der Freiheit nicht mehr bedeutet als ein Löffelstiel[67] und im übrigen der Mensch des Menschen Wolf ist, verzichtet ein unheroisches Individuum auf aktive Teilhabe, mißachtet Mahlke den dargebotenen Büchsenöffner und wendet sich statt dessen jenen Gefilden zu, in denen er den eigentlich befreit-befreienden Zustand vermutet: der unendlichen Offenheit des Meeres. — Freilich ist diese Abkehr ein so unzulässiger wie unpolitischer Privatismus, und darum künftig der Korrektur bedürftig im Hinblick auf die Funktionsfähigkeit des (innerweltlich) Ganzen. So nimmt der Novellist Grass nach dem weltverneinenden Oskar Abschied von einer weiteren Möglichkeit, der schwierigen Aufgabe der Bewältigung einer als unideal empfundenen Wirklichkeit auszuweichen: der Lust am Tode, einer Haltung, die nichts anderes ist als eine andere Version jenes Weltekels, zu dem Oskars Proteste sich am Ende summieren. Indem der Dichter auch diese Tendenz (zur Weltflucht)[68] in der Person Mahlkes aus sich herausstellte und literarisch hinrichtete, hatte er sich (zumindest theoretisch) den Weg geöffnet ins Leben hinein: Es sollte der Robustheit eines Matern bedürfen, ihn erfolgreich zu beschreiten.

---

[67] s. dazu die Rede: «Freiheit — ein Wort wie Löffelstiel». — In: Günter Grass, «Der Bürger und seine Stimme». Reden Aufsätze Kommentare, Darmstadt/Neuwied 1974, S. 27—38, dort S. 27.

[68] Mahlke geht wie an der Inhumanität der (Erwachsenen-)Welt so an sich selbst zugrunde. In dieser Konzentration auf das (introvertierte) Ich lag die Chance zu novellistischer Ausformung des Stoffes, während Umwelt andererseits weder realiter noch in aller Breite vorhanden, sondern allenfalls als symbolisches Konzentrat, als ‹Katzen›-Unheil, gegenwärtig ist.

III. ZUR DIALEKTIK VON GEIST UND MACHT:

«HUNDEJAHRE»

1. Formen unzeitgemäßer Innerlichkeit

«Hundejahre» gelten in den Augen der Kritik noch immer als ein zwar wichtiges, aber nicht minder schwieriges und zudem ästhetisch unvollkommenes Werk, mit der fatalen Folge, daß dem Schlußstück der Danzig-Trilogie, gemessen an der ‹Blechtrommel›, bislang nur unzureichende Aufmerksamkeit und überdies mehr Schelte als nüchtern interpretatorische Auslegung zuteil wurde. Der Streit beginnt schon bei der Benennung des ‹Helden›. Vor die Alternative gestellt, zwischen Amsel und Matern zu optieren, entscheiden wir uns für die erstere Möglichkeit darum, weil Eddi Amsel nicht nur der frühest greifbare Erzähler ist, sondern, wie sich zeigen wird, auch im weitern Verlauf des Romangeschehens und selbst bei vordergründiger Abwesenheit als der insgeheime spiritus rector des Ganzen gelten darf. Der Auffälligkeit seines Äußern zufolge wie der merkwürdigen Tätigkeit gleich zu Anfang der «Frühschichten» wegen hat man ihn unter die exzentrischen Geschöpfe der Grass'schen Phantasie eingereiht[1], ohne freilich der möglichen Bedeutung derartiger Ausgefallenheit energisch genug nachgegangen zu sein: Zwar stimmen Kopfweite wie Schuhgröße Eduards mit den entsprechenden Werten seines Freundes Walter Matern überein (s. 84), ansonsten aber sind sie bei fast gleichem Längenwachstum — Eddi ist lediglich auf Grund geringen Altersnachteils (s. 13) etwas kleiner geraten (s. 18) — gänzlich verschieden voneinander. Wie sehr, läßt sich noch von ihrem Negativ, d. h. dem Vergleich der langgezogen-abendlichen Schatten her beurteilen, die die beiden Gestalten werfen, sobald die Sonne über der Weichselmündung untergeht. «Wenn dennoch Amsels Schatten fülliger blieb, mag hier die absackende Sonne den Beweis antreten, wie dick der Bengel war» (47). Derart voluminöse Konturen bleiben über die Kindheit hinaus erhalten. Noch ein Bild aus den ‹Liebesbriefen› zeigt Eddi als den notorisch Übergewichtigen: «Platzvoll spannen seine Kleider. Grübchen markieren seine Knie» (145). Zwar sieht es eine Zeitlang aus, als sollte es ihm gelingen, als Sportler einige Pfunde abzunehmen, fällt auf, «daß Amsels Wabbelkinn sich festigte und zum vollgerundeten Unterbau wurde. Auch seine Brüstchen gaben die beiden Zitterzitzen auf und rutsch-

---

[1] So bei John Reddick, The eccentric narrative world of Günter Grass: Aspects of «Die Blechtrommel», «Katz und Maus» and «Hundejahre», (Diss.) Oxford 1970, Kap. II des abschließenden (dritten) Teils, dort bes. S. 349 ff.; 360 ff.

ten, weil sich der Brustkorb wölbte, ins Flachrelief. Aber womöglich nahm Eddi Amsel kein einziges Pfund ab, verteilte nur sein Fett gleichmäßiger, und gab durch sportlich entwickelte Muskulatur dem vorher haltlosen Fettbelag athletischen Halt. Sein Rumpf, einst ein formloser Sack, daunengefüllt, rundete sich zum Tonnenleib. Er bekam die Figur eines chinesischen Götzen...» (205). Kaum vorstellbar, daß dieser Koloß nicht nur nichts an Gewicht verliert, sondern mit fortschreitender Erzählzeit noch dicker werden soll (s. 47). — Das Ausmaß derartiger Leibesfülle wie das Insistieren darauf ist so auffällig, daß es sich um mehr handeln muß als um eine bloße körperliche Anomalie. Was die unübersehbare Hauptfigur bisweilen am rechten Gehen hindert und sie «kurzbeinig dicklich... durch die Welt» kugeln läßt (72), ist Übergewicht als Folge «‹genudelte[r] Innerlichkeit...›» (639)[2].

Kein Wunder, daß derart demonstrativ zur Schau getragene Absonderlichkeit aufreizend wirkt und der übrigen Jugend, besonders seit Eddi die Schule besucht, zum Anlaß von Hänseleien und körperlichen Attacken dient. Ihnen ist der Knabe zumindest physisch hilflos ausgeliefert, womit er sich allenfalls wehren kann, ist seine Wahrnehmung und deren künstlerische Verarbeitung. So bedeutet prononcierte Innerlichkeit nicht, daß es keine Beziehung gäbe des Introvertierten zur Außenwelt, im Gegenteil hat er genau acht auf das, was um ihn herum oder besser gegen ihn vorgeht, zugleich aber ist sein Blickfeld von daher begrenzt wie seine Sehweise (einseitig) bestimmt. Zwar sind es — von gelegentlichen Ausflügen ins Mythologische abgesehen (s. 67 ff.) — ausnahmslos Menschen oder Menschengruppen, die er abbildet, und nicht nur sind sie individuell gut getroffen, wie der Lehrer (s. 41), dazu beweglich agierend, sondern mehr noch «mit gutbeobachteten Details» ausgestattet (40), Nachbildungen, der Natur entnommen (s. 52), aber was er da zusammenbaut oder -wirft (s. 44), ergibt nach Form wie Material[3] weniger seinesgleichen als vielmehr Scheuchen, d. h. wesentlich verfratzte, verzerrte Figuren. Es ist, als Folge ‹geschlagener› Innerlichkeit, eine «durch Tränen hindurch, die bekanntlich eine verschwommene und dennoch übergenaue Optik vermitteln» (42), gefilterte Erkenntnis, ein Wahrnehmen mit Hilfe ebenso ängstlicher wie neugieriger Augen, die den angeborenen «Sinn für die vielgestaltete» Realität (40) fast zwangsläufig in bezeichnend-verzeichnende Bahnen lenken, so daß die Produkte seines Kunstfleißes zwar immer Wirklichkeitsbezug erkennen lassen, aber eine bei allem Drang zum konkret Benennbaren doch entscheidend gestörte Re-Aktio(n) offenbaren, wobei die Störung selbst wie deren subjektivistischer Charakter zugleich geeignet sind, das Paradoxon von Introversion und Beobachtungs(neu-) gier erklären zu helfen.

---

[2] Von hierher wird für «Die Blechtrommel» (rückblickend) klar, daß es sich im Falle der Mahlzeiten des Betthüters Klepp nicht zufällig um Nudelgerichte handelt (s. B 605; 608/09).

[3] Von dessen Qualität und Herkunft wird noch die Rede sein. Hier nur soviel, daß auch zu seiner Prüfung und Auswahl ein gutes Auge gehört.

Die Frage nach dem Fixpunkt derartiger Verinnerlichung führt uns zu dem Themenkomplex ‹Amsels Herkunft›, einem fürwahr weiten Feld, aus dessen Überschau schließlich hervorgeht, daß wir es im Falle von Eddis Vater mit einem reichen Geschäftsmann und Juden zu tun haben (s. 29 ff.), wobei der letztere Teil dieser Festellung lediglich getroffen scheint, um augenblicklich revidiert zu werden. Natürlich sei er kein Jude gewesen, beeilt der Erzähler sich zu versichern (s. 31), und zum Beweis wird die mennonitische Herkunft ebenso angeführt wie der Umstand, daß Albrecht Amsel immerhin die Tochter des Großbauern Tiede ehelichte. Aber weder das eine noch das andere erweist sich bei näherem Zusehen als stichhaltig, war doch der alte Tiede seiner Schulden wegen genötigt, das Mädchen an den heimgekehrten Konvertiten (s. 36) zu verschachern. Und wenn uns aus Anlaß von Eddis frühestem ‹Auftritt› eine schier endlose Liste von Taufgästen zugemutet wird[4], auf der alles vertreten ist, was Rang und Namen hat (s. 32/33), dann ist auch das wieder nur ein schwaches Indiz insofern, als unter den Adligen wie Honoratioren eine Menge Abhängiger zu finden sind oder doch solche, die es mit dem reichen und einflußreichen Fischhändler nicht verderben wollen. Die Ursache derart aufwendigen Hin und Hers, an dessen Ende das Geständnis der sterbenden Mutter steht an den Sohn, der Vater sei eben doch ein ‹Beschnittener› gewesen (s. 38), wird uns noch zu beschäftigen haben; hier ist wichtiger als das Was (und Warum) die Haltung des Betroffenen selbst dazu. Und da reagiert Eddi im Grunde nicht anders als der Vater, der eines Tages, als er das Buch Otto Weiningers, eines (im übrigen) jüdischen Verfassers, in die Hand bekommt (s. 37), ‹Geschlecht und Charakter› entnimmt, daß nicht nur dem Weib die Seele abzusprechen sei, sondern — und dies ausgerechnet im 13. Kapitel! — dem Juden als dem Angehörigen einer wesentlich weibischen Rasse das nämliche Schicksal zuerkannt wird! Vom Vater reichlich mit Marginalien versehen und seinem Aussagewert nach wie eine Bibel behandelt, geht das Buch auf den Sohn über als wichtigste (und unveräußerliche) Mitgift bei Auflösung des elterlichen Haushalts (s. 202); und solange man ihn bei seinen künstlerischen Arbeiten gewähren läßt, liegt es auf einem eigens zu diesem Zweck beschafften Pulte allzeit aufgeschlagen da (s. 220). Was die Bedeutung dieses Traktats ausmacht? Die axiomatische Setzung der These, es gebe *den* Juden schlechthin, zugleich mit der fraglosen Anerkenntnis dieses Diktums, wobei es von untergeordneter Bedeutung ist, ob man die genannte Voraussetzung wortwörtlich oder lediglich indirekt akzeptiert, d. h. den Juden — anstatt ihn zu kultivieren — in sich zu überwinden trachtet etwa durch Gesang und Turnübungen (s. 203). Mit beidem, bestätigend wie noch in der Negation, erweisen die Amsels sich als abhängig von Weininger, wird dieser als tägliche Lek-

---

[4] Vgl. die Beschwerde über derartige Ausführlichkeit auch im (scheinbar) Nebensächlichen bei Hans Magnus Enzensberger, Günter Grass/«Hundejahre». — In: Der Spiegel Nr. 36, 17. Jahrgang, 4.9.1963, S. 70/71, dort S. 70.

türe Anlaß zur Selbstbespiegelung und damit Vehikel eines so gefährlichen wie bezeichnenden Narzißmus (s. 262), Distanz schaffend zwischen sich und den anderen wie von der Beobachtung (lebens-)wichtiger Vorgänge der Außenwelt ablenkend.

Indem der ‹Spiegel› Weininger[5] das Bewußtsein der eignen Besonderheit fördert, führt er im Verein mit den erwähnten Anfeindungen von seiten der Umwelt zu Distanzierung und (kritischer) Bespöttelung der Welt. Imitation und Verspottung werden Eddis Metier, und wie er als Scheuchenfabrikant alsbald hemmungslos ‹kopiert› (s. 59), so hört er auf intellektueller Ebene nicht auf zu witzeln, macht diese umfassende Art der Ironisierung vor nichts und niemandem halt, vor Lebendigen sowenig wie vor Toten (s. 92 ff.), und wird in dieser Impietät und Maßlosigkeit Anlaß zu Prügeln von Freundesseite wie zu massiver(er) Reaktion der übrigen getroffenen Wirklichkeit. — Wie sehr hier künstlerische Intelligenz, mit Thomas Mann zu reden, ihre Sache auf nichts gestellt hat, will sagen auf umfassende Ironie, zeigt sich bei Gelegenheit des Übergangs aufs Gymnasium: In dem Augenblick, als Amsel, der Neu-Danziger, fernab der Weichselmündung keine Scheuchen mehr bauen kann (s. 106 ff.), entwickelt er statt dessen eine Geheim- und Sondersprache, die bezeichnenderweise auf dem Prinzip der Verdrehung, d. h. dem (satirischen) Verkehren der normalen Buchstabenfolge basiert; während umgekehrt die Scheuchen nichts sind als plastisch gewordener, ins Bild gesetzter Spott, von seinen ersten nennenswerten Produkten an, die er bereits mit fünfeinhalb Jahren baut, bis hin zum großen Vogel Piepmatz (s. 98), der mit seinem unnatürlichen Federkleid nichts anderes darstellt als eine Karikatur des der Asche materieller Zerstörung (vermeintlich) strahlend entsteigenden Phönix. Beides, Spott wie Scheuchen, sind Weisen der Verunglimpfung von Wirklichkeit, erwachsen (wesentlich) aus der Überzeugung eigner Besonderheit[6] und damit Zeichen intellektuell-künstlerischen Hochmuts.

Derartige Haltung spöttischer Abkehr von der Welt ist in diesem Roman nun keineswegs auf die Person Eduard Amsels beschränkt. Als Eddi und Walter nach Danzig kommen, werden sie dort von einem Manne unterrichtet, der (deutsche) Innerlichkeit auf seine Weise zu kultivieren versteht. Im Falle des Oswald Brunies kommt Introversion nicht ‹angefressen› und als körperliche Aufschwemmung, sondern, seinem Beruf entsprechend — Brunies unterrichtet

---

[5] Dieser Auffassung noch am nächsten kommen gewisse Passagen des Aufsatzes von Wesley V. Blomster — The documentation of a novel: Otto Weininger and «Hundejahre» by Günter Grass. — In: Monatshefte für deutschen Unterricht 61, 1969, S. 122—138, dort S. 125 —, während die (Magister-)Arbeit von Heinrich Pröbsting — Die Interpretation philosophischer Zitate in einem modernen Roman (Günter Grass: «Hundejahre»), Münster 1972 [unveröffl.] — zwar den Weininger-Komplex ausführlich analysiert (s. S. 10—30), leider jedoch gerade die Funktion des Beförderns introvertiert-narzißtischer Anlagen übersehen hat.

[6] Während er sich von seinen (Danziger) Mitschülern zu distanzieren wußte (s. 107), mietet er später im Steffensweg, d. h. aber in vornehmer Wohngegend, eine Villa an, seinem Scheuchenbau ungestört nachgehen zu können (s. 218/19).

die Fächer Deutsch und Geschichte —, in literarischem Gewande daher: Amsels und Materns Lehrer ist Eichendorff-Verehrer (s. 110/11) und damit in Grassens Augen einer wundergläubig-wirklichkeitsfernen Kunstrichtung verfallen, und dies nicht nur ohne jede kritische Distanz, sondern geradezu hemmungslos ‹süchtig›, wie sein ständiger Verzehr von Bonbons zeigt; Süßigkeiten, die er bezeichnenderweise inmitten nächtigen Waldesrauschens (s. 124/25), bei Gelegenheit eines Ferienaufenthalts im Saskoschiner Forst da, wo dieser am dunkelsten ist, geheimnisvoll-zauberisch zubereitet, wobei die Grundsubstanz aus von Zigeunern, d. h. eminent romantischem Personal, geliefertem (wilden) Naturhonig (s. 128) und Beigaben von Glimmergneis besteht. Denn zu der genannten (Sehn-)Sucht nach dem verlockend Geheimnisvollen gesellt sich bei Brunies der Tick des Sammelns von Gneisen, Ausdruck eines Gesteins- und Bodenkultes, dem Erdentiefe mehr bedeutet als nur eine räumliche Dimension, vielmehr den (möglichen) Zugang verheißend zur Aufdeckung und Beantwortung aller Rätselfragen! Wenn freilich Brunies diese Gneise sammelt und auf ihr Flimmern hin untersucht, umstellt er sich damit in ähnlicher Weise wie sein (nachmaliger) Schüler Amsel mit Spiegelwänden (s. 123/24), die nicht Außenwirklichkeit auffangen, sondern erneut lediglich eine (Innen-)Welt von Gnaden eigner Phantasie reflektieren. — Und noch einmal ist dieser Weltabkehr das Moment des Hochmuts beigegeben, wenn der Dichter den aufsichtführenden Brunies auf dem Pausenhof einem stolzierend scharrenden Hahn vergleicht (s. 107/08), einem Wesen, dessen (menschliches) Antlitz für die ‹normale› Wirklichkeit ringsum allenfalls ironische Spottlichterchen übrig hat (s. 155; 331) und das, sofern einmal nicht Eichendorff als Gewährsmann bemüht wird, zumindest Heinesche Lachfältchen um die Mundwinkel bekommt (s. 110).

Brunies' Wunderseligkeit wird nirgends offenkundiger als im Falle der Herkunft seiner Ziehtochter, angeblich ein Findelkind und exzeptionellerweise Jenny gerufen — niemand in der ganzen Umgebung heißt ansonsten so (s. 140) —, einer ‹Fundsache›, bei deren Entdeckung es, gelinde gesagt, mysteriös und — obwohl hellichter Tag — mondscheinhaft-zwielichtig zugeht! Als halbjähriges Kleinkind von Zigeunern in stillgelegter Fabrik — einer ehemaligen Schnapsbrennerei (s. 129)! — zurückgelassen, sieht sich der — darf man sagen: ‹trunkene›? — jedenfalls honigversessene Lehrer plötzlich und, wenn nicht widerwillig, so doch ungefragt zum ‹Vater› erhoben. Zwar fehlt die (irdische) Mutter, aber dafür ist, wie im Märchen, der Klapperstorch zur Stelle (s. 131), Jenny mithin ein Kind romantischer Phantasie — oder ordinärer Bankert und am Ende gar Produkt des Fehltritts eines alternden Junggesellen? Wenn es auch offenbleibt, ob hier Menschlich-Allzumenschliches im Spiel ist oder Numinoses am Werk — immerhin sind Eddi und Walter Matern Zeugen des Wunderfunds (s. 128 ff.; 145) —, entscheidend, weil bezeichnend ist, daß es sich dabei um eine typische Papa Brunies-Geschichte handelt insofern, als bei diesem notorischen Romantiker nichts natürlich, d. h. rational zugeht (s. 144).

Jenny aber ist, falls nicht romantischen Ursprungs, so doch (erz-)romanti-
schen Wesens. Vom Finder-Vater verwöhnt und gehätschelt, gerät sie rasch dick
und dicker und sieht bald ähnlich «Pummelig unnatürlich» (397/98) und auf die
nämliche Art ‹verinnerlicht› aus[7] wie Eddi, wie jener lange Zeit (wirklichkeits-)
gehemmt bis zur Laufunfähigkeit (s. 145 ff.). — Und wie Brunies seinen Vorbehalt der Realität gegenüber auf die Tochter zu übertragen bemüht ist, wird sie
ihm andererseits — schon die Namensgebung deutet dies an — zum Inbegriff
allen romantischen Ästhetizismus': Erzogen nach Art einer Märchenprinzessin,
lernt sie Klavier zu spielen beinah eher als zu laufen, wobei die Verbindung
zur Musik ausgerechnet über den Ballettpianisten Felsner-Imbs erfolgt (s. 188/
89). Musik[8] als Sprache der Seele ist damit nicht nur die Brücke, über die Eddi
und Jenny, die beiden verinnerlicht Dicken des Romans, zueinanderfinden, der
singende Eddi zur musizierenden Jenny, von ihr führt der Weg Jennys weiter
zu Tanz und Ballett (s. 206)[9]. — Jenny als Tänzerin, das scheint, denkt man an
ihre ursprüngliche Konstitution, ein ganz und gar unmögliches Unterfangen,
und so bietet das Kind denn auch lange Zeit «den Anblick eines rosa Schwein-
chens, das zur schwerelosen Sylphide werden» will (207). Aber mindestens seit
der Szene vor dem Gutenbergdenkmal ist der ‹Pummel› Jenny ‹begraben›, und
was aus den schmelzenden Schneemassen hervorbricht, ist, statt unförmig-unbe-
weglicher Fettleibigkeit, ein tänzerischer Strich, ermöglicht durch ein Wunder,
bei dem der Vorbehalt gegenüber der Welt umschlägt von speckfördernder Verinnerlichung in sein unterkühltes Gegenteil, die asketische Verweigerung (s. dazu
öb 37/38. T 364 f.)[10]. Jenny glückt die erste Pirouette, und damit erscheint der
Tanz, insbesondere die Drehung in sich selbst, um die eigne Achse, als panto-
mimische Gebärde und Ausdruck weltausschließender Innerlichkeit; und insofern diese ‹Figur› zugleich den Versuch darstellt, die Gesetze der Schwerkraft
aufzuheben, darf die Pirouette als der Inbegriff gelten alles Ätherisch-Schönheit-
lichen schlechthin[11]. In ihr erlangt die Ballerina Jenny «jenen Grad der Verlas-

---

[7] Womit auch für Brunies als den Ernährer Jennys das Motiv der (verdickten) Innerlichkeit
gegeben ist, schon vorher anklingend im Hinweis auf eine seiner wenigen, den alles beherrschenden Eichendorff ergänzenden Vorzugslektüren: Raabes ‹Stopfkuchen› (s. 111).

[8] Hier gleichzusetzen mit romantischer Musik und deren exzeptionellster, d. h. notorisch welt-
abgewandt-todessehnsüchtiger Spielart: Anläßlich von Wagners ‹Tristan› entdecken Eddi und
Jenny ihre gemeinsame Aversion der Wirklichkeit gegenüber (s. 215).

[9] Wie Eddi Jennys Klavierstunden besucht, wird diese ein paarmal bei den Sportübungen der
Jungen gesehen (s. 207), ein Umstand, der Brunies auf den Gedanken bringt, seiner Tochter
Bewegung zu verordnen gegen die zunehmende Leibesfülle, aber bezeichnenderweise nicht als
Sport, sondern in ästhetischem Rahmen, als Tanz.

[10] Eddis seherischem Auge bleibt es vorbehalten, den Zusammenhang zu erkennen zwischen
‹Pummel› und ‹Strich›, sein Zeichenstift deckt, «ohne das Dickliche hinwegzuschmeicheln,
Jennys hinter allem Fett schlummernde tänzerische Linie auf . . .» (207).

[11] Und erneut taucht in diesem Zusammenhang das Moment der (Be-)Spiegelung auf: Während
die «Front des Eiskellergebäudes», Ziel von Jennys heimlichen Sehnsüchten gegen Ende ihres

senheit, den selbst das deutscheste Dichterlein nicht erreicht» (S. 533)[12]. Indem der einstige Pummel sich anschickt, die formvollendetste aller Künste zu beherrschen, entwächst sie der Welt in einem Augenblick, da diese zu einer zunehmend unberechenbaren, tartarusähnlichen Landschaft gerät. Pirouettenlang auf der Spitze stehend, entzieht sie sich den aufkommenden Schrecknissen in elysische Gefilde, erfüllt von der (instinktiven) Gewißheit, daß der Tanz für ein Mädchen ihres Schlages das einzige Mittel ist, schon «zu Lebzeiten in den Himmel [zu] kommen ...» (271). — Bleibt dem männlichen Personal dieser Fluchtweg versperrt, so haben die Gestalten aus Jennys unmittelbarer Umgebung doch ein wenig Anteil an ihrem Aufschwung: ‹Papa› Brunies, wenn er, anstatt zu unterrichten, Ballettstunden zelebriert und dabei «bärenhaft tänzerisch ... zwischen Klassenschrank und Schultafel» umherhüpft (269); Eddi Amsel als Tänzer, Choreograph und schließlicher Ballettmeister (s. 306; 329), in welcher Eigenschaft er, nach Brunies' vorzeitigem Ableben, vorübergehend heimkehrt, die Vollwaise Jenny zur weiteren Förderung ihrer Karriere in die Reichshauptstadt zu entführen und von da um die halbe Welt zu begleiten (s. 343).

2. Die deutsche Katastrophe und ihre Entdämonisierung

Wo von versteckten Feindseligkeiten und wachsender Verfinsterung der irdischen Szenerie die Rede geht, erhebt sich die Frage, wer die Antagonisten sind der ‹Verinnerlichten›, wem es in ihrem Umkreis gelingt, die Welt in so gefährlicher Weise zu bestimmen. Die Antwort darauf gibt der Mittelteil, der zeitlich in etwa die Jahre nationalsozialistischer Herrschaft umfaßt, aber weniger zentral deren militante Phase berichtet — der Krieg findet, wie seit der ‹Blechtrommel› in Zeitung oder Radio, so nunmehr in den Wochenschauen der Kinos statt (s. 340/41; 376 ff.) —, sondern wesentlich die frühen Jahre des Regimes einschließlich der (vorbereitenden) Inkubationszeit faschistischer Tendenzen (ab 1927) zum Thema hat. Indem es die Geschichte von Tulla Pokriefke erzählt, ist das Mittelstück des Romans vornehmlich der Beobachtung des mählich heraufkommenden Bösen gewidmet. Schon vom Äußern — sie hat die eng beieinanderliegenden, zudem kleingeschnittenen Augen der Mutter — wie von der Mimik her stellt sie die personifizierte Bosheit dar. «Wenn Tulla böse wurde — und

Danzig-Aufenthalts, sich im Aktienteich spiegelt (311), ist ein derartiges Requisit im Steffensweg (s. 236) ebenso wie in den Berliner Studios realiter vorhanden, wo Jenny unter Eddis Anleitung vor großem «Ballettspiegel, der die Stirnwand des Saales zum Spion» macht (350), übt und diesen zum Vehikel ihrer Selbstbeobachtung, zu einer Art ‹Beichtspiegel› quasi, erhebt. — Bei ihrem Lehrer (Imbs) äußert sich ein narzißtischer Einschlag in der Marotte, sein «erstaunliches Haar» bei jeder erdenklichen Gelegenheit «öffentlich» zu pflegen, wobei «der Ausdruck reinen Hochmuts seinen Blick» bezieht (187).
[12] G. Grass, «Die Ballerina». — In: Akzente 3, 1956, S. 531—539.

mehrmals am Tage wurde sie hart, starr und böse — verdrehte sie die Augen, bis
nur noch äderchendurchwirktes Augapfelweiß aus Sehschlitzen schimmerte.
Ausgestochenen Augen, den Augen der Pracher und Dörgen, die sich als blinde
Bettler geben, glichen ihre verdrehten und bösen Augen. Wir sagten, wenn sie
starr wurde und ins Zittern geriet: ‹Dä Tulla zaicht allwedder ainjetäpperte
Feneten›» (147). In solchen Augenblicken erscheint ihr Gesicht «dreieckig und
so klein, daß die Wut [darin] übermächtig wird» (153), wobei vor allem das
geometrische Muster des Dreieckig-Spitzigen der (graphischen) Veranschaulichung haßerfüllter Emotionen dient[13]. Tulla als Inkarnation des Hasses, diese
Deutung wird bestätigt durch einen Blick auf ihr ‹Gefolge›, zu dem in erster
Linie Konrad und Harras, dann, schon mit deutlichem Abstand, allenfalls noch
Harry Liebenau[14] gehört. Die erste Stelle in ihrem Herzen aber nimmt Konrad
ein. Wenn sie überhaupt jemanden liebt, dann den jüngeren Bruder, das Locken-
köpfchen (s. 147), mit dem sie gern und oft unter dem Teerdach des Holzschup-
pens zusammenhockt. Und falls sich ein Grund angeben läßt für diese Favorisie-
rung, dann ist es Konrads Handicap — er ist taubstumm geboren[15] —, aber dies
Manko nicht als Quelle von Mitleid begriffen, sondern lediglich genutzt, einen
Wesenszug zu verdeutlichen: Konrad ohne Gehör und Artikulationsfähigkeit,
das deutet auf einen Primitivismus seines Naturells — später schwimmt er den
älteren Brüdern «in Kötermanier» hinterdrein (161) —, der dem Rückständig-
Rückfälligen in Tullas Wesen entgegenkommt. Beider Nähe zu tierischer Wesensart ist unübersehbar; kein Wunder, wenn der Hofhund Harras als Dritter
im Bunde erscheint! — Tullas Biographie ist über weite Partien hinweg die Geschichte einer (wechselseitigen) Annäherung von Mensch und Tier. Zunächst ist
sie es, die sich an Harras, eigentlich Harrys Hund, heranmacht, ihn Vater
Liebenau abzuschmeicheln weiß und es darauf anlegt, einen gelernten Hofhund
zum Weggenossen ihres Herumstreunens zu denaturieren. Bald schon kann sie
mit Harras anstellen, was immer sie will, und natürlich macht sie Gebrauch von
dieser ihrer Verfügungsgewalt. Auf seiten des Tieres wird die Wirkung derarti-

---

[13] Einer ihrer ersten Auftritte ‹passiert› denn auch in bezeichnendem Gelände, dort, wo der
Brösener Seesteg wie ein «spitzig windiges Dreieck» ins Meer hineinragt (152). — Ihre Physiognomie betreffend, erscheint Tulla als eine nachgeborene Schwester jener Luzie Rennwand aus
der ‹Blechtrommel›, die dort ein dreieckiges, starres Fuchsgesicht zur Schau trägt, während der
Aspekt des Hündischen betont wird durch ihr ewiges Wurstpellenkauen (s. B 451 ff.). In den
‹Hundejahren› steht Tulla als Vertreterin des Hasses dem ‹Knirscher› Matern am nächsten,
dem sich selbst dann noch, wenn er durch den Verzehr von Kirschen sanft gestimmt sein
müßte, runde (Kirsch-)Kerne in dreieckige Haßschleudern verwandeln (s. 541). Von derart
weitreichender emotionaler Übereinstimmung her gewinnt Tullas Behauptung an Wahrscheinlichkeit, wonach Matern als Vater ihres Kindes anzusehen sei (s. 387).
[14] Zwar lediglich geduldet (s. 147; 167), ist er Tulla doch mit geradezu hündischer Beflissenheit
hinterdrein.
[15] Ginge es nach Meinung der Mutter, dann trüge die Kreissäge der Liebenaus, d. h. aber letztlich
die Summe äußerer Einflüsse und Umweltfaktoren Schuld an diesem Malheur (s. 142).

gen Einflusses erkennbar als Verwilderung (s. 167). Zwar ist Harras das Pracht-
exemplar eines deutschen Schäferhundes, aber das (bloße) Aussehen täuscht, das
glänzend schwarze Fell ist doch nur Folge konsequenter Durchzüchtung (s. 240),
Überlagerung des ursprünglich wolfsmäßigen Grautons (s. 148), wie am Anfang
seiner Abstammung eine litauische Wölfin (s. 15; 22; 70 u. a.) und die Kreuzung
mit ihr steht, jene «Untat» (608), die als Mutation jederzeit (erneut) durchschla-
gen kann (s. 166); latent vorhandene Möglichkeit, wie sie durch Tullas Annäherung lediglich aktualisiert und augenfällig wird. — Umgekehrt gewinnt Tulla im
Umgang mit Harras an tierisch-wölfischer Krudität: Die Naslöcher, schon immer
das Größte in ihrem Gesicht (s. 147), ergeben zusammen mit den fangartig vor-
stehenden Schneidezähnen (s. 144) in Augenblicken des Zorns eine Art Hunde-
physiognomie. Und um die Angleichung vollkommen zu machen, zieht Tulla
sich eines Tages — Anlaß wird der Tod Konrads[16] — zu Harras in die Hütte
zurück (s. 168) und erscheint höchstens noch am Tageslicht, ihre Notdurft (auf
viehische Art) zu verrichten. Am zweiten Tag ihres Hundehüttendaseins frißt
sie bereits aus dem (gemeinsamen) Fleischnapf, mit dem Effekt, daß sie von nun
an, falls überhaupt, gaumig «verwandelt vierbeinig» spricht, die Umwelt quasi
anbellend (170). Als sie sich noch zusätzlich überwindet, von dem ekelerregen-
den Nierensud zu trinken (s. 171 ff.), erscheint die Animalisierung perfekt.
Zwar verläßt sie nach Ablauf von sieben Tagen Harras' Dunstkreis, aber nicht
nur kostet es sie dabei Mühe, das Kriechen aufzugeben und zu aufrechter Gang-
art zurückzukehren (s. 180), die innere Einmütigkeit mit der Kreatur bleibt erhalten; und es ist dies eine Einmütigkeit im Bösen: Harras scheint auf Grund
des Beisammenseins mit Tulla unberechenbar geworden. Nicht nur knurrt und
bleckt er gegen jeden, der sich ihnen (beiden) nähert (s. 169), er springt schließlich sogar seinen eignen Herrn an (s. 176/77) und muß künftig angekettet bleiben, ohne daß jemand den ihm verbliebenen Freiraum betreten dürfte. Seine
Schwärze gewinnt fortan bedrohliche Züge, während die Erwähnung der Quer-
summe seiner Hundemarke — dreizehn! — auf künftiges Unheil vorausdeutet
(s. 148): Der Hund als Symbol des Hasses[17] beginnt zentral zu stehen (s. 431)!

Zwar liegt Harras für den Augenblick noch an der Kette, aber Tulla hat
seither (mit ihm) nur mehr Verbotenes im Sinn: Zugegen bei allen Brutalitäten
(s. 225 ff.), ja deren heimliche Anstifterin bis hin zur Saalschlacht im Kleinham-
merpark (s. 232 ff. u. 284), ist ihre Rolle ganz allgemein die der Initiierung des
Bösen, speziell richtet ihr Haß sich gegen Jenny und deren Anhang: Derartige
Animosität beginnt schon mit dem frühen Anschlag auf den verlassen-leeren

---

[16] Es ist zugleich eine Bestätigung der inneren Nähe von Mensch und Tier, wenn Harras als
erster wahrnimmt, daß es mit Konrads Wegtauchen nicht seine Richtigkeit hat: Er kujiehnt
warnend zum Himmel (s. 161).

[17] s. dazu das Kapitel: ‹The Dog Symbol› bei Reddick, in dem das Phänomen zwar als Ausdruck
destruktiv-wölfischen Geistes umschrieben wird, eine präzise begriffliche Benennung jedoch
ausbleibt, a. a. O. S. 373—385.

Kinderwagen am Brösener Seesteg, in den Tulla — Ausdruck haßerfüllter Verachtung — insgeheim dreimal spuckt (s. 158); wie es ihr bald darauf gelingt, der
Insassin dieses Gefährts (auflauernd) habhaft zu werden. Nicht nur muß Jenny
dabei über sich ergehen lassen, daß Tulla Harras befiehlt, ihr das Gesicht zu
lecken, Harry betrifft seine Cousine darüber, wie sie, unter der Androhung, den
Hund auf sie zu hetzen, die Verängstigte dazu bewegt, ihr gänzlich wesens-
fremde Dinge aus- und nachzusprechen oder auszuführen (s. 159/60). — Gelingt
es hier noch einmal, wenn auch mit Mühe, das Tier zurückzupfeifen, auf seine,
Harrys Seite zu holen, so dauert es nicht lange, und Tulla läßt den Hund, d. h.
den Haß, endgültig von der Kette (s. dazu T 315)[18]. Anlaß und Opfer ist dabei
jeweils der Pianist Felsner-Imbs: Während der erste Überfall noch innerhalb des
Hofes geschieht und, da Harras mit seiner plötzlich gewonnenen Freiheit zunächst nichts Rechtes anzufangen weiß, nicht mehr als der ‹konzertante› Braten-
rock des Künstlers zu Schaden kommt (s. 213), spielt die Wiederholung des
Zwischenfalls — erneut ist es Tulla, die dafür sorgt, daß Imbs angefallen wird —
sich bereits «Auf offener Straße» ab (227), weiß Harras inzwischen genau, wer
gemeint ist, wenn Tulla ihn freigibt und steuert so geradenwegs und unbeirrt auf
Imbs los, als dieser mit Jenny von der Ballettschule heimkehrt. Daß dabei nicht
größeres Unheil passiert, ist im Grunde dem Wetter zu verdanken — es reg-
net —, und so hat der Pianist Gelegenheit, sich mit Hilfe vorgehaltenen Schirmes
zur Wehr zu setzen, eine Haltung, die den Hund schmerzhaft behindert und
noch einmal von Schlimmerem abhält (s. 227/28). Beim drittenmal reißt Harras
sich von selbst und ohne daß Tullas Zutun nötig wäre — sie ist gar nicht unmittelbar zugegen[19] —, los und bemerkenswert, daß er sich nunmehr der direkten
Kontrolle seines Herrn, des Tischlermeisters Liebenau, entzieht, wenn er über
das winterliche Eis — wir schreiben den Jahreswechsel 1936/37 — hinweg auf
sein Opfer losfährt. Und diesmal wird es ernst, kommt es beide Seiten, Geschädigten wie Tierhalter, teuer zu stehen, bleibt doch der rechte Oberschenkel des
Pianisten übel zugerichtet zurück (s. 241).

So ist es kaum noch überraschend, wenn Schlimmeres folgt und dieser letzte
Übergriff nur das Modell abgibt für die zentrale Konfrontation am Fuße des
Erbsbergs. Günstige äußere Umstände müssen hinzukommen, jene, die den
Konflikt bewußt suchen, alle verbliebene Scheu ablegen zu lassen: Es hat ge-
schneit wie lange nicht mehr, und diese Schneemassen sind geeignet, alles äußere
Geschehen lautlos zuzudecken, jede feste Kontur zu verwischen. Eine solche
Konstellation ist die Stunde Tullas, der federleichten Ausnahme, der es gelingt,
durch derart undeutliche Kulissen zu laufen, ohne die mindeste Spur zu hinter-

---

[18] Harras' Leinenführung war immer schon liederlich (s. 163), d. h. Anzeichen latenten Hasses,
beginnender Verwilderung längst vorhanden.

[19] Allerdings ist ein Besuch des Tiergeheges Freudental (!) — auch Pokriefkes waren dort —
vorausgegangen, wobei es den Anschein gewinnt, als habe die Begegnung mit den Wölfen
(s. 239/40) Harras' rezessives Erbgut entscheidend aktiviert.

lassen (s. 243). Scheinheilig verlockt sie Jenny erst zum Rodeln (s. 244), zwingt sie dann zu tanzen (s. 248 f.) und rückt ihr bei den verzweifelten Versuchen, dieser Aufforderung nachzukommen, handgreiflich — mehrmals wird Jenny von Tulla zu Boden gestoßen und schließlich vor dem Gutenberg-Tempel in einen Schneemann verpackt (s. 255/56) — und auf existenzbedrohende Art zuleibe[20], eine Attacke, der Jenny nur bis zur Unkenntlichkeit verwandelt entkommt. — Die Frage, warum gerade sie zum Zielpunkt ausersehen ist von Tullas Quälereien — auch die Anfälle auf Mitglieder ihres Clans gelten im Grunde ihr —, beantwortet sich im Blick auf die Positionen, die beide vertreten, Gelegenheit, die gänzliche Andersartigkeit ihrer jeweiligen Wesensart zu konstatieren: Als Tochter einer ‹Rattenmutter› (s. 178; 152) ist Tulla nicht nur haßerfüllt, sondern ebensosehr der Welt des Häßlichen verhaftet — als sie später ein Kind haben will, muß sie darum folgerichtig etwas für ihr Äußeres tun (s. 347; 408), legt sie sich eine Dauerwelle zu und erscheint überdies ebenso auffällig geschminkt (s. 348) wie schön-gelockt —, ihr Reich der Aktienteich, ein übelriechender Tümpel, den die Abwässer einer Brauerei zusätzlich verunreinigen (s. 309 ff.) und der dem (verdienten) Schicksal, zugeschüttet zu werden, nur entgeht, weil er im Krieg eventuell als Löschteich benutzt werden könnte. Ansonsten ist ein (Bade-)Aufenthalt dort unmöglich — nicht einmal Fische können in derart abgestanden-biersaurer Lake (genießbar) überleben (s. 315/16; 319/20) —, eher eignet die Lokalität sich zum Ersäufen junger Katzen und Hunde (s. 312). Längst sind auch die hier ausgesetzten Schwäne — Symbol des Schönen bei Grass[21] — eingegangen, und übrig geblieben ist von dieser einstigen Herrlichkeit nur ein «haltloses, schief am Uferschlamm faulendes Schwanenhäuschen» (309), in dem nun Tulla, die Ratte, Unterschlupf und Ersatz findet für die von ihr verlassene Hundehütte. Tulla contra Jenny, das bedeutet, hält man das früher zu Brunies' Töchterchen Bemerkte daneben, Häßliches gegen Schönheit, und vor diesem (allgemeinen) Hintergrund wird die Feindseligkeit zumindest psychologisch verständlich: Es ist der Haß des zu kurz Gekommenen gegenüber den (tatsächlich oder vermeintlich) Bevorzugten dieser Welt, was Tulla derart heftig reagieren läßt. Wie sie früher den Zeppelin ansaugen wollte, dem Jennys sehnsüchtiger Jubel galt (s. 210), so gewinnt sie als Herrscherin des Aktienteichs vampiristische Züge: Indem sie Jenny Blutegel ansetzt, sucht sie ihr

---

[20] Es ist diese handgreifliche Auseinandersetzung nur die Konsequenz aller vorangegangenen Drangsalierungen. — Auch später bleibt sie Jenny auf der Spur, eine Zeitlang zwar Distanz wahrend (s. 273 ff.), aber niemals entscheidend abzulenken: Tulla verlockt Jenny in den Eiskeller (s. 318) als eine Art Wiederholung der Schnee-Episode; und ebenso verschuldet sie Brunies' Ende (s. 330): Wenn sie es nicht ist, von der die Anzeige ausgeht (s. 335), dann hält sie ihm jedenfalls vor den Augen der Untersuchungskommission das Glas voller Cebion-Tabletten hin (s. 336/37) und ist damit — wie immer — Verführerin zum Bösen und in dieser Funktion Oskars geistige Schwester.

[21] s. dazu das Gedicht «Racine läßt sein Wappen ändern». — In: «Gesammelte Gedichte» [= GG], Neuwied/Berlin 1971, S. 119/20.

das Mark auszusaugen (s. 309/10); und als sie schließlich eingeladen ist, dem Auftritt der Eiskönigin und Ballerina beizuwohnen, frißt sie im Anblick des dargestellten Schönen das Programmheft in sich hinein (s. 280)! Was sie hier als (zugewanderte) Koschnäwerin bewährt, ist das (geistige) Kopfabschneiden und Vernichtenwollen des ihr Wesensfremden, Andersartigen und darum Verhaßten (s. 146). — Etwas anders gelagert erscheint der Fall hinsichtlich der (gleichzeitig ablaufenden) Auseinandersetzung zwischen Amsel und Matern. Zwar werden auch hier irdisch-ordinär und deutlicher noch als zu Füßen ‹Kuddenpächs› die Fäuste geschwungen (s. 254 f.), ereignet sich erneut und eindeutiger sogar ‹Totschlag› und (Schnee-)Begräbnis (s. 244 u. 256 ff.), aber nun weniger als Ausdruck deformierenden Neides (des Häßlichen) dem Schönen gegenüber; vielmehr ist dies die Reaktion des Mächtigen auf die (geistige) Haltung spöttischen Zynismus' und aus solcher Frivolität heraus Verunsicherung und Gereiztheit bewirkend bis zu einem Grade, daß die Demonstration der Macht umschlägt in einen Akt gewaltsamer Brutalität[22].

Wichtiger noch als die Suche nach den möglichen Motiven der Gewalttäter ist die Frage, wie das Unheil eine solche Vehemenz erreichen und zugleich derart ungeniert daherkommen kann, daß es sich als Mordanschlag vor aller Augen ereignet. Es liegt dies einmal in Tullas Art, d. h. aber im Wesen des Bösen selbst begründet: Von verderbter Magerkeit, eine «windige Figur», die erschreckt (273), erscheint Tulla, anders als ihr Pendant, die träge Innerlichkeit, ungeheuer beweglich, dazu neugierig-zudringlich allem sich Ereignenden hinterdrein, und so eckt sie zwar überall an, stößt sich die Knie wund, bewirkt aber andererseits den Eindruck des unentrinnbar Allgegenwärtigen, eines bei fehlendem Fett immerzu «laufenden, springenden, kletternden, insgesamt fliegenden Etwas» (146/47). Nicht nur bleiben bei dieser Art aufzutreten, wie gesehen, keine Spuren zurück, darüber hinaus erweist sich derart muskulöse ‹Sprunghaftigkeit› als nahezu ungreifbar. Matern muß diese Erfahrung machen, als er Tulla zur Bestrafung für die Beschimpfung seines Freundes beim Schopf packen will und trotz allen Mühens mehrfach, einem plumpen Riesen gleichend, daneben greift (s. 198/99). Katzenleicht daherkommend wie ein auf Sammetpfötchen schleichendes Übel (s. 384), ist Tulla insgesamt ein «‹Irrwisch aus Knochenleim . . .›» (639), insbesondere nach ihren (Un-)Taten unauffindbar: zu Luft geworden nach dem ersten Angriff auf Imbs, ein Loch hinterlassend, wo sie eben noch zu stehen schien — und also nicht zu bestrafen (s. 213/14)[23]. Als Anstifterin allen Übels

---

[22] Wie Amsel trägt auch Brunies zu derartiger Verunsicherung bei mit seiner ebenso sanften wie penetranten Aufmüpfigkeit, so, wenn er sich nicht an dem gemeinsamen Singen beteiligt (s. 154), das Flaggenhissen unterläßt, obwohl eine Fahne im Hause ist (s. 337/38), und etwa ehemalige Schüler und jetzige Frontkämpfer nach ihren Empfindungen im Augenblick des Tötens der Gegner befragt (s. 331).

[23] Ihr Versteck bleibt ausgespart und trotz allen Kommens und Gehens, aller Materialentnahme und Holzzufuhr unerachtet, wunderbarerweise unverändert bestehen (s. 298/99).

zwar «immer schuldig oder mitschuldig» (210), läßt sie andere ihr Treiben entgelten (s. 209), und meist ist es Harry, der, da schließlich jemand Schläge beziehen muß, den Prügelknaben abgibt. Wenn es auch im Zusammenhang mit dem ‹Schirmüberfall› Hiebe absetzt, statt per Dachlatte (s. 214) diesmal — als einziger Unterschied — lediglich aus väterlicher Hand, dann deshalb, weil der ‹Zeuge› des Vorfalls, ein ansonsten ehrbarer Metzgermeister, den Tathergang in für Harry äußerst ungünstigem Lichte darstellt, Tulla «ein ängstliches kleines Mädchen» nennt, «das entsetzt davongelaufen sei, als ... [jener] den Hund an der Leine nicht mehr habe halten können», und statt dessen ihren Cousin als den Übeltäter ausgibt, während in Wahrheit «Tulla bis zum Schluß zuguckt und ... erst davon [war], als ich ihr die Leine abgenommen hatte» (228).

Damit sind wir bei dem zweiten entscheidenden Faktor für die Ausbreitung des Bösen angelangt, der Haltung der Umwelt nämlich. Auch in dieser Hinsicht stellt die letzte (Hunde-)Jagd auf Felsner-Imbs das Muster dar: Das Malheur ereignet sich gegen Ende eines sonntäglichen Ausflugsvergnügens, und genau die nämliche Szenerie mit bunten Fahnen[24], Girlanden und Festgesang bildete am Brösener Seesteg, von dem man (jetzt) gar nicht sehr weit entfernt ist, den Hintergrund zu Tullas frühester Unmanierlichkeit Jenny gegenüber. Was der Dichter hier zeigt, ist jene Haltung sonntäglich herausgeputzter Friedfertigkeit, die nur ungern gestört sein möchte und eben darum, weil von Klang und Schein so leicht zu beeindrucken wie in Bequemlichkeit einzulullen, das Aufkommen des Terrors — dessen unschöne Nebengeräusche überhörend — begünstigt (s. dazu T 17). — Wer zu dieser Schar der sich ans festlich gewandete Unrecht Gewöhnenden gehört? Der Müller Matern etwa, der, wenn er vielleicht kein besonders bequemer Bürger ist, so doch gleichfalls durchaus kein sehr zuverlässiger. Zwar soll er vom großen Räuber Materna abstammen, aber wie seine Vorfahren sich schon unter Napoleon mit Geschick und Gewinn als Doppelagenten betätigten (s. 19/20), so ist bei ihm nicht nur das Glaubensbekenntnis, sein Katholizismus, «vom Winde abhängig» (20), sondern ebenso sein politisches (Wohl-)Verhalten. Als Müller ist er von Berufs wegen wetterwendisch, bei Licht besehen das, was man einen ‹Windhänger› nennen könnte. — Aus seiner Nickelswalder Mühle aber ersteht Harrys Vater den Rüden Harras (s. 70), wobei des Tischlermeisters Einstellung zum System ablesbar wird an der Art, in der er den Aufforderungen seitens der Schutzpolizei, Harras zum Decken in die Kaserne zu bringen, nachkommt: Ein Widerstreben der Administration und offiziellen Vertretung des Staatsapparats gegenüber ist nicht erkennbar, eher schon ein gewisser Stolz (s. 163), für diese ‹Mission› ausersehen zu sein. Als sich herausstellt, daß ein solcher Gang wieder einmal von Erfolg begleitet war, erreicht ihn eines Tages die Mitteilung, der Gau Danzig habe einen jener Welpen, den Schäferhund

---

[24] Ein Fahnenmeer, dessen Zusammensetzung sich, in politischen Kategorien ausgedrückt, langsam aber sicher nach ‹rechts› orientiert (s. 151; 159; 161).

Prinz, dem Führer zum Geschenk gemacht (s. 180/81). Erneut kein Auflehnen, obwohl er gar nicht gefragt wurde; allenfalls ist ihm der nachträgliche Rummel zuwider, und bezeichnend die Einlassung, er sei ein schlichter Handwerker, der ungestört seinem Beruf nachgehen wolle (s. 185), jene unpolitische Haltung, die bewirkt, daß er von den Vorgängen ringsumher nicht viel mehr vernimmt als die Eigengeräusche seiner (Säge-)Arbeit. Mit solcher Eigenbrötelei aber wie durch die halb und halb abgenötigte und jedenfalls ungewollte Dedikation findet er sich, ohne recht zu wissen wie, in die Reihe der Sympathisanten eingereiht. Als im Zusammenhang mit dem Kriegsausbruch Hitler 1939 nach Danzig kommt, macht auch Vater Liebenau sich auf, den Führer zu besuchen; was er aber zu Gesicht bekommt, ist einzig dessen Lieblingshund Prinz. Und anstatt nun enttäuscht zu sein oder betroffen über dies Zeichen — das Tier anstelle des Führers! —, hebt ein Wettstreit an unter den Züchtern Leeb und Liebenau, wem denn nun Prinz ähnlicher sehe, Thekla oder Harras (s. 303/04). Keine Frage, der schwarze Führerhund ist das genaue Ebenbild seines Harras, und spätestens hier ist klar, daß mit dem Gang nach Hochstrieß die ‹politische› Karriere[25] eben dieses Hundes ihren Anfang nahm (s. 182): Genau zwölfmal findet Harras sich im Zusammenhang mit der Erwähnung des Führergeschenks in den Zeitungen abgebildet (s. 185), und als er stirbt — auch dies aus politischen Gründen (s. 389) —, hat er, parallel zu Tullas Lebensdaten, das aufkommende Böse immerhin zwölf Hundejahre lang (1927—1939) begleitet. Daß aber Tulla nicht einschreitet, nichts unternimmt, sein gewaltsames Ende zu hindern (s. 296/97), rührt aus dem instinktiven Wissen, daß dieses Attentat bittern Haßgefühlen entspringt, gleichzeitiger Hinweis darauf, wie sehr die Eigenschaft, die der Hund verkörpert, sich inzwischen auf seine Umwelt, hier den ‹Knirscher› Matern, übertragen hat; wie ja auch Prinz, Harras' Ebenbild, an exponierter Stelle — die friedlich-freundliche Blumenflora als Hintergrund seines Danziger Auftritts kann darüber nicht hinwegtäuschen (s. 303) — weiterlebt! — Einmal bei der Vergleichung von Hundegenealogie und zeitgeschichtlichen Daten angelangt, ist vielleicht auch der Zeitpunkt von Tullas und Harras' Einmütigkeit nicht (mehr) zufällig gewählt, sondern von politischer Relevanz. Konrads Tod wie Tullas Vertieren ereignen sich 1934. Es ist dies, ein Jahr nach der Machtergreifung, der frühestmögliche Zeitpunkt, an dem Konrad sterben kann, wenn denn seine

---

[25] Auch deren Richtung wird bei dieser Gelegenheit konkret beim Namen genannt. Harry fragt unüberhörbar deutlich nach dem Namen jenes Mannes, dessen Bildnis die Wachstube ziert (s. 165), während das gleiche Hindenburg-Porträt noch einmal auftaucht im Zusammenhang mit dem Müller Matern und dessen Einzug in die von Goldmäulchen bereitgestellte Mühle: Deutschnationale Gesinnung vereint die Väter Liebenau und Matern, und es ist der sich daraus ableitende politische Opportunismus, der mithilft, den Aufstieg der braunen Machthaber zu befördern. Zu direkten Äußerungen in dieser Richtung vgl. G. Grass, «Der Bürger und seine Stimme». Reden Aufsätze Kommentare, Darmstadt/Neuwied 1974 [im folgenden zitiert als ‹Bürger›], S. 136.

Sprachlosigkeit nicht nur eine Art Primitivismus bedeutet, sondern zugleich einen Vorzug meint: den Vorteil lautloser Verständigung etwa (s. 162). Konrad und Tulla, sie verstanden einander auch ohne Worte, lediglich per Gestus und mit Hilfe von Zeichen (s. 161), und verblüfften damit nicht nur Harry Liebenau, sondern düpierten die Umwelt schlechthin, zeigten sich imstande, das Böse öffentlich zu inszenieren, ohne daß irgend etwas laut oder gar nachweisbar geworden wäre! In dem Augenblick, da Tulla ihren Haß hinausschreit, ist ein derartiges Versteckspiel nicht mehr möglich, aber auch nicht weiter nötig[26]. Das Verbotene kann nun (statt im Wegtauchen) über Tage und allen vernehmlich geschehen! Hundeschwärze ist somit, um im Bild zu bleiben, über Nacht zu einem Menetekel, einer Art höllischer Farbe geworden, Tullas Gestalt und Auftreten über privaten Anlaß und begrenzten Rahmen hinaus bezeichnend für die sich politisch zusehends mehr vergiftende Atmosphäre zu Beginn der 30er Jahre.

Wo die Erwachsenen dem Nazismus indifferent bis wohlwollend gegenüberstehen, ist es beinah natürlich, daß die Jugend sich fasziniert zeigt von den Erscheinungsformen des Bösen. So ist Harry nicht nur (bluts-)verwandt mit Tulla, er klebt an dieser ‹Leimrute› auf eine hoffnungslose Weise (s. 143/44), derart, daß er nicht loskommen könnte, selbst wenn er dies ernstlich vorhätte (s. 147). Zwar lediglich Randerscheinung in ihrem Troß, zeigt er sich von seiner Cousine in einem Grade behext, daß er, als es später darum geht, die Geschichte dieser Jahre, die Veränderungen im Atmosphärischen (schriftlich) nachzuzeichnen, im Nachhinein und noch aus der Erinnerung heraus zur Form der Liebesbriefe greift, Tullas Vergegenwärtigung ihm unwillkürlich zum (Liebes-)Geständnis gerät. Derartige Unzertrennlichkeit lockert sich erst in dem Augenblick, als Tulla partout ein Kind will (s. 308). In die (Zwangs-)Lage gebracht, sich eindeutig erklären zu müssen, zieht Harry sich zurück und läuft über zu Jenny, die er immer schon vorfand, wenn er Tullas Fährte hinterdrein war. Freilich ist dieser Wechsel und Partnertausch nur mit halbem Herzen vollzogen, gibt er vor, Jenny zu lieben, klebt er an ihren Bonbonhändchen (s. 146) in ähnlicher Weise wie an Tullas Leimfingern; aber Jennys Ausstrahlung ist nicht nur von gänzlich anderer Art, sie ist auch weniger intensiv, ja genau genommen wirkt sie bei allem Reiz, aller (Honig-)Süße zugleich etwas fad (s. 342), in ihrer absoluten Wohlerzogenheit langweilig (s. 349)[27] und jedenfalls außerstande,

---

[26] Von hier aus erscheint es nicht zufällig, daß das letzte Opfer der ‹Untergrund›-Zeit Konrad heißt. Gegen Ende des Romans reitet die staufische Jungscheuche gleichen Namens noch einmal durch Eddis Landschaft der historischen Wendepunkte (s. 671 u. 673). Konrad als der letzte Staufer, durch Verrat gefangengenommen und schließlich hingerichtet, dies historische Modell muß als Begründung herhalten für das spätere nationalsozialistische Verhalten, wobei man geschichtsklitternd andere — konkret ist vom Röhmputsch die Rede (s. 184) — des Verrats bezichtigt zur Bemäntelung der eigenen Unmenschlichkeit.

[27] Dazu ewig müde (vom Training) und brav auf Erledigung ihrer Hausaufgaben für den folgenden Tag bedacht (s. 343 u. a.).

Tullas Anziehungskraft gänzlich zu neutralisieren. Wie sehr er zur Zeit seines
‹Verlöbnisses› mit Jenny noch immer deren Antipodin im Sinn hat, geht aus
seinen halbwahren Bekenntnissen hervor, Briefen, die er an die Entfernte
schreibt, und bei denen er oft genug die Anrede verwechselt (s. 345/46). Ihre
Gegenwart und Nähe aber war ihm (zunehmend) lästig geworden bis zu einem
Grade, daß zuletzt beinah jedes Mittel recht erschien, sie loszuwerden, und er
zu diesem Behuf sein Desinteresse hinter erheuchelter Selbstlosigkeit versteckt
(s. 342), ihr zuredet, nur ja nach Berlin überzusiedeln, während er sich (und
seine Liebe) bei ihrem Abschiedsbesuch verleugnen läßt (s. 344/45). — Von dem
bösartigen Charme seiner Cousine auf bleibende Art fasziniert, erscheint zumindest ein Teil der Schläge, die Harry als unbeteiligt Danebenstehender (s. 285/86;
374/75) Tullas wegen bezieht, doch nicht gänzlich an die falsche Adresse gerichtet!

Mitläufer, Sympathisanten, Faszinierte, sie alle haben teil an der Ausbreitung
politischen Radikalismus', helfen (indirekt) mit, diese Jahre zu Hunde-Jahren
entarten zu lassen. Hinzu kommt, die Gewöhnung an den Haß und seine Folgen
zu erleichtern, ein ebenso ausgeprägter wie verbreiteter Hang zur Leichtgläubigkeit. So wird namentlich Tulla ständig und von allen Seiten unterschätzt oder
verharmlost (s. 153; 274 ff.; 348). Als bezeichnend darf die communis opinio
hinsichtlich der Schnee-Episode gelten: Jedermann hat genau den (Doppel-)
Mord vor Augen, und doch scheint niemand realisieren zu wollen, was sich
wirklich zugetragen hat. Zwar stimmt Jennys neue Figur nachdenklich (s. 273),
sind die Nachbarn momentan verwundert über die augenfällige Änderung im
Erscheinungsbild des Mädchens, doch begleitet man den Vorgang eher «mit
seltsam zufriedenem Kopfnicken, als ob alle Welt Jennys Verwandlung voraus-
geahnt und [— man beachte die verräterische Wendung ins Religiös-Irratio-
nale! —] in gemeinsamem Gebet angestrebt habe»; will sagen, man heißt gut,
«was der Schnee bewirkt» hat (272). Damit wird Tullas Überfall zum ‹Schnee-
wunder› (herab-)stilisiert, ihr späteres Verfolgen der Ballerina — in Wahrheit
eine beharrliche Hetzjagd — zur Prozession umgedeutet (s. 273). — Derartiges
Verharmlosen muß gefährlich werden für die ‹Objekte› solcher Wunderkuren,
zumal wenn diese selbst nicht frei sind von der (allgemein) grassierenden leicht-
fertig-leichtgläubigen Einstellung.

Die Frage, was von derlei Wundergläubigkeit zu halten ist, beantwortet sich
im Blick auf die Schicksale, die der Dichter solchen Sektierern zuteil werden läßt.
Beginnen wir bei Eddi, der, was seine Lebenskurve angeht, noch am glimpflich-
sten davonkommt. Die Wertsetzungen betreffend, erscheint seine verdickte
Innerlichkeit nunmehr in komischem Licht[28]. Eddi ist in all seinem Fett zum

---

[28] Das Drollige, Lachhafte (s. 93) ist nun ebenso stehendes Epitheton wie sein Übergewicht, und
wenn dabei häufig Sommersprossen herhalten müssen, Komik zu bewirken (s. 42), dann wohl
darum, weil sie ähnlich übertrieben aufgehen (s. 145) wie Eddis Leibesfülle, wie denn nichts
unpassender erscheint als derart in die Sonne gestellte Innerlichkeit!

Lachen, noch wenn er weint (s. 13). Was es mit dieser Bajazzo-Travestie auf sich hat, geht aus seinem Aufzug am Seesteg hervor, wo er sich zum Schutz gegen die Sonne ein Taschentuch über die fuchsigen Haare gebunden hat: «Weil er auch sonst lächerlich aussieht», kann er des «gezipfelten» Tuchs wegen nicht lächerlicher dreinschauen (157): Es ist die zipfel- und schlafmützige Innerlichkeit, die hier dem Gelächter preisgegeben wird, um so mehr, als sie nicht hindert, das (hündisch) Böse zu erkennen und beim rechten Namen — Pluto — zu nennen, wohl aber dazu verleitet, in Passivität zu verharren, sich von Tullas Treiben, ihren Steinwürfen nicht getroffen zu fühlen (s. 195). Als der Künstler[29] Amsel dem Parteigenossen August Pokriefke gegenüber durchblicken läßt, daß ihm nicht einmal Hitler ein Begriff sei (s. 196/97), wird er für diesen Grad von unverzeihlicher (geistiger) Arroganz bestraft, indem der Autor den Ignoranten der schmerzhaftesten Berührung aussetzt, die sich denken läßt: Faustschlägen nämlich, die ihn seiner sämtlichen Zähne berauben, d. h. aber seine Existenz in Frage stellen. Eddi zeigt sich, das Maß seiner (politischen) Ahnungslosigkeit voll zu machen, von derartigen Eruptionen brachialer Gewalt überrascht nach Art eines (winterlichen) Wettersturzes und unvermuteten Schneefalls[30], während er doch, bei nur etwas gutem Willen, kraft seiner Einsichtsfähigkeit, seines geistigen Durchblicks reichlich Gelegenheit gehabt hätte, vorgewarnt zu sein. — Geschwister der Innerlichkeit, sind Eddi und Jenny nicht nur die beiden Übergewichtigen dieses Romans, Jenny, der Pummel, bietet (wie jener) erneut einen unnatürlich-komischen Anblick (s. 397/98)[31], wobei ihre Leibesfülle nun vor allem den Akzent des Puppigen (s. 188; 205; 243; 252; 260 u. a.) erhält; während man sich erinnert, daß dies Moment bereits früher auf Amsel Anwendung fand, wenn etwa von den «Puppenwülstchen» seines rosa Fleisches die Rede war (48). Oberstimme und ausdauernd heller Knabensopran kamen hinzu, die Mädchen glauben zu machen, es müsse sich beim umfangreichen Eddi um einen Kastraten handeln (s. 190 ff.), eine Legende, die sein Freund mit Hilfe der Schilderung von Amsels Bordellbesuchen nachhaltig widerlegen konnte. Andern, die dezentere Ausdrücke bevorzugten, wollte Eddi statt als Eunuch im wesentlichen «noch recht infantil, eine Art Neutrum» bedünken (191). Und dies Infantile trifft nun

---

[29] Seine Aktivität bleibt hier auf bloßes Nachzeichnen, d. h. Ästhetisieren des Politischen beschränkt, wie es überhaupt, denkt man an Eddis Bordellbesuche in der Tischlergasse, von denen er Aktstudien mit nach Hause bringt (s. 191/92), den Anschein gewinnt, als müsse Kunst in mancherlei Hinsicht als Alibi und Vorwand herhalten für private Lizenzen.

[30] Den einen Schutz bietend bei verbrecherischem Tun, dient das Schneegestöber Eddi zum Vorwand, den Überrumpelten zu spielen. Zur Berechtigung dieser Reaktion wie zur Meinung des Autors vgl. die Rede «Was nicht vom Himmel fällt» (Bürger 204 ff.; bes. 206).

[31] Brunies, der dritte im Bunde, ist komisch erneut schon vom Äußern her: Einen «knollennasigen tausendfältigen Herrn» zeigt uns der Erzähler, der «auf eisgrauem Filzhaar einen breitrandigen Schlapphut trägt. In Radmänteln [!] aus grünem Loden stolziert er» (145), wie er es mit der Pflege seines Ticks versteht, «im diffusen Licht der Verschrobenheit zu wandeln ...» (144).

wiederum und eigentlich mehr noch auf Jenny zu, das puppig-unerwachsene
Geschöpf, das vom Vater[32] viel zu lange wie ein Kleinkind behandelt und noch
in einem Alter herumgefahren wird, als sie längst hätte laufen müssen und Tulla
bereits alle Bezirke der Kinderwelt durchstöbert und mit Beschlag belegt hat.
Nächst dem Infantilen meint das Stichwort des Puppigen eine innere Unempfindlichkeit, ja Unberührbarkeit, die bis zum Marionettenhaft-Seelenlosen reicht.
Erröten als Zeichen menschlichen Empfindens bleibt in Jennys Antlitz eine Ausnahme (s. 339); ansonsten kann sie weder recht lachen noch traurig sein, selbst
beim Tod des Vaters fehlen ihr die Tränen (s. 388/89). Gefühle zeigt sie allenfalls im Kino, d. h. weniger der Wirklichkeit gegenüber als in einer Kunstsphäre,
und alsdann zu bloßer Sentimentalität geronnen (s. 340 ff.)[33]. Überhaupt scheint
ihre Existenz, wie beim Kinobesuch, wesentlich aus Zuschauen zu bestehen,
erschöpft ihre Aktivität sich darin, nach Art einer Puppe große Augen zu
machen, ohne etwas zu tun oder eigentlich viel zu sagen. Wenn sie dennoch
einmal den Mund aufmacht, gerät ihre Rede leicht zu (mechanisch) endlosem
Plappern[34]. Zwar gibt sie vor, Harry attachiert zu sein, aber wenn das zutrifft,
dann liebt sie (ihn) eben auf ihre Weise, d. h. passiv, duldsam und — im Gegensatz zu Tulla — stets auf der Hut vor einem Kinde (s. 346), in Sorge vor der
Verstrickung ins Irdische, auch hier auf eine gelangweilt-langweilige[35] Art ‹un-
betroffen›[36]. Höhepunkt dieser (Welt-)Unempfindlichkeit ist die Situation unmittelbar nach Tullas Attentat, als sie Harrys Neugier mit einem Höchstmaß an

---

[32] Brunies' Infantilität trägt altmännerhafte Züge, sein hemmungsloses Naschen, Sückeln und
Saugen ist dabei, vom anderen Extrem (des Vergreisens) her ins Kindische umzuschlagen.

[33] Vgl. das rührselig-sinnlose Stricken für Tullas Nachwuchs 380.

[34] Das kann sie, zumal über andere und in ihren Briefen (s. 388; 349). Dagegen spricht sie von
sich und dem Partner leibhaftig gegenüber für gewöhnlich kaum oder allenfalls leise, monoton
(s. 328), und auch dies nur, wenn sie gefragt wird (s. 339).

[35] s. dazu Verhalten und Figur Vittlars im Baum B 678 ff. sowie die Zeichnung «Puppe im
Geäst». — In: «Mariazuehren», München 1973, S. 52/53; vgl. ferner das Gedicht «Aus dem
Alltag der Puppe Nana» GG 110 ff.

[36] Dies infantile Unbetroffensein macht die essentielle Bedeutung der Puppe aus, bei Grass
Symbolfigur einer ganz und gar künstlichen, marionettenhaften Existenz, wobei der Autor
dies letzte Epitheton — anders als Kleist, dessen Abhandlung über das Marionettentheater
er eher verächtlich als «Traktätchen» abtut («Die Ballerina», a. a. O. S. 539) — durchaus in
negativem Sinne verstanden wissen will, wie er neben der Marionette auch die Ballerina
(selbst) in die Reihe der puppig-unempfindlichen Geschöpfe einreiht. — Dagegen möchte
Manfred Jurgensen — Über Günter Grass. Untersuchungen zur sprachbildlichen Rollenfunktion, Bern/München 1974 — die Figur der klassischen Ballerina als Überwindung und Objekti-
vation biographisch-subjektiver Faktoren verstanden wissen (s. S. 14; 16), ihre Künstlichkeit
statt als Ausdruck bloßen Ästhetizismus' als Vergegenständlichung historischer Erfahrung in
Richtung auf das Charakteristische hin begriffen sehen (s. S. 20). Aller negativen Züge entkleidet, stellt die Puppe in den Augen des Verf. umgekehrt das entscheidende Erzählprinzip
und künstlerische Darstellungskriterium dar, mit dessen Hilfe Geschichte (sprachverpuppend)
erst eigentlich in Fiktion transformiert werde (s. S. 23; 27). Schließlich läßt die von Erzähl-
puppen oder Marionetten bestimmte Bildsprache dieses Autors argumentative Grundzüge

seelischem Gleichmut begegnet, ja den Anschein wahrt, als sei gar nichts Besonderes vorgefallen (s. 265/66)[37] und das Gespräch wie selbstverständlich in alltägliche Bahnen hinüberzulenken weiß. Die Wertung angehend, macht ein solches Verhalten – wenn auch im Augenblick lebenrettend – auf Dauer den Eindruck des Erkünstelten: Jenny, eben noch außerstande, auf den Säulen ihrer unförmig verfetteten Beine auch nur zu stehen (s. 153/54), zeigt, zur Tänzerin verwandelt, ein unnatürlich langsames Schreiten (s. 356; 273), Ausdruck einer (von nun an) ins rein Ästhetische gewandten Existenz[38] wie Zeichen dafür, daß sie als Ballerina nicht nur der formvollendetsten aller Künste huldigt, sondern sich zugleich der un- und widernatürlichsten Stilisierung (von Bewegung) verschrieben hat. – Mit Felsner-Imbs als Mentor derartigen Formalismus'[39] erhält diese l'art pour l'art-Haltung zugleich das Merkmal des verstaubt Überlebten. Umgeben von gelblichen Notenbergen und verblichenen Fotos einst berühmter Künstler, wirkt er inmitten seiner Requisiten: Zierfisch, Porzellanfigurine und Sanduhr auf geradezu mittelalterliche Weise vorweltlich (s. 186/87), so sehr, daß man augenblicksweise dem Eindruck erliegt, ihr Eigner müsse, aus Gründen des Stils

(s. S. 6) ebenso wie appellative Strukturen erkennen, indem (ausgerechnet) die solcherart vergegenständlichte Muse Verantwortung zu lehren geeignet sei (s. S. 77)! – Eine so weitreichende Verkennung des wahren Sachverhalts, die Verkehrung der Puppenrolle in ihr Gegenteil ist möglich nur bei radikaler Trennung von Text und Kontext. Zwar will die Intention des Verf., die Einheitlichkeit des Gestaltungsverfahrens nachzuweisen, verdienstvoll erscheinen, doch darf man auch bislang vernachlässigte Teile des Grass'schen Oeuvres (Drama, Lyrik) nicht einseitig zuungunsten der zentralen Fundstelle favorisieren: «Hundejahre» als die dichterische Verifizierung der Grundgedanken des ‹Ballerina›-Essays außer acht zu lassen, heißt in diesem Zusammenhang nichts anderes, als sich jeder Kontrolle hinsichtlich der Tragfähigkeit des (eignen) interpretatorischen Ansatzes leichtfertig zu begeben.

[37] Jenny ist dem Attentat überhaupt nur entkommen auf Grund ihrer Veranlagung zur Innerlichkeit, einer Selbstliebe, die sich nun als schneeschmelzende (Über-)Temperatur bemerkbar macht. Ihre Auferstehung als Strich bedeutet den Vollzug der Emigration nach innen, dorthin, wo es schön warm und man je für sich ist (s. 674). So konsequent wird dieser Weg beschritten, daß sie in Zukunft (zur Abkühlung) stets nach Eis verlangt (s. 308), wie sie niemals Handschuhe trägt (s. 388) und später sogar den Eiskellerbesuch, die Übernachtung dort, unbeschadet übersteht, ja nicht einmal eines Kleides bedarf (s. 320/21) und im Verzicht darauf, mit Hilfe glutvoller Innerlichkeit, Harry vor Festfrieren und tödlicher Erstarrung errettet.

[38] Unter den Folgeerscheinungen dieser Haltung leidet auch Eddi zumindest zeitweise: Zu Beginn der zweiten Scheuchenperiode ergeben die Produkte seiner Phantasie zwar ästhetisch ausgewogene, aber, da nicht aus Erfahrung geschöpft, letztlich wirkungslose Gebilde (s. 223/24). Derart von des Gedankens Blässe angekränkelt, stellt die Erweiterung der Kriweschen Kunsttheorie, wonach Scheuchenmodelle zwar der Natur entnommen sein sollen, zu dieser aber alles gehöre, «‹was sich ausstopfen läßt . . .: die Puppe etwa›» (52), eine Art Selbstrechtfertigung dar.

[39] Schon dem Pianisten geht es um die Form mehr als um die Richtigkeit der Intonation, wenn er die korrekte Handführung seiner Eleven mit Hilfe eines dem Handrücken aufgelegten Bleistifts kontrolliert (s. 188/89). Der Tänzerin Jenny ist die vollendete Armführung wichtiger als die (dem Ballett) unterlegte Musik (s. 262).

und der Stimmigkeit, eigentlich ein Samtbarett tragen (s. 187). Bezeichnend, daß
er mit dieser Habe die Parterrewohnung des Liebenauschen Anwesens bezieht,
jenes hinter Zaun und Fliederbüschen gelegene schummrige Versteck, das ein
altes Fräulein Dobslaff nur geräumt hat, um in Schönwarling (!) bei ihrer
Schwester zu sterben. Ohne die «verblichenen Tapeten des Wohnzimmers, ohne
die großgeblümten des Schlafzimmers zu wechseln» (186), wie seine Vorgängerin
mürbe vor Alter, scheint er dieses Refugiums bedürftig, weil (schlottriger)
Gestalt wie seelischem Habitus nach zerbrechlich wie die Porzellanfigur auf dem
Klavier (s. 289). Im Blick auf Felsner-Imbs aber ist zugleich Jennys Verfassung
beschrieben wie ihr Schicksal vorweggenommen: Empfindungsarm, ohne robust
zu sein[40], entgeht sie zwar Tullas Vandalismen, aber nur, indem sie sich, reduziert auf das (abstrakte) Prinzip Schönheit, als Mensch über diese Welt hinaus-
schwingt. Ebenso bezeichnend wie grausam von seiten des Dichters, daß er sie
zwar zeitweilig entkommen, ja sogar in Hellas, dem Ursprungsland klassischer
Schönheit, auftreten läßt (s. 379/80), das Ende ihrer Karriere aber ausgerechnet
durch eine Luftmine herbeiführt, die sie die Fußspitzen kostet und damit den
Ballerinentod bedeutet (s. 399; 404/05). Wenn dies einen Sinn haben soll, dann
den der Bestrafung. Wer so degagiert durchs Leben schreitet, daß er alles[41], sein
eignes Schicksal einbegriffen, in ästhetische Figuren auflösen kann, wird für diese
Mißachtung der Wirklichkeit, jene puppige Ignoranz, die, wie so vieles andere,
auch den Krieg verleugnet, auf den (häßlichen) Boden der Tatsachen zurückgeholt in eben dem Moment, als er ihnen endgültig entkommen zu sein ver-
meint. — Schlimmer als ihr ergeht es eigentlich nur Papa Brunies, dem in wortwörtlichem Sinne die Todesstrafe zuteil wird als Quittung für seinen weltent-
rückten Romantizismus[42]. Jemand, der um eine simple Findelkindsgeschichte[43]
ein derart Eichendorffisches Geraune inszeniert, in der Phantasie- und Bilder-
buchwelt seiner grünen Waldwiesen aufgeht (s. 131)[44] und die Wunderseligkeit
bis zum Kinderglauben an den Klapperstorch überzieht, obwohl die Fabrik tot

---

[40] So daß denn Brunies' Schutzmaßnahmen — Jenny in Kinderwagen und Teddyfell (s. 227;
248) — zwar verkehrt, aber dennoch nicht überflüssig wären? — Bezeichnend, wenn auch nicht
unbedingt im Sinne des Persönlichen (wie die Empfängerin meint), wird unter diesem Aspekt
Harrys Geschenk an sie: Flaschengummis (s. 316), zu einer Kette aus Verschlußstücken zu-
sammengefügt.

[41] Im ‹Ballerina›-Essay sind es so brisante Themen wie ‹Atombombe› und ‹Wiedervereinigung›,
die tänzerisch bewältigt werden, a. a. O. S. 537.

[42] Auch hier ist Ästhetizismus im Spiel, beim Vorziehen von ‹Ballettkunde› vor Geschichte und
Orthographie (s. 268/69) ebenso wie beim Übersehen der «‹momentan herrschende[n] Krieger-
kaste›» (306) und Verschweigen der Anwesenheit Hitlers zugunsten einer Beschreibung der
Bilder jenes Hotels, in dem der Führer logiert (s. 305/06).

[43] Tulla und Harry glauben von Anfang an nicht an diese Version (s. 144).

[44] s. dagegen auch die Kurzgeschichte «Meine grüne Wiese» und deren blutrünstige Bevölke-
rung. — In: Akzente 2, 1955, S. 328—334.

und das Nest nachweislich leer ist (s. 130), dafür aber die rauchenden Schlote arbeitender Krematorien ignoriert[45], muß den Schergen des Systems notwendig anheimfallen: 1943 holt man ihn ab nach Stutthoff, und am Ende ist er einer von vielen (allzu) Gutgläubigen, zu nichts anderem ausersehen, als die Gaskammern zu füllen wie die Knochenberge wachsen zu lassen.

Damit sind hochmütiges Unbetroffensein wie Leichtgläubigkeit ebenso furchtbar gestraft wie nachhaltig verurteilt[46]. — Aber auch die Mitläufer und (damit ungewollten) Beförderer des Unheils werden noch in eine erzieherische Kur genommen. Was die Abseitsstehenden, sei es real oder symbolisch, mit dem Tode büßen müssen, bezahlen jene mit der Zerschlagung ihrer sämtlichen Illusionen. Die Front rückt näher, und was anfangs, durchs Fernglas betrachtet, wie Spiel und putziger Mummenschanz aussieht (s. 298), verkehrt sich rasch in blutigen Ernst (s. 410 ff.). Die Zahl der Toten, die der Moloch Krieg verschlingt, wird ständig größer, es trifft Bekannte und zuletzt Verwandte, d. h. die unmittelbar eigenen Reihen (s. 322/23; 330/31; 391). Vater Liebenaus Arbeitsgebiet verlagert sich, bis er (anstatt für Möbel) nur mehr zuständig ist für Barackenteile oder Sargbretter; es häufen sich die Anlässe zu seufzender Nachdenklichkeit (s. 378/79; 389/90). Und als eines Tages alles zusammenkommt, die Trauer um Harras, die Gewißheit der militärischen Katastrophe wie der Sinnlosigkeit jeden erbrachten Opfers, da schlägt dieser Augenblick hellsichtiger Ernüchterung um in den großen Katzenjammer, ein Aufbegehren, das dazu führt, daß Harrys Vater in einem Anfall von Verzweiflung den Jahrestag der Führergeburt (1944) zum Anlaß nimmt, die Hundehütte (s. 391/92), Zeichen bisherigen Wohlverhaltens wie Mahnmal seines (nunmehr) schlechten Gewissens, kurz und klein zu schlagen. — In dem Maße, in dem die militärische Niederlage sich abzeichnet, wird auch das Ausmaß nazistischen Terrors zunehmend deutlich: Stutthoff, über Jahre hinweg ein lediglich getuscheltes Reizwort des Schreckens (s. 324 ff.), steht als Synonym für jegliches Unrecht und alle entmenschte Grausamkeit des Regimes. Lange, zu lange, hat man nicht wahrhaben wollen, was sich dort und anderswo abspielte. Selbst als Jenny — ihrer Umwelt ansonsten selten etwas anmerkend — begriffen hat und nach der Deportation des Vaters demonstrativ und vor aller offiziellen Verlautbarung Schwarz zu tragen beginnt (s. 338), gibt

---

[45] Vgl. das Gedicht «Adebar» GG 77. Dagegen erscheint die Gestalt des weltvergessenen Oswald Brunies zu eindeutig positiv — ein inkorrumpierbarer Humanist — gesehen bei J. Reddick, a. a. O. S. 367.

[46] Ein Verfahren, das berechtigt erscheint lediglich unter der Voraussetzung, Innerlichkeit nicht primär (und ausschließlich) als Folge, sondern mindestens sosehr als Voraussetzung anzusehen repressiver Wirklichkeit; dies gegen Albrecht Goetze — Pression und Deformation. Zehn Thesen zum Roman «Hundejahre» von Günter Grass, Göppingen 1972 — und seinen Versuch der Umkehrung des Verhältnisses von Ursache und Folge, bei dem der Verf. eine Art ‹strukturell›-systemimmanenter Gewalt an den Anfang setzen möchte, auf die der einzelne mit psychischer Deformation und (politisch getarnten) kriminellen Gewaltakten antworte.

es noch immer Unbelehrbare, die meinen, von Aufsässigkeit und provozierend unerhörtem Betragen (s. 339) sprechen zu müssen. Tulla bleibt es vorbehalten, durch alle Rangiergeräusche hindurch (s. 369 ff.), über nächtlichen Fackelschein und penetranten Verwesungsgeruch hinweg (s. 361 ff.) das Grauenhafte beim Namen zu nennen; sie, die immer schon nach (Knochen-)Leim roch (s. 143), spricht das Wort vom ‹Knochenberg› aus, ist die einzige unter allen ‹Illuminierten›, die es überhaupt artikulieren kann. Seit jeher für klare Verhältnisse, kommt sie bei Kriegsende bezeichnenderweise als Schaffnerin einer Straßenbahn daher, das Eindeutige nun auch von Berufs wegen betonend, indem sie sich innerhalb genau markierter Fahrtrouten und so fest vorgezeichneter wie ausgefahrener Gleise bewegt (s. 396; 406; 413). — Es ist dies der Augenblick, in welchem selbst Harry sich innerlich von ihr zu lösen beginnt, wie man einen (früheren) Zeitpunkt ausmachen kann, von dem an er seine Abhängigkeit hassen lernt (s. 349). Bei Gelegenheit seiner Einberufung gilt es Abschied zu nehmen von der Schaffnerin Tulla, deren Aufmerksamkeit keiner der Mitfahrenden (!) — und davon gibt es wahrlich nicht wenige — entgeht, wie ihr die (alte) Leichtfüßigkeit (des Auf- und Abspringens) zustatten kommt (s. 393; 406), trotz drangvoller Enge jedermann zur Kasse zu bitten, allen, Harry eingeschlossen, den Preis für ihr (früheres) Verhalten abzufordern. Zwar erhält er einen leeren Fahrscheinblock geschenkt als Souvenir, aber als er gerade anfangen will, in der alten (kindischen) Weise damit zu spielen (s. 408/09), wird auch er daran erinnert, daß es keineswegs ein kostenloses Vergnügen war, ‹dabei› gewesen zu sein. So weicht die jahrelange Faszination zuletzt grauer, fahrtenbuchähnlicher Nüchternheit (s. 407), wird die Trennung von Tulla ein Abschied ohne Tränen[47].

Frondeure wie Sympathisanten, sie alle waren sich einig in puncto Leichtgläubigkeit. Diese Einmütigkeit im Übersehen zu geißeln, den Glauben an (jedes) Wunder Lügen zu strafen, hat der Dichter die einen zum Richtplatz geführt, die andern ihrer Ideale beraubt und die Beteiligten allesamt mit Schicksalen beladen, daß ihnen die (wunderseligen) Augen auf- und übergehen! Und er hat schließlich noch ein weiteres getan, diese Haltung ad absurdum zu führen, indem er die Summe aller Schrecknisse, KZ- und Kriegsgreuel, in das Gewand — eines Märchens kleidete, wobei die Dissonanz zwischen Es-war-einmal-Ton und grauenhafter Faktizität von der formalen Seite her dazu beitragen soll, ins Kraut geschossener Gutgläubigkeit (wie auch deren Folgen) auf satirischem Wege Herr zu werden. — In diesem Zusammenhang gilt es ein letztes zu beachten: Unangenehmes, sofern man es nur lange genug nicht wahrhaben will, erhält zwischenzeitlich Gelegenheit, sich auszuwachsen. Wenn es sich am Ende dennoch

---

[47] Den Beruf angehend, wird Harry künftig keinen Reim mehr suchen auf Tulla, wie (andererseits) die romantische Versuchung, verkörpert durch Jenny, ausgestanden ist. Als Schriftsteller ist Harry Liebenau nüchterner, ‹prosaischer› geworden, eine Wende (vom Lyriker zum Romancier), die wie manch anderer Zug an dieser Gestalt biographisch anmutet.

‹entbirgt›, dann in unrettbar böser Gestalt und zudem in riesenhaften Dimensionen; Begleiterscheinungen, aus denen leicht eine neue Gefahr erwachsen kann, die der Mystifizierung des Schreckens. Noch einmal droht die Anerkenntnis geschichtlicher Schuld und Teilhabe — menschlicher Imaginationskraft sind Grenzen gesetzt — zu scheitern und, wenn auch auf andere Weise als bei Brunies' Märchenseligkeit, ins Irrationale zu entwachsen. Grass selbst hat diese Gefahr früh erkannt und von Anfang an in seine Darstellung mit einbezogen, indem er Tulla — Tochter eines Leimgottes (s. 143) wie einer Ratte — gelegentlich mythologische Züge andichtet, wie einen Koschnäwer Wassergeist ‹bespricht› (s. 141) oder als Sagenfigur — Herzog Swantopolks Töchterlein (s. 67; 603) — auftreten läßt. Alle diese Sehweisen sind unzutreffend und im Grunde nur angeführt, um sogleich widerlegt zu werden. Dazu ist der Leser freilich aufgefordert, das Schlußmärchen mit dem Beginn der «Liebesbriefe» zusammenzuhalten, genauer gesagt, jenen Übergangspassagen (vom Ersten zum Zweiten Buch) zu vergleichen, in denen von Tullas Geburt die Rede ist in einer so peniblen Weise, daß ein Aktuarius vor Neid erblassen könnte: Eine Unzahl ebenso banal-alltäglicher wie historisch überprüfbarer Fakten ist zusammengetragen, als es gilt, den Beginn von Tullas Erdendasein zu vermelden (s. 133 ff.; 140 ff.)[48], was nichts anderes bezweckt, als unbezweifelbar zu machen, daß es sich bei dieser Figur um ein in aller Bösartigkeit dennoch sehr menschliches Wesen handelt. Zwar mag Geschichte in den Augen dieses Dichters chaotische Züge tragen, in allen Fehlhaltungen wie Fehlleistungen bleibt sie freilich Menschenwerk, was die Urheberschaft angeht, jeweils konkret benennbar als Voraussetzung dafür, daß sie analysierbar ist und (eventuell) zu korrigieren. Was im Mittelteil des Romans vorgeführt wird an exemplarischen Beispielen, ist das unpolitische Gebaren vieler, eine Haltung, die sich zuletzt zu einem Politikum auswächst, indem sie, im Einzelfall vielleicht unerheblich, in der Summe schließlich die Schrecken der Nazizeit ermöglicht. Das Anprangern aber der Weisen des Unpolitischen[49] und ihrer fatalen Auswirkungen ist der eine Teil des politischen Gehalts dieses Buches, die andere Hälfte die Bekehrung der Helden zur Welt wie die Korrektur ihres Verhältnisses untereinander.

---

[48] Vielfach arbeitet der Dichter so: Klein-Privates und Welthistorie vermengend, um zu zeigen, daß auch große, geschichtliche Ereignisse Menschenwerk, ja nicht selten Tat (oder Versäumnis) des sog. ‹kleinen› Mannes sind. Für «Die Blechtrommel» vgl. etwa B 21; 76; 334 ff.; 355 ff.; 364; 379; 461/62 u. a.

[49] Obwohl gerade ihnen weite Teile des Zweiten Buchs gewidmet sind, finden sie sich im Rahmen der Ausführungen von Gertrude Cepl-Kaufmann — Günter Grass. Eine Analyse des Gesamtwerkes unter dem Aspekt von Literatur und Politik, Kronberg 1975 — nur höchst unzureichend beschrieben (s. S. 95—101), vernachlässigt auf Grund axiomatischer Setzung unpolitischen Bewußtseins des Autors, der es an einer theoretischen Begründung des Faschismus ebenso fehlen lasse (s. S. 101), wie er einen Aufweis der sozioökonomischen Bedingungen des Seins und Bewußtseins seiner Akteure schuldig bleibe (s. S. 90).

3. ‹Nichts ist rein› — eine Abrechnung mit dem ‹Grundübel› Idealismus

Zwar ist es dem Bösen nicht gelungen, sich fortzuzeugen über das Kriegsende hinaus — Tullas Fehlgeburt im Schlußmärchen —, ansonsten aber scheint im (Rest-)Deutschland des Jahres 1945 so gut wie nichts intakt geblieben zu sein. So deprimierend eine derart ‹robinsonadische› Ausgangsposition auch sein mag, sie hatte doch auch ihr Gutes: Ein Schrecken, der ohne Ende schien, war über Nacht vorüber, und damit waren zwar keineswegs alle Probleme gelöst, im Gegenteil stand eine ungeheuer schwierige Zeit der Bewährung bevor, aber wenigstens war in vieler Hinsicht die Möglichkeit eröffnet, zu Neuansätzen zu gelangen. Es kam wesentlich darauf an, wer unter den ‹Hinterbliebenen› bereit und imstande war, sie zu nützen. Auf der Suche nach derart innovationsträchtigen Persönlichkeiten tritt eine Figur wieder stärker in den Vordergrund, die man in der ausklingenden Erzählphase zwar (zumeist) inmitten notorischer Systemverfechter hätte finden können, die aber seit den Vorfällen der Schnee-Episode über dem Verfolgen von Eddis und Jennys Spuren dem Leserbewußtsein ein wenig entrückt war: Wir meinen Walter Matern.

Zur Verteidigung der Heimat abkommandiert und dabei wiederholt an exponierter Stelle eingesetzt, war es ihm gelungen, sich von der Vogesenfront abzusetzen und im rechten Augenblick, Januar 1945, zu den Amerikanern überzulaufen (s. 433). So treffen wir ihn nach der Kapitulation als Kriegsgefangenen auf seiten der Gegner des Regimes. Seiner (gelegentlichen) oppositionellen Verlautbarungen wegen freigelassen, beschließt er, im Deutschland der Nachkriegszeit nach all denen zu fahnden, die ihm (und andern) in der Zeit währender Naziherrschaft Unrecht zugefügt haben. Matern bricht nach Köln auf, aber weniger der Seelenbeichte wegen, die es dort an geweihter Stätte abzuleisten gälte, als, so scheint es, sein Wasser abzuschlagen. So sucht er nicht den Dom auf, wohl aber dessen weltliche Entsprechung, den Hauptbahnhof, genauer gesagt, das Bahnhofs-Pissoir[50], wo man, den « ‹Doppelzinken, des Teufels gotische Hörner› » (445) vis-à-vis, die Hosen aufknöpft, sich in wortwörtlichem Sinne zu entleeren; ein zwar unheiliges, aber dennoch numinos-schriftzugverdeutlichendes Geschäft, bei dem offenbar wird, was manchem Zeitgenossen an die Nieren ging, Herz, Milz und Leber drückt. Erinnerung wird wach an schicksalhafte Begegnungen, Namen tauchen auf oberhalb gekachelter Buhnen, deren Träger Matern nun systematisch heimzusuchen beginnt: Jochen Sawatzki etwa (s. 447) in Fliesteden (Fluchtstätte?), der einst den SA-Sturm vierundachtzig geführt und in dieser Position für Materns Ausschluß gesorgt hatte, als jener, sein Bedürfnis

---

[50] Die Toilette als der «warme katholische Ort . . .» (461), der strenge Urindunst anstelle weihrauchgeschwängerter Atmosphäre, das ist die aufs lediglich Physiologische reduzierte Persiflage des Beichthergangs ebenso wie der Versuch, im Abheben von Materns hartnäckigem Detektivismus die Nachsicht der Kirche als (unerlaubte) Vergeßlichkeit anzuprangern.

nach Alkoholisierung befriedigen zu können, einen Griff in die Parteikasse tat (s. 283/84). In der Folge durchzieht Matern alle (drei) Besatzungszonen einschließlich (West-)Berlins (s. 468), lernt er insbesondere das Weserbergland kennen, wo die Dulleck-Brüder sich verkrochen haben, taucht in Saarbrücken auf, wo Willy Eggers lebt, bereist er die Städte Bückeburg und Celle, den «einsamen Hunsrück, die liebliche Bergstraße, Oberfranken nebst Fichtelgebirge, sogar Weimar in sowjetisch besetzter Zone ... und den Bayrischen Wald, eine unterentwickelte Gegend» (468). Einmal die Runde gemacht durch Deutschlands Gaue und wieder in die Nähe seines Ausgangspunktes — Munsterlager — zurückgekehrt, ist es ihm gelungen, von Sawatzki bis Göpfert circa achtzig Eintragungen «ehemaliger Parteimittelgrößen» (469) abzuzinken.

Dabei ist sein Tun (zumindest der Theorie nach) mehr als nur private Abrechnung, vielmehr als Gedächtnisauffrischung gedacht zu kathartischem Effekt. — Bezeichnend freilich die Art seines Vorgehens: Kaum jemals geht er die einstigen Handlanger des Faschismus direkt an, vielmehr trifft er sie statt dessen stellvertretend in ihren Frauen. Gleich die (Anfangs-)Begegnung mit den Sawatzkis läßt dieses Grundmodell seines Verhaltens erkennen: Matern, der ungebetene Gast, platzt in eine Ehe hinein, doch anstatt den Gatten zur Rede zu stellen, betrinkt, beschläft und verträgt man sich ungeachtet alles Vorgefallenen im Handumdrehen. Allenfalls erwächst aus diesem ‹Gericht› ein Dreiecksverhältnis, aber wenn dies auch eine der spannungsreichsten zwischenmenschlichen Konstellationen bedeutet, die sich denken läßt, so fällt für den Rächer Matern im Umgang mit ‹Ingemaus› doch zuviel Vergnügen ab, als daß man von Strafvollzug und Sühneleistung sprechen könnte. Und nicht anders steht es um die Mehrzahl der späteren ‹Heimsuchungen›, ob es sich nun um die Defloration der wohlgelungenen Elketochter Hauptmann Hufnagels handelt (s. 461) oder die Liaison mit Fräulein Oelling (s. 466/67), jener Dame, die er in Aachen wochenlang mit Beschlag belegt, so dem einstigen Sonderrichter Lüxenich dessen Prozeßführung heimzahlend, indem er ihn der Partnerin seiner musikalischen Soireen beraubt und nötigt, Duette einzustudieren, anstatt sich an den gewohnten Trios zu delektieren. Diese Art versetzter Rache macht selbst vor den niedrigsten Chargen nicht halt, betrifft noch die Sekretärin des Kreisleiters Sellke oder die Putzfrau Otto Warnkes, ehe Matern sich schließlich, bei den Dullecks von lauter Männern umgeben, von einer gänzlich unbeteiligten Gerda den Tripper holt (s. 468). — Spätestens hier ist die Haltung des Autors diesem Treiben gegenüber unbezweifelbar. Noch einmal wird ein pervertierter Eros beweiskräftig hinsichtlich der Irrelevanz tradierter Wertvorstellungen: Zum bloßen Sexus depraviert, bleibt von der zartesten Beziehung, deren zwei Menschen fähig sind, nichts als der schmutzig obszöne Aspekt, am deutlichsten da, wo Matern die (bis dato) frustrierte Cellistin auf der Mülltonne bespringt (s. 466). In solchen Szenen decouvriert sich seine (angemaßte) politische Haltung als aus trüben Quellen stammend, und wenn Matern, in der Stille der Lüneburger

Heide seine Lustseuche kurierend, von einem «antifaschistischen» Tripper spricht (469), ist dieser Art ‹Entnazifizierung› über den Genitalbereich das Urteil gesprochen. «Materniaden», d. h. Raub- und Rachezüge im Sinne seiner aufsässig-revolutionären Vorfahren sind Materns Reisen nur noch ironischerweise. — Ein nochmaliger Blick auf die Galerie der ‹Opfer› bestätigt nicht nur die unrein-egoistischen Antriebe seiner Aktionen — legt er sich doch nur zu solchen Töchtern oder Gattinnen ins Bett, bei denen die Rache Lustgewinn verspricht, während er diejenigen seiner Feinde, die von unansehnlichen Lebensgefährtinnen begleitet sind, mit seinem ehebrecherischen Treiben verschont (s. 462) —, er belegt mehr noch das (unangemessen) Gewaltsame dieser Auftritte: So erweist der einstige Unteroffizier (und ‹Schleifer›) Leblich sich nicht bloß als unbeweibt; durch einen unverschuldeten Arbeitsunfall überdies ans Bett gefesselt, hilflos dem Gips ausgeliefert, läßt Matern seine Rachegelüste an wehrlosem Kanarienvogel aus (s. 461/62), wie er sich im Falle des Gerichtsassessors Dimke — Beisitzer ohne Erinnerungsvermögen beim Sondergericht Danzig — über dessen Briefmarkensammlung hermacht, mit unschuldigen Alben[51] den Kanonenofen fütternd, so daß der alte, taube Vater des Geschädigten nicht zu Unrecht von Vandalismus spricht (s. 463). — Derart wahllos herausgegriffenen Objekten gegenüber zeigt sich, daß nicht nur die Adressaten falsch gewählt sind, sondern auch die Mittel unverhältnismäßig, so daß denn ein solcher Antifaschismus selbst bei überzeugenderer Motivation von der Durchführung her, sich (darin) letztlich faschistischer Mittel bedienend, abzulehnen wäre. Symbolisch für die Identität der einst und jetzt praktizierten Methoden steht Materns Begleiter auf diesen Streifzügen, den wir bislang verschwiegen haben: Es ist der Führerhund Prinz (s. 442 ff.), von seinem neuen Besitzer seit Durchquerung des Ruhrgebiets und bei Gelegenheit des Anblicks einer auf den gleichen Namen lautenden Zeche ‹Pluto› gerufen (s. 441). Aus dem Führerbunker ausgebrochen und von seinem ursprünglichen Herrn in einer gespenstisch-grotesken Jagd hartnäckig verfolgt (s. 423 ff.), war er den Kämpfen um Berlin dennoch entkommen, hatte er sich vor Materns Lager eingestellt (s. 431), weder durch Beschimpfungen noch durch Steinwürfe zu vertreiben, ehe nicht jener, wenn auch widerwillig, sich schließlich bereitfand, das ‹Vermächtnis› des Führers an das deutsche Volk zu übernehmen (s. 423). Damit ist zwar Tullas Bankert tot, die (emotionale) Quintessenz des Faschismus aber, der hündische Haß, lebt weiter, in der (neueingegangenen) Bindung zwischen Herrn und Hund die gemeinsame Wurzel von Rache und

---

[51] Freilich doch auch Zeichen der Wirklichkeitsfremdheit eines Philatelisten, der sich um Zahnung und Wasserzeichen mehr als um die inhaltliche Seite, d. h. hier um Aufdruck und Motive seiner Objekte kümmert (s. dazu «Die Ballerina», a. a. O. S. 532). — Später will Matern noch einmal, wie einst den Hund Harras, so nun die Bäume des Zanderschen Parks ersatzweise vergiften (s. 559) und damit einen Besitzer treffen, dessen (weltfern-unpolitische) Sammlerleidenschaft sich bezeichnenderweise auf «balinesische Tanzmasken, chinesisch-dämonische Marionetten, kolorierte Moriskentänzer . . .» erstreckt (563).

einstigem Terror bloßlegend. — Materns antifaschistische Einstellung ist demnach nicht zweifelsfrei[52], weder was die Motive, noch die Wahl der Opfer oder die Anwendung der Mittel anlangt. In Zukunft aber wird die Antwort auf die Kardinalfrage nach der Lauterkeit einer jeden Gesinnung davon abhängen, wie weit sie frei ist von derart knirschenden Rigorismen. Das elegische Lamento des Schlußmärchens, nichts sei rein (s. 357), gilt zumindest für weite Teile des Dritten Buches: Immer noch sind Friedensjahre Hunde-Jahre, ist die Haltung des Hasses vorherrschend. Und so mag es Matern zwar gelingen, manche offenen Rechnungen zu begleichen, doch verwandeln sich die meisten seiner politischen Siege, achtet man darauf, wie sie errungen sind, in menschliche Niederlagen.

Über solche privaten Ab- und Aufrechnungen hinaus ergibt sich aus Materns Fahrten ein Bild der Situation wie des Verhaltens der Menschen unmittelbar nach Kriegsende. Und da zeigt sich, daß es zwar genügend kleinere und mittlere Parteischranzen gibt in den Westzonen, Restdeutschland durchsetzt ist von ehemaligen Nazigrößen — insofern ist Materns Rachezug so bezeichnend wie berechtigt —, daß also viele Anlaß hätten, mit sich und ihrer Vergangenheit ins Reine zu kommen, daß aber diese notwendige Rückbesinnung durchweg ausbleibt, und dies nicht nur aus einer Reserve derer heraus, die es angeht, sondern ebensosehr bedingt durch die äußeren Umstände. Zunächst einmal stehen vitale Interessen im Vordergrund, geht es ums nackte Überleben, und so ist Matern auf seinen frühen Reisen — bei denen er selbst ja Hühner versetzt (!) — umgeben von Leuten, die dabei sind, ihre letzte Habe zu bergen oder einzutauschen gegen Eßbares. Es ist die Zeit der überfüllten Züge und Hamsterfahrten. Als Matern bei den Sawatzkis auftaucht, wird in deren Waschküche nicht etwa gesäubert, vielmehr ist man dabei, (gestohlene) Zuckerrüben zu Sirup[53] zu verarbeiten (s. 444; 448 ff.) und diesen gegen anderes dringend Benötigte einzutauschen. Erst kommt das Fressen, dann — vielleicht — die Moral, sprich Vergangenheitsbewältigung, eine Reihenfolge, gegen die nicht einmal viel einzuwenden wäre, ginge nicht der größte Teil menschlicher Aktivität in der Nahrungsbeschaffung auf. Zur ausschließlichen Beschäftigung erhoben, droht dieser an sich gesunde Instinkt (der Selbsterhaltung), jede moralische Regung paralysierend, zuletzt zu verhunzen. Zwar ist es nötig, Kartoffeln zu hamstern (s. 444), aber

---

[52] Grass selbst spricht in diesem Zusammenhang wegwerfend-abfällig von «nachgeliefertem Antifaschismus» (Bürger 136).

[53] Maria Truczinski aus der ‹Blechtrommel› beginnt ihren Schwarzhandel mit Kunsthonig (s. B 519 ff.). Beide Produkte (wie ihre Begehrtheit) stehen als Zeichen dafür, wiewenig das Leben, ungeachtet aller äußeren Katastrophen, von seiner Faszination eingebüßt hat. Dies zu verdeutlichen dient der Heerzug der Ameisen durch Matzeraths Vorratskeller, jener Tiere, die, unbekümmert um Kapitulation und nachrückende Besatzung, nichts als «Kartoffeln und Zucker im Sinn» haben (B 471) und auch um den erschossenen Kolonialwarenhändler herum den geplatzten Sack voll rieselnden Zuckers ansteuern (s. B 474).

auch die sind nicht rein, haben, selbst wenn man sie schält[54], Augen, die gestochen werden müssen (s. 357). — Nächst der Sorge um ‹Fressalien› ist die Frage des Wiederaufbaus wichtig inmitten zerbombter Städte, von Trümmern bestimmter ‹Landschaft›. Aber auch hier artet sinnvolles Tun rasch in eine krabbelige Emsigkeit aus[55], die zu viele Energien aufzehrt und zudem in die falsche Richtung führt, indem sie — milieuversessen[56] — lediglich die Wiederherstellung verlorengegangener Gemütlichkeit anstrebt. Derart die Erfahrungen der jüngsten Vergangenheit überspringen zu wollen, dazu gehört nun eine gehörige Portion Dickfälligkeit ebenso wie ein vorwiegend nostalgisch orientiertes, mimetisches Naturell. Für beides steht Inge Sawatzki ‹zentral›: Mit ihrer Art, große Kulleraugen zu machen und keinen Pieps zu sagen, ist sie die profanierte Nachfolgerin der Puppe Jenny[57], darüber hinaus — und anders als jene — bis zur Selbstverleugnung anpassungsfähig. Anfangs Matern jeden Wunsch von den Augen ablesend, beginnt sie ihn mit ihrer grenzenlosen Hingabebereitschaft nachgerade zu verfolgen, und wenn es ihm beim erstenmal noch gelingt, ihr zu entkommen, heftet sie sich späterhin — unbekümmert um die Familie — an seine Fersen und ist abzuschütteln nur, indem er sie in buchstäblichem Sinne verstößt (s. 486/87) ! — Derartige Haltung puppiger Unbekümmertheit wie des leichtlebigen Vergessens ist nun über den Einzelfall hinaus ein landsmannschaftliches Phänomen: Ingemaus ist Rheinländerin, zuletzt (statt im Kölner Raum) in Düsseldorf ansässig, d. h. in jener Stadt, die, auf Grund ungehemmten Kapitalzustroms am ehesten aus den Ruinen des Bombenhagels erstanden, für den Autor die Inkarnation fehlgeleiteten Wiederaufbaus darstellt. Von Matern bis zuletzt gemieden, wird dieser Ort bereist schließlich nur, um als «Beleidigung eines nicht vorhandenen Gottes», als «Mostrichklacks, . . . Abortus . . . und Grabmal des Hoppeditz» verlästert zu werden (515) seiner glänzenden, geleckten Prachtfassaden wegen, an denen man, wie Matern dies bei Mattner versucht (s. 527), nicht kratzen darf, weil nichts oder zumindest nichts Neues dahintersteckt. ‹Biedermeierliches Sündenbabel›, das meint Restauration statt Renovatio,

---

[54] Die Kartoffel als eines der Grundnahrungsmittel in Notzeiten, von daher wird die Bedeutung des ursprünglich geplanten Titels ‹Kartoffelschalen› — statt von Hundezeit ist gelegentlich von 29 Kartoffeljahren die Rede (s. 431) — ersichtlich, wobei dem Vorgang des Schälens dieser Frucht eine ähnliche Bedeutung zugekommen wäre wie dem Zwiebel(ent-)Häuten in der ‹Blechtrommel›.

[55] Ein Motiv, das sich im Zusammenhang mit der Betriebsamkeit der Sawatzkis — Inge, Matern im Traum als ‹ameisentolle Sirupfigur› erscheinend (s. 454) — einstellt, aber sowohl früher als auch deutlicher in dem Kapitel «Die Ameisenstraße» des Erstlingsromans entfaltet wird.

[56] Immer wieder stößt Matern bei seinen Rachezügen darauf, wirkt er milieusprengend angesichts von Leuten, die bereits wieder eingerichtet sind, einen «original Teppich unter den Füßen» haben (451) oder gar über ein Eigenheim verfügen und dann, wie Hauptmann Hufnagel, dem Einlaß Fordernden in Hausschuhen der Bequemlichkeit öffnen (s. 457 ff.).

[57] Sogar das Motiv tanzenden In-sich-Kreisens — Inges orientalisches (Bauchtänzer-)Solo — kehrt wieder (s. 451/52).

vordergründige Auferstehung und Imitation eines einstmals vielleicht legitimen Bedürfnisses nach Behaglichkeit. Sawatzkis, die inzwischen Goldmäulchens Tip aufgegriffen haben und in die Konfektionsbranche eingestiegen sind (s. 485), laden Matern eines Tages ein zu einem Bummel durch die Altstadt, und wenn man dabei ausgerechnet ein als ‹Leichenhalle› ausstaffiertes Lokal aufsucht, bestätigt sich, wie sehr die Gesinnungen unter modisch gewandelten Textilien die alten geblieben sind. Nichts wirklich Erneuertes gibt es hier, und also auch keine Reinheit, sondern allenfalls, vom Besteck bis hin zu den Gummihandschuhen der Kellner, Antiseptisches, Sterilität (s. 522)! Inmitten dieses rheinischen Spätstils der Einrichtung wie (Lebens-)Einstellung muß Materns Rache notwendig fehlschlagen. Statt Widerstand zu finden, beißt er in Watte[58], die sich als Pudding tarnt (s. 524), angesichts soviel ‹toten› Lebens überkommt ihn zuletzt ein magenumkehrendes Gefühl des Ekels (s. 525).

Diese rheinische (Ab-)Art geschäftig-geschäftlichen Aufschwungs steht nun repräsentativ für die Situation in Westdeutschland, die Jahre zwischen 1949 und 1953, d. h. die Frühzeit des sog. Wirtschaftswunders überhaupt (s. 510). Und wie derart konjunkturelles Ankurbeln satirisch beleuchtet wurde als künstliche Belebung morbider Verhältnisse — ein Amüsierbetrieb, als ‹Leichenhalle› aufgezogen —, so wird nun Wirtschaftswachstum und Prosperität in Zusammenhang gebracht — mit dem Müller Matern! Auch ihm war es — gleich dem Sohne — gelungen, sich dem Zugriff des Krieges (nach Westen) zu entziehen (s. 491). Bei Gelegenheit einer Razzia in Hannover aufgegriffen und seines Mehlsacks wegen des Schwarzhandels verdächtigt, hatte sich die Bekanntschaft mit Amsel erneuert, Goldmäulchens Wort ihm zu Freiheit und neuem Wohnsitz — einer stillgelegten Mühle zwischen Krefeld und Düren (s. 492) — verholfen, wo er nicht etwa Mehl bereiten, sondern von seiner Fähigkeit, die Konturen zukünftiger Entwicklung zu erahnen, Gebrauch machen soll (s. 493 ff.). Folgsam hilft er erst den kleinen Unternehmern der näheren Umgebung, dann aber, kaum daß die Presse ihn entdeckt hat, steht er westdeutschem Großkapital beratend zur Seite. Und damit ist für Grass nicht nur das Wunder plausibel gemacht des raschen Wiederaufbaus, eine Erklärung, aus der sich ergibt, daß es weniger das Werk war deutscher Tüchtigkeit als spürnäsiger Prophetie — «Neu-Nickelswalde heißt die Keimzelle dieser Epoche» (510)[59] —, vielmehr stellt diese Entzauberung zugleich (und vor aller ‹Wurmisierung›) ein weiteres Stück satirischer Verketzerung dar, war doch der schiefe Müller die einzige Figur seiner (heimat-

[58] In der ‹Blechtrommel› nimmt der (noch anonyme) ‹Knirscher› einen Büstenhalter — Vorwegnahme der Pervertierung des Rachegedankens — zwischen die Zähne (s. B 643).

[59] Wenn Materns Vater später, angeblich von Kommunisten entführt (s. 511), spurlos verschwindet, dann vor allem, um den ‹Hinterbliebenen› Gelegenheit zu verschaffen, das (materiell) Erreichte als ihre eigne Leistung auszugeben, selbstherrlich von «Deutscher Tüchtigkeit. Vom Fleiß des deutschen Volkes... Von: Deutschlands wunderbarer Wiedergeburt» (513) tönen zu können.

lichen) Umgebung, die der junge Scheuchenbauer Amsel direkt (und ohne weitere Verunglimpfung) abbilden konnte (s. 61). Und wenn hier auf dessen Fähigkeit, die Zukunft zu deuten, zurückgegriffen wird, dann ist daran zu erinnern, daß diese Gabe schon einmal im Mittelpunkt — der 17. von 33 Frühschichten — stand und es wie damals so in der (Erzähl-)Gegenwart um — Unheilsprophetien geht! Auch jetzt ist, was nach außen hin als Fortschritt erscheint, in Wahrheit Stillstand — das Symbol der außer Betrieb gesetzten Mühle (s. 492/93; 508; 513 u. a.) — oder doch wurmstichige Scheinblüte. — Welcher Art die Vorbehalte sind, derart satirisches Einschwärzen einer weithin anerkannten Leistung zu rechtfertigen? Man entsinnt sich des Müllers Matern als einer ‹Wetterfahne› und erhält Gelegenheit zu registrieren, wie der einstige Deutschnationale dabei ist, in neuer Umgebung seinen Hindenburg auf- und umzuhängen (s. 497; 499). Und bald schon erscheinen Klienten, ‹Stahlhelm›-Veteranen, denen dieser Anblick lieb und vertraut ist (s. 500), wie aus nächtlichen Gesprächen an der Bar hervorgeht, daß jeder der Anwesenden seine (politische) Leiche in heimischem Keller liegen hat, die Mehrzahl der Wirtschaftspotenzen auf eine belastend-nationalsozialistische Vergangenheit zurückblickt (s. 508/09) und — (zunehmend) stolz darauf ist! Das Durchscheinenlassen derart dubioser Gesinnungen von seiten des Erzählers gipfelt in der Behauptung, nicht Adenauer habe erster Kanzler werden sollen, sondern dessen Intimus Globke, der dann als Staatssekretär und graue Eminenz Gelegenheit nahm, dem politischen Klima der jungen Republik (s)einen unverwechselbar (neo-)nazistischen Touch beizugeben (s. 504).

Damit sind wir beim politischen Aspekt der Nachkriegsentwicklung angelangt. Westdeutschland gilt zwar um die Mitte der 50er Jahre als ein demokratisches Staatswesen, aber weder ist es, laut Grass, im wirtschaftlichen Bereich zu wirklicher Delegierung von Macht gekommen — statt echter Kompetenzverteilung macht sich im Gegenteil ein zunehmender Hang zu Monopol- (s. 497/98; 507) und Kartellbildung (s. 673) bemerkbar —, noch hält der zweite Eckpfeiler und Aktivposten demokratischer Legitimation (s. Bürger 180), die Pressefreiheit, kritischer Observation stand: Schon wenn die späteren Pressezaren beim Müller Matern erscheinen (s. 495 ff.), sich Rat zu holen, geht es weniger um Wahrheit als um Profit und Meinungsmache. Die eigentliche Attacke aber auf den Mißbrauch des Grundrechts der freien Meinungsäußerung erfolgt in jener Radio-Diskussion, die von Harry Liebenau, inzwischen beim Medium Hörfunk gelandet, inszeniert wird und im wesentlichen die Ausspähung des Privatlebens Walter Materns zum Gegenstand hat. Wenn bei dieser Veranstaltung etwas Neues abfällt, dann die (szenische) Form[60], ansonsten aber ergibt die Behandlung des Delinquenten, daß hier wohl etwas in Bewegung gerät — Vergangenheit —, Wahrheitsfindung aber bis zur (unfreiwilligen) Selbstentblößung, ja letztlich um

---

[60] Gelegenheit, sich (per Schein-Dynamik der Großen Diskussion) über die subventionierte Stagnation des deutschen Nachkriegstheaters zu mokieren (s. 570).

den Preis der Indoktrination betrieben wird. Weder geht es um Erkenntnis
– diese Art der Diskussion ist vielmehr Selbstzweck (s. 595) –, noch läßt sich,
stellt man den Zwangscharakter der Debatte in Rechnung, eine (eindeutige)
Abgrenzung ausmachen zu den Verhören und psychischen Foltermethoden
kommunistisch gelenkter Staaten. Was bleibt, ist der Öffentlichkeitscharakter
des in Szene Gesetzten verbunden mit einem Freiheitsbegriff, der alle Rücksichten und Tabus verleugnet und den Ausgefragten in einem derangierten Zustand
hinterläßt, in welchem ihm, kompromittiert wie er ist, nichts bleibt als die
Wahl, sich zu erhängen oder im Suff zu betäuben. Am deutlichsten zeigt sich die
scheindemokratische Gesinnung dieser jugendlichen Inquisitoren den Juden
gegenüber, denen sie zwar (zum beiderseitigen Besten) nie leibhaftig begegnet
sind, die sie auch durchaus nicht umgebracht, aber – dies der einzige Unterschied
zum Verhalten der Väter – durch (rabiate) Diskussion zu freiwilliger Ausbür-
gerung ‹beredet› hätten (s. 494)! – Getragen von derartiger Mentalität erweist
die Handhabe demokratischer Spielregeln sich (am Beispiel von Wirtschaftspoli-
tik und journalistischem Gebaren) als reiner Formalismus. Zwar ist das Staatsgebilde ‹Bundesrepublik› materiell saniert, verfassungsrechtlich auf den neuesten
Stand gebracht, aber regiert von einer wundergläubigen CDU, durchsuppt von
ehemaligen Nazis und versehen mit dem Segen einer Kirche, die, anstatt die
Probleme von heute anzupacken, die Wiederherstellung des Reichs Karls des
Großen betreibt (s. 503), lädt den Reisenden (Matern wie Grass) wenig ein, sich
diesem ‹Gemeinwesen› zu integrieren.

Rückblickend ist damit 1945 die Chance vertan worden, politisch zu neuen
Ufern zu gelangen. Wenn schon im Westen nichts Neues, so gab es doch immerhin noch das andere Deutschland, und dorthin[61] nun wendet sich der von der
Zwangsdiskussion Gebeutelte. Voll guten Willens und behaftet mit mancherlei
Illusionen, bricht Matern auf nach Ostberlin. Freilich ist, was sich unterwegs
begibt, wenig geeignet, in den Vertretern des Sozialismus, die bei währender
(satirischer) Schelte der BRD manch schadenfroher Anwandlung erlegen sein
mochten, Überlegenheitsgefühle aufkommen zu lassen. Zwar schimpft im Inter-
zonenzug jedermann über den westdeutschen Konsumterror (s. 615), aber als
Matern anhebt, das Hohelied der DDR zu singen, gibt es eine Abstimmung mit
den Füßen, nach der er sich unversehens allein im Abteil wiederfindet. Und im
Blick aus dem Fenster bemerkt er mitlaufende Scheuchen, Amsel-Produkte begleiten den ‹Republiksüchtigen› (s. 616 ff.)! Was da auf östlichem Elbufer ver-
hunzt wird? Ein Kommunismus Ulbrichtscher Prägung, der der Unterstützung

---

[61] Es ist dies nur die logische Folge früherer Anti-Haltungen und ansatzweise schon in ihnen
enthalten: So war Matern vor seinem Eintritt in die SA eingeschriebenes KP-Mitglied (s. 211;
432), läßt er später, zur Zeit seines Hausmeisterdaseins, in rheinischer Mühle (s. 508 ff.) auf-
sässig-linke Parolen verlauten, die dann in der Konsequenz zur (Beinah-)Übersiedlung in die
DDR führen.

russischer Panzer (s. 513)[62] wie stalinistischer Methoden bedarf, um überzeugend zu wirken. Noch einmal wird mit Hilfe des Hundes verdeutlicht, was es mit der Staatsform im östlichen Teil Deutschlands[63] auf sich hat. Matern, der Pluto bei seinem Aufbruch ins Friedenslager sinnigerweise der Kölner Bahnhofsmission überlassen hatte (s. 614), muß entsetzt feststellen, daß sein Gefährte aus vielen Hunde-Jahren sich dem ihm zugedachten Domizil offensichtlich zu entziehen gewußt hat und dabei ist, ihn erneut und weiterhin über ostzonales Territorium hinweg zu begleiten. In Berlin angekommen und damit beschäftigt, sich vor Betreten des Ostsektors noch mit dem Nötigsten zu ‹bekaufen› — schon die Notwendigkeit dieses Vorhabens stellt einen Hieb dar gegen die materiellen Segnungen seiner künftigen Heimat —, wird er am Bahnhof Zoo von Eddi Amsel und einem freudig blaffenden Hund in Empfang genommen, der unterwegs, im Magdeburgischen wie in der Mittelmark, offensichtlich hinreichend Gelegenheit hatte, die Last seiner Jahre abzuwerfen, um ihm nun in verjüngter Gestalt entgegenzutreten (s. 623), Zeichen dafür, daß Haß und Gewalt auch (und zumindest in gleichem Maße) in kommunistisch regierten Regionen Deutschlands zu Hause sind.

Nun ist der Aufbruch ins kommunistische Lager zwar Materns letzter Versuch, eine geistige Heimstatt zu finden, aber keineswegs die einzige Alternative zu seinen antifaschistischen Umtrieben in Westdeutschland. Vielmehr besinnt er sich aus Anlaß des Gewaltaktes gegen Eddi seiner religiösen Herkunft, nähert er sich erneut der katholischen Kirche an, anstatt — was nahegelegen hätte — der SS beizutreten (s. 284). Aber auch dort findet der Ruhelose keine endgültige Bleibe, fühlt sich vielmehr durch den Umstand verprellt, daß man seine seelische Not politisch mißbrauchen will, ihm zuredet, «doch ja wieder in einen ordentlichen SA-Sturm einzutreten und mit Hilfe der heiligen Jungfrau den katholischen Flügel der an sich gottlosen SA [unterwandernd] zu stärken» (488). Was ihn an diesem Ansinnen stört, ist über das Ausnutzen seiner privaten Bedrängnis hinaus das Paktieren der Kirche mit den braunen Machthabern, angeblich, um Schlimmeres zu verhüten, während Matern sich nicht sicher ist, ob man über

---

[62] Bei Gelegenheit des Arbeiteraufstands vom 17. Juni 1953 die Mühle abbrennen zu lassen (s. 511), ist (von seiten des Autors) als Hinweis gedacht, daß auch die BRD einen freiheitlichen Anstoß nötig gehabt hätte.

[63] Daß der von dort aus inszenierte Anschlag erst nach mehrfachen Versuchen gelingt, liegt in jenem «Sperrgürtel... [begründet], den ein General mit seinen Leuten gelegt hatte...» (504), ist das ‹Verdienst› des Geheimdienstchefs Gehlen, für den Dichter Gelegenheit, nicht nur die grassierende Kommunistenfurcht jener Jahre zu verspotten, sondern mehr noch die Tatsache anzuprangern, daß sich ein Großteil der politischen Energien statt im Ausbau demokratischer Einrichtungen in Abgrenzungsbemühungen erschöpfte (s. Bürger 138/39). — Umgekehrt ist des Müllers Entführung gen Osten — von seiner privaten Habe fehlt nur das Hindenburg-Bild (s. 512) — Hinweis darauf, daß auch dort alte Nazis leben, ja man wird in diesem Fingerzeig, neben der Zerstörung der Legende vom Wiederaufbau als Eigenleistung, den eigentlichen Grund der Entführung sehen dürfen.

taktische Erwägungen hinaus nicht von insgeheimer Kumpanei mit dem Bösen sprechen muß. Zumindest wird mit derartigen Machenschaften, den Effekt an-gehend, der Verbreitung des Hasses Vorschub geleistet, und so beschimpft der heimgekehrt-verlorene Sohn den Rüden Harras in seiner Enttäuschung als katholisches Nazischwein (s. 293), schreibt er von Düsseldorf aus an Jenny die ketzerischen Worte, der Katholizismus sei «ganz große Scheiße . . .» (292), wobei das Abgleiten in die Fäkalsprache nur der Ansicht Rechnung trägt, wie wenig selbst die Institution Kirche Anspruch auf Reinheit erheben dürfe. Später will er sich in der Person Knopfens für diese Komplicenschaft rächen (s. 487 ff.). Doch bevor er die Erfahrung macht, dabei auf hoffnungslos taube Ohren zu stoßen, reitet er die wohl blasphemischste Attacke gegen den Katholizismus überhaupt, indem er die notorisch angepaßte Frohnatur Inge Sawatzki im Beichtstuhl ver-gewaltigt, ihr «vervögeltes Puppengesicht» (486) dabei auf schmerzhafte Weise gegen das Holzgitter «rheinische[r] Holzschnitzerkunst» (487) pressend, indes er Pluto, den Höllenhund (und -haß), hinterm Gitterchen den Beichtvater mimen läßt!

Nun könnte man meinen, hier würden wieder einmal Institution und Glau-bensinhalte miteinander verwechselt, müsse die Lehre das entgelten, was ihre Vertreter in menschlicher Unzulänglichkeit sich hätten zuschulden kommen lassen; aber wenn selbst Maria, die Gottesmutter, ihrem Schutzbefohlenen Matern zumutet, als Vorleistung für die Preisgabe von Amsels Aufenthalt den Hund (Harras) zu vergiften (s. 288), d. h. Teufel durch Beelzebub auszutreiben, dann ist es schlecht bestellt (auch) um die dahinterstehende Idee, wird die Utopie christlicher Nächstenliebe als im Kern für nicht rein erachtet! So erscheint es nur folgerichtig, wenn die Despektierlichkeiten und Sexualisierungstendenzen wie vor ‹englischem› Personal so vor der Himmelskönigin nicht haltmachen, Matern auf die Frage, mit welchen berühmten Persönlichkeiten der Geschichte er gerne ein Schäferstündchen gehabt hätte, zu Protokoll gibt, außer mit der Königin Luise sowie Eva Braun wiederholt mit der Jungfrau Maria geschlafen zu haben (s. 591/92)! — Daß auch die andere große (innerweltliche) Konzeption eines (am Ende) befriedeten Daseins, basierend auf den Gedanken eines Karl Marx, nicht frei ist von eintrübendem Haß, zeigen die Verweise auf Ulbricht, Stalin und insbesondere Lenin (s. 507/08), wobei der Vorbehalt des Unvollkommenen über die politisch-ideologische Realisation hinaus erneut dem Denkmodell ‹Mar-xismus› und seinen zentralen Axiomen gilt.

Weder die politischen Systeme, gleich welcher Provenienz, noch die von ihnen verfochtenen Ideologien oder gar die staatstragenden Ideen als deren Urbilder, nichts ist rein, dies resignativ-elegische Fazit des Schlußmärchens basiert für Grass namentlich auf dem allem idealistischen Denken inhärenten Absolutheits-anspruch. Derartiger Ausschließlichkeitscharakter muß Proselytenmacher her-vorbringen wie Gegner schaffen und somit fortwährend Haß gebären. Damit aber wird der Idealismus als letztgültige Instanz und verbreitet allgemeinster

Handlungsantrieb zum ‹Grundübel›[64] zumal in einem Lande, das wie Deutschland voll ist der «absoluten Forderungen» und «weltumfassenden Projekte ...» (Bürger 63). Es ist diese Auffassung vom Idealismus als einem der mächtigsten (und zugleich unheilvollsten) Traditionsströme, die Eingang gefunden hat in ein frühes Bild des Romans, jene Szene, in der Flußaale im Morgennebel zu den friedlich äsenden Kühen unterwegs sind, sich an deren Eutern fest- und vollzusaugen (s. 53/54). Allgemein gesprochen, bedeutet diese Phantasmagorie Reinheitsschändung — das Weiß der Milch bedroht von den dunkel-nächtigen Schatten jener Tiere, die nicht nur bei diesem Dichter als Sexualsymbole fungieren —, ins Politische übersetzt stellen pazifistische Kühe (s. dazu T 15) die «milchreiche Nährmutter», seien es östlicher seien es westlicher Ideologien, «links- wie rechtsextremer Weltverbesserer» dar (Bürger 61). Eddi Amsel gerät das Jugenderlebnis der vom (deutschen) Idealismus (harpyienhaft) zehrenden Aale zu einer seiner bemerkenswertesten Scheuchen, während Matern, in dessen Hirn die Heilslehren prächtiger blühen als anderswo (s. Bürger 63), auf der Suche nach der absolut gültigen Lebensmaxime, ohne Opportunist zu sein[65], sich von einer Kehre zur andern bewegt. — Daß der notorische Irrläufer seiner jeweiligen Verstiegenheit nicht gewahr wird, liegt im Falle des Nationalsozialismus in der Beschäftigung mit einer Philosophie begründet, die, in Gestalt ontologischer Spekulationen daherkommend, den Blick eintrübt für die Realitäten dieser Welt. Es ist dies, neben dem Ausschließlichkeitscharakter, der zweite große Einwand dem Idealismus gegenüber: den Menschen blind zu machen bezüglich der Wirklichkeit des Bösen, zugleich der eigentliche Grund für die Attacken des Dichters gegen den Autor von ‹Sein und Zeit›. Auch dessen Denken erweist sich in seiner zipfelmützigen Weltferne als Ausdruck deutscher Innerlichkeit wie als (verderbliche) Spielart des Idealismus. So wird Heidegger zwar der Vorzug zuteil, als einziger die philosophische Kammer in Amsels Bergwerk bewohnen zu dürfen (s. 668/69), aber indem der Autor auf die Parallelen der Lebenschroniken verweist (s. 474), macht er den Zusammenhang deutlich zwischen Denker und Politiker, eine Kontamination, die in der These gipfelt, der eine, Heidegger, habe den andern, Hitler, gewissermaßen ‹erfunden›, insofern absolutes Denken die Veränderung von Realität in beliebiger Richtung, also auch zum Bösen hin, gestatte. So erscheint es nur konsequent, wenn die Rattenjagd, d. h. die schließlich unvermeidliche Konfrontation mit dem am Ende allgegenwärtigen Bösen (und Häßlichen) in idealistischem Heidegger-Jargon gehalten ist (s. 417 ff.), wie es Matern umgekehrt lange Zeit hindurch gelungen war, den Knochenberg als Signum des Terrors zu verdrängen, ihn zumindest verbal mit Heideggerschen Sprachfloskeln und Metaphern zuzudecken (s. 366 ff.). Von den Ereignissen her

---

[64] s. dazu die brieflichen Ausführungen des Autors, unter dem Titel «Unser Grundübel ist der Idealismus» veröffentlicht in: Der Spiegel Nr. 33, 23. Jahrgang, 11. 8. 1969, S. 94.

[65] Der Spiegel, a. a. O. S. 94.

widerlegt und wachgerüttelt, muß Matern sich genasführt fühlen, bricht er am Ende auf, seinen (geistigen) Lehrer zur Rechenschaft zu ziehen. Ein vergebliches Unterfangen, aber wenn es dem Gesuchten auch gelingt, ungreifbar zu bleiben, sich vor seinem Rächer auf die Höhen geistiger Freiheit zu salvieren[66], wird diese Art des Abgelöstseins von allem sozial-politischen Hintergrund, wird bindungslose Ubiquität doch zugleich als Verantwortungslosigkeit decouvriert. — In den Heidegger-Parodien, im Aufriß der Inkonsequenzen und Brüche des geistigen Werdegangs Walter Materns ebenso wie in der satirischen Behandlung demokratischer Untugenden oder sozialistischer Heilszwänge wächst der Roman sich über bloße Zeitkritik hinaus zu einer Generalabrechnung aus mit der ‹Unart› idealistischen Denkens als des Quells aller Maximalforderungen bei gleichzeitiger Wirklichkeitsblindheit.

4. Geist und Macht: Von der Konfrontation zum Nebeneinander

Mit der Denunziation der Folgen derartigen Übersehens grobschlächtigster Faktizität, dem Verdikt gegenüber einer Geisteshaltung, die das Terrain freiwillig allem Un- und Widergeist überläßt, sind wir angelangt bei der grundsätzlichen Erörterung des Verhältnisses von Geist und Macht — und zugleich zurückverwiesen auf die Untersuchung der Beziehungen zwischen Amsel und Matern. — Hält man sich den Beginn der erzählten Zeit vor Augen, scheinen beide zunächst die genau entgegengesetzten Ausgangspositionen zu verkörpern: Amsel, dem schon in der Schule alles wie selbstverständlich zufällt (s. 105), den Part höherer Intelligenz, das innere Reich des Geistes, der muskulöse, bullige Schmeling-Typus Matern die Rolle robuster Physis, verbunden mit der Fähigkeit, sich nach außen hin durchzusetzen, bei nur geringer Neigung zur Reflexion. Und so sieht denn auch anfangs alles danach aus, als sollte ihr Umgang miteinander in den herkömmlichen Bahnen verlaufen: In der Schnee-Episode kommt es, überraschend zwar, aber nicht unerwartet zu der nach überliefertem Muster für unvermeidlich gehaltenen Konfrontation von Geist und Macht. Selbst Farben und Konturen, die Schwarz/Weiß-Töne der Kulisse (s. 247) wie die gußeiserne Figur des Tempels in ihrer unbeweglichen Starre scheinen festgefahrene Fronten und unüberbrückbare Gegensätzlichkeit zu signalisieren. Kein Wunder, wenn Jasager und Neinsager, vor denkmalhafter Gutenberg-Pose angetreten, sich alsbald grimmig ineinander verbeißen, die Fäuste als ausschließliches ‹Argument› benutzend. Und doch ist diese Haltung des aufeinander Ein-

---

[66] So wenig ist er zu betreffen, daß Matern zuletzt das schmiedeeiserne Gartentor der Villa aushängen und fortwerfen muß, seine Rachegelüste nur einigermaßen zu kühlen (s. 477); im Hinweis darauf, daß er offene Türen einrennt, zugleich deren Pervertierung andeutend! — Zum Heidegger-Komplex insgesamt vgl. die Ausführungen bei H. Pröbsting, a. a. O. S. 31–70.

schlagens weder schicksalhaft verhängt noch naturnotwendig vorgegeben. Schon
Harry Liebenau, dem Beobachter der Auseinandersetzung, will es scheinen, als
werde die würdevoll-steife Gestalt im Innern des Tempels augenblicksweise
lebendig, trügen dynamische Kräfte den Sieg davon über säulenhaft-unverrück-
bare Statik (s. 259 u. 247)[67], komme es nur darauf an, Gutenberg weniger als
Tempelfigur, d. h. ehrfurchtgebietend-weltentrückt als vielmehr wirklichkeits-
bezogen, will sagen bewegbar-beweglich zu begreifen. Und eine Retrospektive,
die auch die Kindheit der beiden Kampfhähne einbezieht, sieht Eddi zwar ver-
prügelt, zerbleut auch von Walter Matern (s. 42), aber dessen Beistandes (erstmals) gewiß, seit dieser seinem eignen Ich als verneunfachter Schläger-Scheuche
begegnete (s. 43)! Fortan steht Amsel unter Materns Schutz, beim Scheuchenbau ebenso wie später beim Besuch des Conradinums, während der Sport-
stunden, beim schmerzhaften Schlagballspiel (s. 114/15) nicht anders als zur
Zeit von Tullas Nachstellungen (s. 145; 198/99). — Der Mächtige, den geistig
Überlegenen, aber physisch infirmen Widerpart schützend, das ist die eine
Variante des geläufigen Schemas, während die nämliche Szene, Tullas verbissener
Kampf um ihren Einfluß auf Harras (umgekehrt) zeigt, daß ein kritisch wach-
samer Intellekt seiner Umwelt gegenüber keineswegs so wehrlos ist, wie es den
Anschein haben mag: Harras kuscht vor Eddis Zeichenstift (s. 193 ff.), die Vögel
der Weichselniederung — Sperlinge als die ‹Menge Mensch› begriffen — reagieren
erschreckt und fluchtartig auf seine Scheuchen (s. 32 ff.), in der näheren Umgebung zeigt man sich beeindruckt von den Produkten seines Kunstfleißes und
mitunter verstört bis zu einem Grade, daß der Urheber derartiger Verängsti-
gung sich genötigt sieht, nicht nur das ein oder andere seiner Machwerke zu zer-
stören (s. 60/61), sondern die Scheuchenproduktion, die Leute seines Heimat-
dorfs nicht hoffnungslos zu überfordern, zuletzt gänzlich einzustellen (s. 98 ff.).
Materns Position betreffend, so gerät dieser mehr und mehr in Abhängigkeit
von Eddi, verschieben sich die Gewichte so lange, bis der Beschützer sich eines
Tages in der Rolle des (geistig) Bevormundeten wiederfindet (s. 72/73). Als Pas-
lack Eddi hinterherlaufend, ist Walter ihm in fast allen Belangen zu Willen, ja
dem Freunde und sanften Tyrannen hörig in einer Weise, daß es gelegentlicher
Ausbruchsversuche — der anfänglichen Episode des verworfenen Messers
(s. 14 ff.) — bedarf, sein Selbstgefühl nur einigermaßen wiederherzustellen.
Kaum nötig zu erwähnen, daß es bei derart heikel-häkliger ‹Freundschaft› Rei-
bungsflächen zur Genüge gibt, bemerkenswert freilich, daß die Fälle, in denen
Matern sich zu behaupten weiß, immer seltener werden. Die Dootendeetz-Epi-

---

[67] Daß dabei Harry Liebenau ausgerechnet zwischen die Buchseiten des ihn jagenden ‹Tempel-
herrn› zu geraten droht, denunziert die Entweder-oder-Haltung als (weltferne) Bücherwurm-
Konzeption. Vgl. die Überwindung derartiger Schwarzweiß-Malerei anhand des Motivs der
«Krähen im Schnee, die sich nach längerem Hinsehen zu Nonnen im Schnee», d. h. aber in ihr
genaues Gegenteil, verwandeln (67).

sode, bei der er seinen Kumpanen beschimpfen und schließlich schlagen muß, Eddis frivol-artistischen Spielereien mit dem Skelett ein Ende zu bereiten, gehört dazu, und letztmalig obsiegt er, nun allerdings mit roher Gewalt, im Angesicht Gutenbergs über Amsels antifaschistische Zynismen.

Demnach erweist der Vertreter des Geistes sich keineswegs von Anfang an als der (nur) schutzbedürftige Ohnmächtige, während der robustere Part zwar gelegentlich (und dann mit ‹schlagendem› Erfolg) die Muskeln spielen läßt, insgesamt aber eine alles andere als eindrucksvoll dominante Vorstellung abgibt, freilich auch keine notorisch feindselige Haltung an den Tag legt. Vielmehr ist die Rollenverteilung schwankend, wechseln Macht und Ohnmacht von Fall zu Fall. Wenn es dennoch auf seiten Amsels bei eher spielerisch-artifizieller Erprobung der Möglichkeiten geistiger Einflußnahme bleibt, dann aus einer bewußten Reserve heraus, deren (psychologische) Hintergründe es nun zu klären gilt. Nichts sei rein, diese Klage ist sehr viel früher vorhanden als mit dem Schlußmärchen des Zweiten Buches; unausgesprochen steht sie schon über dem ersten Teil, und gleich die Eingangsszenerie wird von ihr bestimmt: Eddi am Ufer der Weichsel, damit beschäftigt, vorübertreibendes ‹Strandgut› herauszufischen (s. 10), diese Haltung ist bezeichnend darum, weil wir bisher wohl gesagt haben, wie er seine Scheuchen fertigt, nicht aber, welche Materialien dazu benötigt werden: Wenn er die Wirklichkeit verfratzt, dann geschieht dies mit Hilfe von Abfällen, zu Bruch gegangenem Zeug, mit einem Wort, durch (künstlerisches) Arrangement dessen, was Eddi selbst ‹Klamotten› nennt (s. 13). Sich solcher Materie zu versichern, bedarf es keiner weitern Mühe, als in den Fluß zu greifen, d. h. den Strom der Geschichte auf seine Mitbringsel hin zu beobachten (s. 19; 29). Was dabei ‹herauskommt›, sind im wesentlichen Stücke militärischer Herkunft, wie denn seine Scheuchen — im Diarium (s. 58) wie auf den Feldern — eine generelle Vorliebe erkennen lassen fürs uniformiert Exakte (s. 49), das Vogelvolk im wesentlichen verschreckt wird mit Hilfe von «Preußens nutzbar gemachte[r] Historie . . .» (61). Hält man sich vor Augen, daß Eddi einen Helm trägt, «wie er vor Verdun getragen wurde» (13), während er im Schlamm nach Zaunlatten, Bohnenstangen und Stoffresten fischt, beachtet man ferner, wann er baut (s. 39) — etwa ab 1922/23, indes der lukrative Scheuchenverkauf sich über die Jahre 1924—1926 erstreckt (s. 9 u. 31/32) —, so ist dies Treiben zwar (wissentlich) gegen niemanden gerichtet, erhält aber dessen ungeachtet im Übertrag von relativer Chronologie auf die absolute Datierung einen deutlich politisch-zeitkritischen Aspekt. Zwar hat Eddi weder eine bestimmte Konzeption im Kopf noch etwas gattungsmäßig Festgelegtes im Sinn, aber was er da jeweils zustandebringt, sind wie selbstverständlich Scheuchen, militante Scheuchen, Figuren aus der Zeit des Siebenjährigen Krieges zumeist (s. 57/58; 61; 70/71). In den Anfangsjahren der Weimarer Republik auf die Felder gestellt, kann dies nicht viel anderes bedeuten als die Kennzeichnung jener Staatsform, der ersten demokratischen auf deutschem Boden; wobei sich ergibt, daß die junge Republik unter ungünstigem Stern angetreten, im wesentlichen Kind einer militärischen Niederlage ist und, denkt man an die (Abwehr-)Reaktion der Vogelwelt, auf Grund dieser Hypothek so ungeliebt wie vorbelastet erscheint (s. Bürger 60). — Zwar hat es 1917 eine Revolution gegeben, von der, da sie in das Geburtsjahr des Freundespaares fällt, zumindest in privatem Rahmen — Tauffest bei den Materns — ausführlich berichtet wird; aber trotz Mühlenbrand und ‹Auferstehungsfest› der Großmutter gibt es auch jetzt keinen qualitativen Sprung nach vorn, scheint die Maternsche ihre Lauffähigkeit lediglich wiedergewonnen zu haben, den Familienkrieg fortsetzen, andere erneut kujonieren zu können (s. 27/28). Indem sie schreiend und löffelschwingend Haus und Garten durcheilt (s. 24), bewährt sie die alte haßerfüllt-unterdrückerische Gesinnung, der gegenüber ‹Freiheit› allenfalls ein bloßes Wort bleibt wie ‹Löffelstiel› (s. Bürger 27 ff.). Und bezeichnend ferner, daß die ‹Dynamisierung› der Alten zurückgeht auf die angebrannte Taufgans, im Grunde nichts anderes ist als Wut über die Saumseligkeit ihrer Enkelin, die in Gedanken an den gefallenen Verlobten ihre Küchenpflichten vernachlässigt hat (s. 25/26). Daß ein Bagatellfall dieser Art derartige Folgen zeitigen kann, wirft ein bezeichnendes Licht auf die äußere, materielle Situation, in der alles, bis hinunter zum täglichen Brot, knapp geworden ist, menschliches Denken und Planen sich folglich auf das Nächstliegende, die Beschaffung — und Erhaltung — des (wenigen) Vorhandenen konzentriert, während für hochfliegende politische Pläne kaum Zeit bleibt. Demnach ist es mit der Zäsur des Jahres 1918 nicht so unbedingt weit her, kommt es, weil und solange Hunger regiert und Kriegsfolgelasten drücken, zu keinem überzeugt-überzeugenden demokratischen Verhalten. Weder mit dem Vorzug des Neuen noch dem Privileg des Reinen ausgestattet, verfügt die Weimarer Republik in den Augen der Intellektuellen vom Schlage Amsels nur über geringe Identifizierungsanreize. Und wie er die alten Gesinnungen geißelt, indem er die racheschnaubende Großmutter zu einer seiner eindrucksvollsten Scheuchen erhebt (s. 60), so tut sich sein Reinheitsvorbehalt in der Weigerung kund, in neuen Kleidern einherzulaufen; vielmehr wird es eine der wesentlichsten Aufgaben des die Fäuste ballenden (und zähneknirschenden) Materna-Enkels, Amsels Kleider einzutragen, und eine Zeitlang, während der Fahrten nach Danzig, zum Conradinum, erschöpft ihre Freundschaft sich nahezu ausschließlich in dieser Funktion (s. 87). Eddis Ablehnung aber stellt einen ständigen Vorwurf allem sich als neu Gebärdenden gegenüber dar (s. 86 f.), eine Denunziation der tatsächlichen Verhältnisse, von der her sein Begehren nach den Lackschuhen der Hedwig Lau (s. 48/49; 92/93) — nachgezogenes Sonntagskind eines reichen Bauern (s. 47) und darum, was die materielle Ausstaffierung angeht, atypisch — nur (allzu) folgerichtig erscheint.

Was Eddi zögern läßt, die Verhältnisse der Zeit nach dem Ersten Weltkrieg zu akzeptieren, was ihn bestimmt, sich den Anfängen ‹republikanischer› Praxis fernzuhalten, gilt natürlich erst recht für das Ende von Weimar. Mit Harras' Auftritten, dem Zerreißen des Imbsschen Rockes beginnt nicht zufällig seine zweite Scheuchenperiode, deren Produkte nur so lange blaß und abstrakt wirken (s. 223/24), wie er das Treiben der Nazis lediglich vom Hörensagen und auf dem Umweg über Schilderungen seines Freundes kennt, aber an Farbe und Wirksamkeit gewinnen, je mehr Saal- und Straßenschlachten in Mode kommen (s. 226/27; 234/35) und Amsel Gelegenheit zum Sammeln ramponierter Uniformteile bieten. Hatte Eddi Weimar als (Abfall-)Produkt und Folge preußisch-militärischer Gesinnung verstanden, so ironisiert er den Nationalsozialismus in Richtung auf die dort zu beobachtenden germanisierenden Elemente und die Tradition des dem Heldenepos entnommenen Heroenkultes: Die neun Nibelungenscheuchen stellen vor allem eine Parodie dar der Kameraderie und erneuerten bündischen Narretei[68]. Indem er dies germanisch-nazistische Kriegsvolk zu mechanischen Scheuchen verarbeitet und in Eddi Etzels Garten auftreten läßt (s. 250), verbindet er das Moment der Wiederholung mit der Parodie solcher Nibelungengesinnung wie auch der apokalyptischen Vision und Vorwegnahme des (blutigen) Endes. — Derartige Verhöhnung aber wird, wie gesehen, Anlaß zur Schnee-Attacke, bei welcher Gelegenheit Eddi erfahren muß, wie (lebens-)gefährlich es inzwischen geworden ist, den (nunmehr) herrschenden politischen Kräften in der alten Weise reserviert gegenüberzutreten.

Von den Fäusten der neun Vermummten traktiert, zahlt Eddi für seine bisherige Ignoranz wie seinen elitären Vorbehalt mit der Demolierung sämtlicher Zähne, während er mit dem Verlust seines Übergewichts wesentlich die Position unzugänglicher Innerlichkeit aufgibt. Wie im Falle Jennys schrumpft auch bei ihm vor allem sein Breitenwachstum, aber anders als bei jener hat dies Zusammenschnurren zugleich ein stärkeres, jedenfalls nicht mehr nur nach ästhetischen Gesichtspunkten selektierendes Eingehen auf die Welt im Gefolge. Zwar flieht er aus Danzig, aber als er erneut auftaucht, finden wir ihn in Berlin, d. h. in der Höhle des Löwen wieder! Einer Propagandakompagnie vorstehend (s. 400), hat er sich den neuen Machthabern anzupassen verstanden in einer Weise, daß er am Ende nicht allein geduldet wird, sondern höheren Orts offizielle Anerkennung findet (s. 306; 404). Wessen er als Ballettmeister fähig ist, wie ungeniert er künftighin unter den Augen derer, die seine Todfeinde sind, auftreten kann, zeigt die Mission in Danzig, die Jenny wie dem Brunies'schen Nachlaß gilt, und in deren Verlauf sich Zentnerlasten — seines Lehrers Möbel und Steinsammlungen —, wie von Zauberhand entschwert und zu einem graziösen Möbelpackerballett arrangiert, unter seiner Anleitung mit Leichtigkeit bewegen lassen (s. 354). Indem er der Wirklichkeit ringsum derart nachhaltig seinen Stempel aufdrückt, ist er (endlich) erwachsen[69], hat er, wenn auch verspätet, seine unan-

---

[68] Wie auch deren künstlerischer Verherrlichung. So tauchen neben sieben Recken des Nibelungenlieds die Namen Hebbels, Wagners und Schnorr von Carolsfelds auf (s. 251).

[69] Zugleich wird der Gegensatz deutlich zu Oskar, dem Helden des ersten Romans, auch (und gerade) wenn der Dichter beide inmitten verschleiernder Schneelandschaft zusammentreffen läßt zu heimlichem Gespräch: Während Oskar erwachsen ist und nicht wachsen will — er

gemessene (und darum komische) Kindlichkeit doch noch abgelegt. — Nach 1945 meidet er zwar noch eine Zeitlang die Öffentlichkeit, der Wirkung nach freilich ist er schon früh sozusagen allgegenwärtig, wohl unmerklich, aber dafür um so nachhaltiger Regie führend an den Schalthebeln der Macht. Überall habe er seine Hand im Spiel, heißt es (s. 482), und soweit es dabei um geschäftliche Transaktionen geht, ist Eduard Amsel maßgeblich beteiligt am Wiederaufstieg Westdeutschlands, der Schritt von bloßer Anpassung hin zu aktiver Mitgestaltung der Wirklichkeit vollzogen. — Und dies, obwohl auch 1945 weniger Tabula rasa herrscht als ein verlorengegangener Krieg zu beklagen ist. Wenn Eddi dennoch Hand anlegt beim Wiederaufbau, dann darum, weil er inzwischen gelernt hat, daß es einen Wert Null als historische Größe nicht gibt, zumindest die deutsche Geschichte ihn sowenig kennt, wie es in den Jahren 1918 oder 1945 je «eine Basis für revolutionäre Umwälzungen gegeben hat» (Bürger 60). Wenn man aber weder alles (noch) Bestehende abräumen noch nach Wunsch voraussetzungslos von vorn anfangen kann, ist es nicht nur gefährlich, sondern obendrein sinnlos, länger auf dem Reinheitsvorbehalt zu beharren. Entsprechend quittiert Amsel sein hochmütiges Beiseitestehen (von einst) zugunsten geschäftlicher wie politischer Aktivitäten. Zwar ist auch mit Ende des Zweiten Weltkriegs die Lage alles andere als ideal, herrschen verstärkt «Hunger, Wohnungsnot und Abhängigkeit von den Besatzungsmächten» (Bürger 60), aber anders als nach 1918 hat der älter Gewordene eingesehen, daß die damalige Republik wie am Machtwillen der Nationalsozialisten so am Mutwillen der Intellektuellen und Künstler zerbrach, die in der Mehrzahl nicht bereit waren, sich schützend vor das politisch Erreichbare zu stellen, vielmehr eben dies «mit Witz und Geist vorsätzlich zur Karikatur» zu machen strebten (Bürger 137; vgl. 19/20; 42/43) und damit die Neigung vieler Deutscher zu unpolitischer Traumtänzerei, zum Auffliegen «nach Wolkenkuckucksheim» bestärkten (522). Indem er diese Lehre beherzigt, den selbstgezimmerten Käfig seiner Innerlichkeit verläßt und sich, trotz mancher Bedenken, zu energischer Teilhabe und Einflußnahme entschließt, widerlegt er nicht nur theoretisch die behauptete Stringenz des Gegensatzes von Geist und Macht (s. Bürger 138), vollzieht er für sich selbst und ganz privat-praktisch die Kehre vom Bohemien zum engagierten Bürger-Künstler Amsel, jenen Schritt,

---

weiß, warum! —, erscheint Amsel zunächst demonstrativ ‹aufgeblasen›, Innerlichkeit auf infantil-unbekümmerte Weise zur Schau tragend. Als er schließlich die notwendige Reife erlangt hat, übernimmt er wohl Verantwortung, ist er freilich auch angepaßt, Oskar gegenüber, der das eine wie das andere mit stoischer Festigkeit — verbliebener Rest von Säulenheiligen-Statik als der ursprünglich beabsichtigten Erzählperspektive (dazu G. Grass, «Rückblick auf die Blechtrommel». — In: Süddeutsche Zeitung Nr. 10, 12./13. 1. 1974, Feuilleton-Beilage, S. 99) — ablehnt, der beweglichste Held. So gilt denn für das Nebeneinander von «Gottes Eintänzer» (625) wie den Typ des konsequent defensiven Weltverweigerers — Grass nennt ihn einen ‹umgepolten Säulenheiligen› —: «Amsel und der Gnom hoben sich als Schattenbilder vom Gestöber ab. Verschiedener als diese Schatten konnten keine anderen Schatten sein» (238).

dessen innere Folgerichtigkeit darzulegen neben der Geißelung des unpolitischen Verhaltens breiter Bevölkerungsschichten den eigentlich politischen Gehalt
des Romans ausmacht.

Daß diese Kehre möglich wird, Eddi sein früheres Fehlverhalten korrigieren
kann, dazu sind neben (schmerzhaften) Einwirkungen von außen ebenso individuelle Voraussetzungen nötig. Wenn wir sagten, Eddi habe nach dem Schnee-
überfall gelernt, sich anzupassen, so ist damit ein Prozeß angedeutet, bei dem es
natürlich nicht ohne Kompromisse — der Künstler und sein Ballett (s. 404) —
und opportunistische Verschreibungen an die Macht abgeht. Niemand kommt,
sobald er den elfenbeinernen Turm verläßt, die Zimmerlinden-Position aufgibt,
ungezaust davon, und so sind Eddis Schritte hinaus in politisches Terrain verbunden mit der Gewißheit, staubige Stiefel davonzutragen. Entsprechend können nicht alle seine wirtschaftswunderlichen Geschäftspraktiken seriös genannt
werden, aber der Verlust (absoluter) moralischer Integrität ist nicht so gravie-
rend, wenn man sich vor Augen hält, daß sie in dieser exzeptionellen Weise
eigentlich niemals existent war, Eddi vielmehr schon als Kind zum Unwillen
Materns Schacher betrieb mit den Produkten seiner Phantasie (s. 49). — Nichts
ist rein, das bedeutet in biologischer Hinsicht wenn schon nicht Unregelmäßig-
keiten der Eltern so doch mancherlei Ungewißheit bezüglich der Herkunft.
Darum ja der Aufwand bei Beschreibung des Taufgangs, aus der man mit Sicherheit nur entnehmen kann, daß Eddi nicht eindeutig jüdischer Abstammung,
vielmehr allenfalls Halbjude ist (s. 433; 605). Er sei nicht ganz ‹astrein›, heißt es
später von ihm (s. 482; 518), eine Feststellung, die weniger genant wird, wenn
man sich des Bonmots erinnert, demzufolge letztlich jeder Mensch mehrere
Väter habe (s. 454; 490). Sofern damit der Unterschied zwischen leiblicher Herkunft und geistiger Heimat gemeint ist, darf Weininger, bildlich gesprochen,
lange Zeit hindurch als Amsels Mentor und zweiter Vater gelten. Aber auch
unter diesem (intellektuellen) Aspekt ergibt ein Resümee, daß Eddis ‹Spiegel›
allenfalls ein Zerrspiegel war, Weiningers Belobigung von seiten des Autors
ironisch zu verstehen (s. 38), während sich der Grundgedanke vom Juden an
sich[70] nicht nur als Spekulation erweist, sondern obendrein noch als Plagiat herausstellt (s. 37). Schließlich ist alle Herkunft beliebig (s. 36), womit das bisherige
Manko fehlender (biologischer) Reinheit erstmals positive Züge gewinnt, wie es
sich psychologisch in einen Vorzug verkehrt, statt eindeutiger Fixiertheit die
innere Beweglichkeit des Helden ermöglichend. Wenn schon die Juden nichts
glauben, weil sie nichts sind, so kommt ihnen dieser Umstand nunmehr zupaß,
indem sie andererseits alles werden können (s. 222). Nicht zufällig ist Albrecht
Amsel Fischhändler, der Sohn, im (Tierkreis-)Zeichen der Fische geboren, die
dynamisch-beweglichste Erscheinung unter den Helden der Danzig-Trilogie

---

[70] Vgl. Amsels fruchtlose Pseudo-Dialoge zum Thema ‹Geburtsreinheit› unter hängenden Scheuchen 220 ff.

(s. 32)[71], unter zahllosen Namen[72] und in mancherlei Verkleidung auftretend und so, was Zählebigkeit wie Ungreifbarkeit angeht, dem Bösen zuletzt gewachsen.

Nichts ist rein, diese frühe Erkenntnis Amsels[73] verliert ihre sei es provokative sei es lähmende Wirkung, wenn sie, statt einem elitären Fatalismus als Vorwand zu dienen, mit der Einsicht in die Notwendigkeit verknüpft wird, sich dem Leben zu verbinden. Eben dies wird im letzten Teil des Romans die Aufforderung Eddi Amsels an Matern, und zu diesem Zweck kommt es nach einer langen Zeit der getrennten Wege und allenfalls insgeheimen Nachforschungen zu erneuter Begegnung. — Matern hatten wir zuletzt in der Pose des eingeschworenen Antifaschisten zurückgelassen. Auf sein Rächeramt bezogen, bedeutet derart konsequenter Purismus, in jedem[74] Erwachsenen einen Schuldigen zu erblicken, womit die Aufgabe des Säuberns ins Unendliche auszuufern droht. So nehmen seine Reisen durch Deutschland nicht zufällig die Form von Rundläufen an, wobei im geometrischen Muster des Kreises der Hinweis gelegen ist auf die Sinnlosigkeit dieses Unterfangens[75]. Immer öfter kehrt der herumirrende Rächer an den (Kölner) Ausgangspunkt seiner Bemühungen zurück, immer wieder muß der zusehends müder Wirkende von der Gattin seines ersten Opfers hochgepäppelt werden (s. 481/82; 514 ff.; 538). Als Inge endlich auf einem friedlichen Dasein besteht und geruhsam-häuslichem Glück, hängt er sie ab, begibt er sich ein letztesmal auf die Suche nach der verlorenen Reinheit. Erfolglos, wie die Fahndung nach dem Ex-Polizeimajor Osterhues (s. 543 ff.), da jeder seinen Hitler in sich trägt (s. 589) und die Mörder von gestern, als harmlose Schützenbrüder verkleidet und dazu in hellen Scharen auftretend, den auf Abrechnung Versessenen gründlich irritieren (s. 545). Dennoch zeigt Matern wenig Bereit-

---

[71] Schon in der Spätphase seiner Schwergewichtigkeit hatte er die Leichtfüßigkeit mancher Dicken erlangt (s. 534).

[72] Vgl. die spielerischen Arabesken um die Suche nach dem rechten Decknamen 32; 266; 281/82; 307; 317; 355/56.

[73] Sich äußernd in den Versuchen, verscheuchend alles unter einen (alten) Hut (s. dazu 401) zu bringen, den Jahrhunderten Gelegenheit zu geben, «sich unter SA-Mützen zu küssen» (236). Und auf den Einwand Materns, irgendwo höre der Spaß auf, schließlich gebe es auch noch integre Kerls, entgegnet er, «genau das sei seine künstlerische Absicht, keinerlei Kritik wolle er äußern, sondern Pfundskerle wie Schweinehunde, gemischt und gewürfelt, wie nun einmal das Leben spiele, mit künstlerischen Mitteln produzieren» (237).

[74] Vgl. die zunehmende Häufigkeit wie die wachsende Bedeutung des Indefinitpronomens ‹jeder› 581.

[75] Zwar lehnt er das ziellos-private Vergnügen des Karussellfahrens, lehnt er familiäres Glück, zu dem Inge Sawatzki ihn überreden will (s. 542/43), ab, aber seine Entnazifizierungskampagne beginnt auf ähnlich fruchtlose Weise in sich selbst zu kreisen, wird zudem konterkariert durch das Motiv der rückläufigen Rache, die Bereitschaft der Frauen (wie des Milieus, wobei die Männer ihm bereits in biedermännischer Vertraulichkeit (s. 527/28) auf die Schulter zu klopfen beginnen), ihn nicht nur mit offenen Armen aufzunehmen, sondern (umgekehrt) mit ihrer Geilheit wie ihren Geschlechtskrankheiten (verunreinigend) zu verfolgen (s. 478 ff.).

schaft, aufzugeben, stellt er sich bewußt außerhalb jeden Milieus, aber damit auch außerhalb jeder Lebensmöglichkeit, als der notorisch Abseitige, nie und nirgends zu Integrierende. Von diesem Säuberungstick gilt es ihn zu befreien, und wer wäre dazu besser geeignet als der zur Einsicht in die Unlauterkeit alles Wirklichen bekehrte Eddi?[76] Und ferner muß Matern plausibel gemacht werden, daß er selbst nicht unfehlbar ist, nicht frei sein kann von Schuld[77], wobei es erneut niemanden gibt, der diese Einsicht eher fördern könnte als das ‹Opfer› Eddi! So wird Materns Weg aus der Präexistenz und Außenseiterrolle abseits der sich formierenden (Wohlstands-)Gesellschaft ein Weg hin zu Eduard Amsel.

Diese Annäherung an den einstigen Gefährten geschieht in Stufen, die zugleich eine Konfrontation darstellen mit Stationen seiner eignen Lebensgeschichte. Einen ersten Anstoß zur Selbstbesinnung liefert das Auftauchen der Erkenntnisbrillen (s. 547 ff.). Hervorgegangen aus der Hinterlassenschaft Brunies', hat Amsel/Brauxel es verstanden, den «harten Rückständen der Vergangenheit» (Bürger 74) Glimmergneisspiegelchen zu entnehmen und der üblichen Mischung aus «Quarzsand, Soda, Glaubersalz und Kalkstein» beizumengen (548), so statt narzißtischer Selbstbespiegelung die Entlarvung Dritter befördernd. Zu Brillengläsern — Beryll = Sehsteine — verarbeitet und in Massen vertrieben, ist diesem Artikel als ‹Familienentlarver›[78] bald durchschlagender Erfolg beschieden: Wally, aus der intimen Beziehung zwischen Inge und Matern hervorgegangene Sawatzki-Tochter, erleidet beim Anblick ihres leiblichen Vaters einen von Schreikrämpfen begleiteten Schock, der sie aufs Bett wirft und eine intensive stationäre Behandlung erforderlich macht, dem Durchschauten aber mit nachfolgendem Katzenjammer einen (erneuten) Anlaß beschert, sich bis zur Bewußtlosigkeit zu betrinken. Auch Matern ist nicht der Prototyp des Rächers mit der reinen Weste, der andern alles, sich selbst aber nichts vorzuwerfen hätte. Weder war seine Anti-Haltung dem Nazismus gegenüber eindeutig, in der Konsequenz über jeden Zweifel erhaben, noch überhaupt sonderlich eindrucksvoll, bedenkt man, daß die Mehrzahl seiner Ausfälle und Anklagen in alkoholisiertem Zustand erfolgte (s. 281 ff.; 561), Hundebeschimpfung (s. 290) wie Führerbeleidigung (s. 293/94) sich in solchen Augenblicken verminderter Zurechnungsfähigkeit ereigneten. Wenn er gemaßregelt wurde, dann entweder zu Recht und als Antwort auf absolut ungebührliches Betragen,

---

[76] Wirklichkeitsverstrickung als conditio sine qua non allen didaktischen Bemühens, von daher wird auch klar, weshalb die bloße Beobachterhaltung, wie Harry Liebenau sie — in der Nachfolge Pilenzens — an den Tag legt (s. 360; 375), nicht mehr ausreicht, den Roman zu einem guten Ende zu führen.

[77] Auch sein Vorbild Heidegger hatte einst den armen Husserl verraten (s. 393/94).

[78] Dennoch gibt es auch jetzt keine Revolte der Jungen gegen die Alten (s. 552/53), vielmehr eine Einmütigkeit im Vergessen, die in ihrer Allgemeinheit wie der allzu raschen Ausrichtung auf positive Ziele: die Freiheit, den Fortschritt, das Humane bereits wieder komisch zu wirken beginnt (s. 557/58).

oder doch (zumindest auf lange Sicht) zu seinem Nutzen, indem ihn derartige Zwischenfälle davor bewahrten, innerlich schwankend oder rückfällig zu werden und der Versuchung zu erliegen, in Parteiapparat oder Militärhierarchie zu reüssieren (s. 462). — Matern ‹vergißt› diesen Gewissensappell wieder, und so wird ein weiterer Anstoß nötig auf dem Wege zur Selbsterkenntnis: die Zwangsdiskussion, bei der ihm über die Schizophrenie seines Verhaltens, dessen innere Nähe zu den abgestraften Methoden hinaus die Hartnäckigkeit aufgehen könnte, mit der er seinen Hitler wie seinen Amsel zu verdrängen sucht. Auf diese wiederholte Gedächtnisauffrischung erfolgt dann die Begegnung mit Eduard Amsel selbst.

Auf Berliner Boden trifft man einander (s. 624 ff.), aber wenn Amsel den Reisenden am Bahnhof Zoo in Empfang nimmt und in einem nächtlichen Streifzug durch Künstlerkneipen[79] und Animierlokale an Materns Erinnerungsvermögen appelliert — wobei vor allem die chronische Heiserkeit des Cicerone (s. 626 ff.) Anstoß und Fixpunkt sein müßte —, stößt er auf wenig Gegenliebe. Zwar zeigt Matern Besorgnis hinsichtlich der Stimmbänder des andern (s. 629), ohne sich indes besinnen zu wollen, vielmehr bleibt er hartnäckig bestrebt, die Erkältung dem zynischen Rauchen seines Begleiters zuzuschreiben (s. 637). So führt Amsel ihn schließlich in Jennys Lokal und zwingt Matern dort, seiner Geschichte zuzuhören: Vor dem Hintergrund des Sportpalastes — Erinnerungsruine des totalen Krieges (s. 633) — ist dies eine Geschichte vielfältigen menschlichen Leidens. Noch einmal blickt Eddi nach innen, nur ist das, was er dabei zutage fördert, nunmehr weniger Kunstprodukt und Notat einer schönen Seele als vielmehr — Exkrement[80]; zwar erneut eine überhitzte Geschichte, ‹temperiert› in der Weise, daß Feuer ausbricht und Matern genötigt wird, dem um sich greifenden Brand mit einem frostklirrenden Eingeständnis seiner Untat zu begegnen (s. 641), aber weniger Ergebnis seiner Innerlichkeit als Zeichen der (erlittenen) Höllenqualen des Erzählenden. Was hier inszeniert wird, ist Erzählen als erinnerndes Vergegenwärtigen. Zwar heißt Erinnern auswählen (s. 431) — dies an die Adresse Materns —, aber anstelle einseitigen Verdrängens zugunsten der eignen Person sollte die Auswahl des Erzählenden immerhin repräsentativ und exemplarisch sein. Und wenn die von Matern zur Rede Gestellten jeweils Ausreden und Entschuldigungsgründe bereit hatten für ihr Tun (s. 459; 462; 470; 555/56), ohne daß jener mildernde Umstände gelten lassen wollte, so läßt nun Eddi seinerseits ihn nicht eher davonkommen, als bis er bekannt hat.

---

[79] Wobei die beständige Frage nach Goldmäulchens finanziellen Transaktionen die Einheit von Geschäftsmann und Künstler, die Position weltbezogenen Künstlertums betonen soll.
[80] Innerlichkeit als Auswurf, damit ist Amsel weniger der moralisch Überlegene als vielmehr der Erfahrenere, dabei, dieses sein (teuer erkauftes) Wissen weiterzureichen; nicht aber das ‹reine› Opfer, wie es denn bei Grass überhaupt nur angeschlagene Figuren gibt (s. dazu die Vorschau des Autors auf «Hundejahre», wiedergegeben von Hugo Loetscher, Günter Grass. — In: Du, Juni 1960, S. 15—20).

Matern, in buchstäblichem Sinne genötigt, um sein Leben zu erzählen (s. 641), zeigt sich erstmals bereit, gegen ‹Windmühlen› anzugehen (s. 522), will sagen, sich selbst zum Gegenstand kritischer Betrachtung zu machen. Die Wirkung ist eine befreiende, Erlösung bringend von dem Amsel-Syndrom verdrängter Schuld. Daß aber derart massiver Druck, daß eine solche Extremsituation nötig ist, die Zunge zu lösen, zeigt, daß diese Vergeßlichkeit, das (liebe) Ich betreffend, mehr meint als nur einen Privatfall[81]: eine Volkskrankheit nämlich, die Eddi, den Zyniker, das Bonmot von der gottwohlgefälligen Vergeßlichkeit deutscher Provenienz prägen läßt (s. 646).

Zugleich läßt sich aus der Rollenverteilung zwischen Amsel und Matern wie den jeweiligen Reaktionen der Beteiligten ein neues Verhältnis ablesen zwischen Geist und Macht: Eddi, der Mächtige, nötigt Matern, dem Abhängigen, zwar ein Geständnis ab, ohne indes in der Ausnutzung seiner Überlegenheit die Grenze zwischen Macht und Gewalt zu überschreiten. Indem er darauf verzichtet, gleiches mit gleichem zu vergelten, Zahn um Zahn zurückzufordern, macht er deutlich, daß sein Vorbehalt Matern gegenüber nicht dem ganzen Menschen gilt, sondern nur dem schlechteren Teil seiner Deutschstämmigkeit, jener Haltung, die darauf hinausläuft, die Schuld an Fehlentwicklungen ausschließlich bei andern anstatt bei sich selbst zu suchen. So muß Matern lediglich erzählen, Bericht erstatten freilich bis an die Grenze der Existenzgefährdung heran, mit der (zugleich) segensreichen Folge, daß, als die Flammen schließlich durch Eddis machtvolle Stimme[82] besänftigt sind (s. 644), jener mit der bessern Hälfte seines Wesens davongekommen ist. «‹... solange wir ... erzählen, leben wir. Solange ... Geschichten noch zu unterhalten vermögen, vermag keine Hölle uns unterhaltsam sein›» (641); indem Amsel sich entschlossen zeigt, nach diesem Motto zu verfahren, setzt er Kommunikation an die Stelle von Konfrontation[83].

---

[81] Materns Selbstpunktbesessenheit (s. 477) ist Anlaß zur Parodie des ‹Phänotyps› wie Ausgangspunkt der Attacken auf die «weltlich krause Lyrik» Gottfried Benns (285). Zugleich gibt diese Marotte des Helden Antwort auf die von Paul Konrad Kurz — «Hundejahre». Beobachtungen zu einem zeitkritischen Roman. — In: P. K. Kurz, Über moderne Literatur [I]. Standorte und Deutungen, Frankfurt/Main 1967, S. 158—176 — aufgeworfene Frage, weshalb Grass zur Kritik deutschen Wesens ausgerechnet eine so windige Figur wie Walter Matern ausersehen habe (s. S. 167).

[82] Widerlegung der im Umkreis seiner Lyrik anzutreffenden Formel von der Ohnmacht, deren Ventil und «Nadelöhr ... der Gesang» sei (GG 220).

[83] Genau dies ist auch der Sinn der im übrigen vielgeschmähten Erzählsituation. Zunächst findet jeder der fingierten Autoren sich seiner Eigenart entsprechend eingesetzt: Brauxel als der mit dem besten Gedächtnis Ausgestattete schreibt die ältesten, zeitlich frühesten Partien; Harry Liebenau, nach Lebensalter wie Auftreten indifferent, berichtet vom Aufkommen des Nationalsozialismus, während Matern mit seiner Unfähigkeit, eignes Fehlverhalten zu registrieren oder gar zu reflektieren, das gegenwärtige Leben (der andern) schildert. — Darüber hinaus aber und unabhängig vom jeweiligen Sujet gehen sie alle ein und derselben Beschäftigung nach, treiben Vergangenheitserhellung zum Zwecke der Gegenwartsbewältigung, und wenn dies unter Brauxels Ägide geschieht, darf man darin einen Hinweis sehen auf die inzwischen

Und es ergibt sich, daß beide, wenn (schon) nicht ohne einander, so doch miteinander auskommen können, die apodiktische Behauptung, wonach Geist und Macht unversöhnlich seien[84], zumindest für den privaten Bereich revidiert und als Fiktion verworfen werden muß. — Freilich zeigt die Szenerie, in der Materns Umerziehung vonstatten geht, zugleich, welchen Preis es Goldmäulchen gekostet hat, seine Distanz aufzugeben und sich «durch Wirklichkeiten, also auch durch politische Wirklichkeit in Frage stellen [zu] lassen» (Bürger 138): Nicht zufällig oder nur der erhöhten Feuergefährlichkeit wegen befindet man sich in einer Baracke, nicht umsonst ist die Wirtin dieses schäbigen Etablissements eine alte, wenn auch bis zur Unkenntlichkeit veränderte Bekannte: Jenny Brunies, von der nachzutragen bleibt, daß sie nunmehr ebenso häßlich wie überflüssig[85] erscheint. Als Folgewirkung des Krieges ist die einstige Ballerina zum abgetakelten Tingeltangelmädchen, zum Schlottergestell (s. 635) mit vergrämten Zügen (s. 636) verkommen. Amsels neuerliche Position des wirklichkeitsmächtigen Geistes ist demnach erkauft um den Preis des Verzichts (zumindest) auf die herkömmliche Schönheitsvorstellung. Daß er die Welt dennoch, ungeachtet ihrer

dominante Rolle engagierter Geistigkeit der Indifferenz wie dem Haß gegenüber, jener ebenso bestimmt wie duldsam auftretenden Macht, die es fertigbringt, aus Faustkämpfern und Neugierigen von einst ein Kollektiv zu formen, in dem man sich wechselseitig Geschichten erzählt, anstatt aufeinander einzuschlagen. — Dagegen wird dem Autorenkollektiv bei Albrecht Goetze eine Funktion zugemutet, die diese Konstellation weder leisten kann noch will: artistisches Pendant zu sein des (bei währendem Erzählen) erkenntnistheoretisch erreichten Standpunkts ideologiekritischer Distanz gegenüber einer durch Pressions- (Faust, Hund) wie — Anpassung ermöglichende — Deformationsfaktoren (Kapital, Kirche, Verein) gezeichneten Wirklichkeit. Das Kollektiv als Rezeptionserschwernis und (Verfremdungs-)Barriere, kritiklose Übernahme vorgefertigter (faschistischer) Denkmuster verhindernd (a. a. O. S. 27), derartige Funktionalisierung muß vor allem an der Person Eduard Amsels (und seinem ganz und gar individuellen Kritizismus) vorübergehen (s. S. 25), während statt dessen Matern zur Haupt- und Symbolfigur «eines sich selbst zerstörenden und regenerierenden Systems» (S. 42) erhoben wird.

[84] Vielmehr kommt es, wie gezeigt, zu vielfältigen Mischungen und — nach Art eines Menuetts — ständigem Wechsel der Positionen. Bliebe nachzutragen, daß auch die Macht nicht immer dumm erscheinen muß: Matern, der Heidegger liest und sich bei Aneignung dieses Amsel-Geschenks (s. 474) als ein zwar närrischer, aber immerhin philosophischer Kopf erweist. Und wie die Macht geistreich sein kann, ist es möglich, trotz überragender Intelligenz (politisch) immer wieder (und fast bis zuletzt) zu ohnmächtigem Scheitern verurteilt zu sein (s. Bürger 138).

[85] Überflüssig nach Art eines Goldfisches (s. 187). Dies Moment des absolut Nutzlosen tritt jetzt neben den Aspekt des Antiquierten, während der desillusionierende Effekt, wie er aus dem (späten) Wiedersehen mit Jenny Brunies hervorgeht, im ‹Ballerina›-Essay direkt mitgegeben ist dadurch, daß der Erzähler den Leser einen Blick tun läßt hinter die Kulissen des Theaterbetriebs, bei welcher Gelegenheit sich ergibt, daß die Ballerina ein lispelndes, nicht mehr ganz junges und zudem am Blinddarm operiertes Mädchen ist, a. a. O. S. 534. — Bliebe im Zusammenhang mit der unreinlichen Abgestandenheit des Aktienteichs wie mit Jennys jetziger (Dirnen-)Rolle nachzutragen, daß sie schon als heranwachsendes Mädchen keineswegs geschlechtsneutral erschien, zwar mit kleinerer Vagina ausgestattet als Tulla (s. 341), aber eben doch kein Engel.

ebenso unschönen wie unreinlichen Verfassung akzeptiert, und dies nicht nur theoretisch, sondern wortwörtlich und mit allen Konsequenzen, zeigt das Getränk, das er sich bereiten läßt und das zu Materns Entsetzen aus einer Mischung von Zitrone, zermahlenem Gneis und (Jennys) Urin besteht (s. 638), damit seine Heiserkeit zu kurieren wie der (Zauber-)Wirkung seiner Stimme aufzuhelfen. Es ist dies die überzeugendste Praktizierung der Einsicht, nichts sei rein, gedacht und geeignet, Matern zu bekehren; ihre Anerkenntnis die Voraussetzung, daß der geistige Mensch sich der ‹Hölle› Wirklichkeit — Eddis Gesang im Feuerofen! — gewachsen zeigt. Wohl ist die Welt kein Garten Eden, eher schon ein Schlachtfeld, aber dieser Umstand wird Amsel künftig weder zu einseitigem Verfratzen provozieren noch zu gärtnerischer Pflege und Kultivierung eines (abgelebten) Schönen veranlassen, vielmehr ist er, wie das Vogelscheuchenballett andeutet[86], künftig «‹Gärtner und Scheuche[87] in einer Person›» (404), zwar Gottes Eintänzer, d. h. seine Macht dynamisch einsetzend, verhärtete (geistige) Fronten aufzulockern, verfestigte (soziale) Strukturen aufzubrechen, ohne darum wie früher ein Traumtänzer zu sein.

Materns Schuldgeständnis ist ein erster Schritt zur Anerkenntnis der Welt, wie sie ist. Bezüglich Amsels findet eine (erneute) menschliche Annäherung statt, aber als jener sich anschickt, die alten Freundschaftsbande zu erneuern (s. 630 ff.), kommt es zu einer letzten Auflehnung, wiederholt sich — neben der geläufigen Beschimpfung Eddis als ‹Itzig› — die Messerwurf-Szene des Anfangs (s. 647). Nicht nur hat Matern sich mit diesem Zornesausbruch erneut eine moralische Blöße gegeben, die Erinnerung an die einstige Blutsbrüderschaft ist zunächst und vor allem andern der deutlichste von vielen Hinweisen darauf, wie unrettbar sie beide — ähnlich Kain und Abel (s. 285), Teufel und Gott (s. 73) — zusammengehören, zwar konträre, nicht aber einander ausschließende, in aller Gegensätzlichkeit sich vielmehr wechselseitig bedingende, mithin dialektische Positionen vertretend[88]. Amsel, der hier mit Matern nach Belieben verfahren könnte

---

[86] Im einzelnen ist dessen (erzählte) Handlung sicher schwierig zu deuten, doch kann man davon ausgehen, daß es sich bei dem Präfekten, der den Garten verwüstet und die Schönheit — «halb im Bunde mit den Vögeln» (401) — gefangennimmt, um einen scheuchifizierten Hitler handelt, eine Deutung, die von der parallel auftretenden Erscheinung des zwölfbeinigen Höllenhundes her noch unterstützt würde (s. 402).

[87] Das Motiv der Scheuchen wird seitens der Forschung abwechselnd unterbewertet und dann, wie bei Rudolf Hartung — Günter Grass/«Hundejahre». — In: Neue Rundschau 74, 1963, S. 652—658 —, als lediglich negativ oder gar funktionslos angesehen (s. S. 653), oder aber über Gebühr strapaziert. Wenn aber «Hundejahre» laut Karl August Horst — Die Vogelscheuchen des Günter Grass. — In: Merkur 17, 1962, S. 1003—1008 — eher ‹Die Scheuchen› heißen müßten (s. S. 1005), dann sollte man deren gegen Ende des Romans gewandelte Funktion — vom Deformationsprinzip zur (didaktischen) Anschauungsform etwa des Scheuchenmeetings — nicht übersehen (s. 679/80).

[88] Ähnlich abhängig und hoffnungslos aneinandergekettet erweist sich der weibliche Teil des Kleeblatts, besonders da, wo Tulla auf nachtwandlerisch-traumatische Weise Jennys Wegen folgt, ihr den Trainingsbeutel trägt (s. 275 ff.). Nicht umsonst liegen Aktienteich und Eis-

(s. 648), nimmt ferner die Gelegenheit wahr, den andern zu der Bereinigung ihrer privaten Beziehungen endlich auch von seiner Rache- und Säuberungsmanie abzubringen. Da Walter in diesem Punkte auf keine Weise gutwillig Verzicht leisten will, ist zwar keine physische Mißhandlung — das wäre ein Rückfall in überwundene Fausthieb-Mentalität —, wohl aber der «Hammerschlag» einer pädagogischen Roßkur vonnöten (547): Amsel läßt den Zusammengebrochenen in die Gegend von Hannover transportieren, wo er selbst eine Art Bergwerksbetrieb unterhält, und mutet ihm — dies die ‹Strafe› — eine Grubenbesteigung zu, eine Fahrt in die Tiefe, die sich (frei nach romantischer Tradition) zugleich als eine Reise in die Vergangenheit erweist. Matern, dessen Mund noch immer nicht frei ist von beißend-zähneknirschendem Haß, bekommt hier Zahn um Zahn, Firstenkammer um Firstenkammer, insgesamt genau zweiunddreißigmal — insofern ist diese ‹Bildungsreise›, wenn auch übertragen, doch ein Akt geistiger Rache —, vor Augen geführt, daß die Welt, wie heute so zu allen Zeiten[89], voll war von dieser verheerendsten aller Emotionen (s. 662/63), die Menschheit folglich leicht darauf verzichten kann, an deutschem Wesen (zu zwangsweise verordneter Reinheit) zu genesen. Am Beispiel geschichtlicher Wendepunkte vor allem (s. 671/72) bekommt der Bergfremde vorgeführt, daß Geschichte wesentlich eine Anhäufung abstruser Vorgänge ist ohne Anfang und Ende, Ziel und Richtung, alles mit allem vermengend zu einem so haßdurchtränkt-unreinlichen (s. 664; 667; 676) wie unentwirrbaren Knäuel[90]. Kein Wunder, daß derartiger Anblick einem Puristen wie Matern Höllenqualen bereitet (s. 656 ff.). Verzagen befällt ihn, je mehr erkennbar wird, daß der Versuch, hier Ordnung schaffen zu wollen, angesichts so gewaltiger Dimensionen ein übermenschliches und darum unmögliches Unterfangen darstellen würde. Nicht auf Reinheitswiederherstellung kommt es an, vielmehr darauf, den Kräften der Zerstörung, dem allgegenwärtigen Haß vor allem domestizierend beizukommen. Amsel macht auch hier (noch einmal) den Anfang. Wie er Matern gegenüber auf Rache

kellerbau in unmittelbarer räumlicher Nachbarschaft zueinander, ist die Blutegelgeschichte, die sich dort (am Wasser) abspielt, das Pendant zum messerritzenden Verbrüderungsritual der Jungen. — Und auch Tulla tanzt (!) gleich der bewunderten Jenny, doch ist ihr Solo vor Kuddenpäch (s. 247) expressive Gebärde ohne jedes ästhetische Beiwerk, nicht aber leerer Figuralismus (s. «Die Ballerina», a. a. O. S. 534): Je weniger das Reich des Geistes von dieser Welt ist, desto eindeutiger verändert Macht sich auf Gewalt und Brutalität hin, je ätherischer die Schönheit, desto mehr treten die häßlichen Züge der Wirklichkeit hervor, das dialektische Wechselspiel bestätigend nicht nur des Seins, sondern ebenso der Erscheinungsformen.

[89] Die wiederholten Ausflüge in die Kynologie, das zurückverfolgende Abschnurren des Stammbaums von Prinz oder Harras bis hin zur litauischen Wölfin (s. 45; 70; 147 u. a.) dienen der Verdeutlichung eben dieses Weltbefundes.

[90] s. den schier endlosen Ritter- und Nonnenreigen 10; 73/74; 76 ff. (u. a.), jene imaginierten Gestalten, mit deren Hilfe der Dichter den Bodensatz insbesondere der osteuropäischen Geschichte (s. 70/71) aufzurühren und noch den unheiligen Motiven der Ordensritter und ihrer ‹Kreuz›-Züge nachzuspüren unternimmt.

verzichtet, meldet er seit der Wiederbegegnung und verstärkt beim Rundgang durch die Firstenkammern Besitzansprüche an auf den ‹Höllenhund› Pluto (s. 681), behält er Materns Begleiter, dessen Einsprüche ignorierend, nach der Rückkehr ans Tageslicht auf dem (Berg-)Werksgelände zurück[91]; Ausdruck der Überzeugung, daß eine der ältesten und gefährlichsten Emotionen nachgerade unter Kontrolle gebracht sein, ihr zügelloses Wuchern zumindest der Vergangenheit angehören sollte, Hunde-Jahre menschlich-versöhnlicheren Zeiten zu weichen hätten. Matern, der überwältigt Übersättigte, fügt sich am Ende, von Amsels Perspektive[92] zwar nicht eben begeistert — das war auch nicht verlangt —, wohl aber für die neue Haltung des Gewaltverzichts — der Orkus (voll haßerfüllter Repressionen) ist oben (s. 681) — gewonnen bis zu einem Grade, daß es ihm in Zukunft möglich sein wird, sich menschlich-sozial zu integrieren. Daß er es schafft, diese seine letzte (und schwerste) ‹Rolle› überzeugend zu spielen, darauf deutet (u. a.) sein Schauspieltalent, d. h. hier seine Fähigkeit, sich nicht nur in opernhaften Gesten zu ergehen, sondern, Anpassungsbereitschaft vorausgesetzt[93], selbst in kooperativ gestimmte Figuren — nicht nur Bösewichte! — hineinfinden zu können (s. 564 ff.).

Was als Fazit herausspringt aus derartiger Ventilation des Verhältnisses von Geist und Macht? Viel, wenn man die Überwindung des Denkens in Freund/Feind-Kategorien in Rechnung stellt, wenig(er), solange man die schließlich erreichte Beziehung zwischen Eddi und Walter mit der Blutsbrüderschaft des Anfangs vergleicht. Was bleibt, ist statt so schwärmerischer Beziehung etwas sehr viel Nüchterneres: ein unblutiges Nebeneinander, Versöhnung, die bestrebt ist, es statt mit Überschwang zur Abwechslung einmal mit den Zwischentönen zu versuchen: «Eddi pfeift etwas Unbestimmtes. Ich [Matern] versuche ähnliches zu pfeifen» (682). Das ist zwar schwierig, aber Voraussetzung dafür, daß nun endlich die in der ‹Blechtrommel› sosehr vermißte Waschung, d. h. Schuldtilgung

---

[91] Hier ist nachzutragen, daß der Hund sich zu keiner Zeit der Romanhandlung ‹verscheucht› findet (s. 70): Haß ist wie Eddis so des Autors Meinung nach (in sich) verfratzt genug und eher einer Abmilderung statt zusätzlicher Verunglimpfung bedürftig, wobei im Abbau dieser Emotion die von Paul Konrad Kurz (a. a. O. S. 172) sosehr vermißte ‹positive› Funktion des Romans zu suchen wäre.

[92] Danach verschwindet der Haß zwar nicht, doch geht seine Verbreitung, vergleicht man den Scheuchenabsatz, immerhin zurück (s. 663). Wie diese Emotion zuletzt bevorzugt nur mehr in der Dritten Welt angetroffen wird, so entstammt auch das andere Extrem blutsbrüderlicher Freundschaft äquatorial-exotischen Regionen, ist die Idee des Afrika-Heimkehrers Kornelius Kabrun (s. 16) und bei den Hottentotten eher zu Hause als bei gesittet aufklärerisch gesonnenen Mitteleuropäern. — Dem entspricht der Gegensatz zwischen Tullas Indianerwildheit (s. 312; 318) und Jennys guter Kinderstube.

[93] Auch hier gilt es eine lebensfähige Mitte zu finden zwischen notorischem Außenseitertum und dem Verlust jeglicher individueller Eigenheit, wie er sich im Verkauf der Stimme (s. Epoca-Feuilleton S. 118) — Matern, der als Kinderfunk-Sprecher zu röhren wie zu ‹wohnen› anfängt, dem Milieu wie der Bequemlichkeit zu verfallen droht (s. 565/66) — offenbart.

stattfinden kann. So bleibt am Ende doch etwas Gemeinsames: Neben der Pantomime das Wissen um die ständige Gefährdung einer Beziehung, die paradigmatisch steht für menschliches Miteinander, und als Folge davon Wachsamkeit,
die zu der Rücksicht auf den andern die Veränderung der Wirklichkeit im Auge
behält. Das Auf und Ab, Bewährung wie Katastrophen dieser Verbindung bis
hin zum wenn nicht glücklichen, so doch versöhnlichen Ende[94] zu schildern, war
Aufgabe und Thema des vorliegenden Romans, dessen Umfang vor allem die
Schwierigkeit der gestellten Aufgabe widerspiegelt (s. 43), eines Romans, der,
sollte man ihn gattungsmäßig einordnen[95], indem er von unpolitischer Innerlichkeit zur Bejahung des Gegenübers in seiner privaten wie sozialen Andersartigkeit gelangt und damit zur Anerkenntnis der Welt überhaupt führt, der
Tradition des deutschen Erziehungs- oder Entwicklungsromans nähersteht, als
der Name seines Verfassers vermuten lassen möchte.

---

[94] Dieser Schluß ist, bei aller notwendigen Einschränkung, ungleich positiver, als die Forschung
gemeinhin wahrhaben will. Insbesondere die Arbeit von Goetze kommt zu dem letztlich
deprimierenden Fazit, daß bei allen Ansätzen, (erzählend) eine Revision menschlicher Fremd-
bestimmung in Gang zu setzen, die Fiktion des Autorenkollektivs am Ende doch versage:
«Kollektivem Erleben folgen nicht kollektives Erkennen und kollektives Handeln. Vereinzelt,
bleibt der Mensch ausgeliefert dem System ... Den Deformierten fehlt, systembedingt, das
Bewußtsein ihrer Deformation, ihrer Lage, das Klassenbewußtsein», a. a. O. S. 99. — Sowohl
die Ansicht, Matern werde durch den Bergwerksbesuch nicht verändert, als auch deren soziolo-
gisch-ideologische Begründung kehren wieder in den Ausführungen von Cepl-Kaufmann
(a. a. O. S. 137), wobei die Verfasserin über die Deformation der Figuren hinaus die gesamte
Anlage des Romans viel zu statisch (s. S. 180) sieht — und von daher die Mehrzahl ihrer
Thesen (einschränkend) negativ formuliert —, den Weg des Helden (Matern) als bloße Rückkehr an den Anfang versteht und meint, «mit dem Ende des Romans ... [sei] kein positiver
Ausblick denkbar» (S. 181).

[95] Zur Selbsteinschätzung des Autors, «Hundejahre» betreffend, vgl. die Äußerungen bei Wil-
helm Johannes Schwarz, Der Erzähler Günter Grass, Bern/München ³1975, S. 88; ferner W. J.
Schwarz, Auf Wahlreise mit Günter Grass. — In: Grass. Kritik — Thesen — Analysen, hrsg.
v. Manfred Jurgensen, Bern/München 1973, S. 151—165, dort S. 152; oder Heinz Ludwig
Arnold, Gespräch mit Günter Grass. — In: TEXT + KRITIK. Zeitschrift für Literatur,
Heft 1/1 a, ⁴1971, S. 1—26, dort S. 21.

IV. GROSSES NEIN UND KLEINES ‹JA›:
«AUS DEM TAGEBUCH EINER SCHNECKE»

1. Die Geschichte von Hermann Ott, genannt Zweifel

Nichts scheint hoffnungsloser als der Versuch, den Inhalt des ‹Tagebuchs› referieren zu wollen. Nicht, daß es an Faktizität gebräche, im Gegenteil zeigt sich die stoffliche Seite dieses bisher letzten (epischen) Werkes von Günter Grass erneut von einer eher überbordenden Fülle. Neu oder zumindest in dieser absichtsvollen Direktheit ungewohnt ist dagegen das Neben- bzw. Durcheinander mehrerer (zumindest) auf den ersten Blick gänzlich disparater Inhalte: Nicht nur handelt es sich um den Rechenschaftsbericht eines Wahlkämpfers, seine Reisen und Reden betreffend, um ein zoologisches Diarium und Kolleg speziell über Gastropoden, Beobachtungen sodann des Kultur- und Zeitkritikers Grass hinsichtlich der Melancholieanfälligkeit unserer Gesellschaft, das ‹Tagebuch› bietet zudem die Umrisse einer Autobiographie und, da der Autor wesentlich in der Rolle des Familienvaters auftritt, ein Mosaik praxisbezogen-angewandter Pädagogik; schließlich ist es das Skript eines Archivars, eine Art episierter Dokumentation über die Judenverfolgungen und -vernichtungen im Dritten Reich[1].

Dominierend aber bleibt inmitten dieser Collagetechnik — und im Unterschied zum Debattierstil von «örtlich betäubt» — das epische Temperament des Arrangeurs. Eigentlich, gesteht der Erzähler, habe er «auf Anhieb von Zweifel erzählen [wollen], der mit Vornamen Hermann und mit Nachnamen Ott hieß» (7), doch dann drängt Politisches, diesmal die Wahl Gustav Heinemanns zum Bundespräsidenten, sich unabweisbar vor. Wenn aber und solange von Hermann Ott die Rede ist, dann nicht nur in dem seit ‹Blechtrommel› und «Hundejahre» bekannten und unverwechselbaren Timbre, sondern auch, was Ort, Zeit und schließlich selbst die Thematik angeht, rückkehrend zu alten Ufern. Von daher

---

[1] Angesichts eines derartigen Konglomerats gerät nun auch jener Teil der Interpreten in Verlegenheit, der sich sonst mit Vorliebe des paraphrasierenden Kommentars bediente und damit die Analyse zu ersetzen hoffte; mit der Folge, daß das ‹Tagebuch› bislang kaum ernsthaft Gegenstand literarhistorischen Interesses geworden ist. — Die Wertung betreffend, reicht die Skala der Urteile von gänzlicher Ablehnung hinauf bis zu allenfalls modifizierter Zustimmung, wobei die Art der Stellungnahme zumeist davon abhängt, ob man den fiktionalen oder nichtfiktionalen Partien den Vorzug gibt. Gelegentlich findet sich, wie bei Hermann Glaser — Grass auf Wahlreise. Zwischen Melancholie und Utopie. — In: Tribüne. Zeitschrift zum Verständnis des Judentums 11, 1972, S. 5016—5019 —, auch die Auffassung vertreten, eine «literarästhetische Betrachtung» sei gänzlich unangemessen «für einen Band, der politische Aktivität und Aktion resümiert» (S. 5019).

liegt es (methodisch) nahe, anstatt mit dem Neuen und Ungewohnten mit dem Vertrauten anzufangen, will sagen sich den Charakterzügen und Lebensumständen jenes Mannes zuzuwenden, der abwechselnd Ott oder Zweifel genannt wird. Und da erweist sich, daß diese doppelte Namensgebung so bezeichnend ist wie die Spitzmarke zutreffend, bezeichnend insofern, als alles an seinem Träger zweideutig erscheint. Schon sein Äußeres ist kaum auf einen Nenner zu bringen. Auf die diesbezügliche Frage der Kinder, wie man sich Zweifel denn vorzustellen habe, repliziert der Erzähler-Vater, Ott alias Zweifel sei ein «in sich verrutschtes Kerlchen, zum Zappeln und Kniewippen neigend, sonderlich und reich an schnarrenden [– darf man sagen: zynischen? –] Nebengeräuschen, schwach auf der Brust», um dann sofort zu korrigieren oder besser gesagt zu widerrufen: «... stellt euch Zweifel lieber nicht mickrig und zwinkernd vor» (27), vielmehr als «Jemand, der über Körperkräfte verfügte, ohne sie zu gebrauchen ... Jemand, der nur beim Händeschütteln Schmerzen bereitet. Jemand, der sich beim Hinsetzen um den Stuhl besorgt. Eine schüchterne Kraft auf Zehenspitzen. Ein betulicher Riese». Beide Vorschläge aber sind nur schwer vereinbar, ja letztlich einander zuwiderlaufend[2], und so endet der Versuch, der Phantasie der Kinder aufzuhelfen, in dem resignativen Fazit, daß es unmöglich und darum besser sei, den ‹Helden› seiner Geschichte gar nicht oder allenfalls «beliebig» zu imaginieren, denn: «Er bestand ja aus Widersprüchen, sah niemals eindeutig aus» (28) und ist allenfalls, wenn überhaupt, negativ[3] festlegbar. – Sowenig eindeutig wie hinsichtlich seines Aussehens ist es um seine Herkunft bestellt. Zwar der Familienname bleibt unverdächtig, aber sein Übername, mit dem er mehr und mehr verwächst, scheint auf jüdische Abstammung hinzudeuten: Wenn sein späterer Gastgeber darauf beharrt, einen Juden im Keller zu haben, dann vor allem dieses Rufnamens wegen, zumal er mit dem Träger des Pendants, einem Fuhrunternehmer (!) namens ‹Gläubig› aufwarten kann, der unbezweifelt jüdischer Herkunft gewesen sein soll (s. 282). Stommas Behauptung würde gestützt durch die These, daß Hermann Otts Vater auf den Vornamen Simon hört (s. 23), während sich gegen die Unterstellung jüdischer Abkunft einwenden läßt, daß der Sohn seine einwandfrei mennonitische Vergangenheit nachweisen kann (s. 24; 37; 186; 282). Freilich, wenn das ein Gegenargument ist, dann doch kein zwingendes, denn gleiches konnte, wie man sich erinnert, schon Albrecht Amsel – der ‹Beschnittene›! – zu seiner Entlastung ins Feld führen (s. H 31). Anderer-

---

[2] Später folgt erneut ein Widerruf zugunsten der erstern Aussage: So kann Stomma Zweifel, «der wohl doch schmächtig gewesen sein muß, über sich heben und manchmal gutmütig, oft schmerzhaft gegen die Kellerdecke stemmen» (162). Zieht man die Urwüchsigkeit solcher (Werderscher) Kraftproben in Betracht (s. dazu H 64), könnte man sich freilich selbst einen kräftigeren Hermann Ott emporgewuchtet denken.

[3] Einzig dies ist sicher in aller Beliebigkeit: «er humpelte nicht. Er trug keine Brille. Kein Kahlkopf». In die Reihe derartiger Negativbestimmungen gehört ferner ein Teint «von streng asketischer Blässe» sowie die allgemeine Kennzeichnung seiner Person als «Unauffällig» (28).

seits ist, auch dies mindestens seit den ‹Hundejahren›, alle Herkunft beliebig,
weshalb Hermann Otts Glaubenszugehörigkeit getrost offen bleiben kann und
einige Bedeutung, wie sich zeigen wird, allenfalls für Stomma gewinnt.

Wenn schon kein Jude, ist zumindest die Beziehung zur jüdischen Bevölke-
rung seiner Heimatstadt intensiv zu nennen: Hermann Ott kümmert sich um
die, die vielleicht nicht seine Glaubensbrüder sind, aber schon bald seine Leidens-
und Schicksalsgenossen sein werden. Als Student (und Praktikant) bereits verteilt er Warnungen und praktische Ratschläge, gibt skeptische Auskünfte, die
ihm schließlich seinen Spitznamen eintragen (s. 23/24); später, in der Zeit des
Naziregimes — inzwischen hat Ott seine Ausbildung abgeschlossen und ist zum
Lehrer avanciert —, wechselt er aus städtischen (Schul-)Diensten an das Rosen-
baumsche Gymnasium über (s. 42/43) und unterrichtet, als dieses (mangels aus-
zubildenden Nachwuchses) schließen muß, an der jüdischen Volksschule weiter
(s. 131). Und wie er den eintreffenden Ostjuden im Auswanderungslager als
Büroangestellter und ‹Reiseleiter› half (s. 23), so steht er während der Naziherrschaft und des beginnenden Terrors den Verfolgten und Exilierenden bei: 1939,
als die Große Synagoge geräumt werden muß, hilft er beim Verpacken der Kult-
geräte (s. 114), für die Zurückgebliebenen, meist ältere Leute, übernimmt er
Einkäufe und Botengänge (s. 131), macht sich nützlich und wird darum bis zuletzt, solange noch eine Chance zu Auswanderung und Flucht besteht, gebraucht
(s. 143). — Warum er dies alles tut, obwohl er doch weder zum Märtyrer taugt
noch eine sonderlich eindrucksvolle Heldenfigur abgibt? Jedenfalls nicht aus
Überzeugung oder gar Begeisterung für die jüdische Sache! Im Gegenteil zeigt
er für die Probleme des Judentums kaum nennenswertes Interesse, und «‹besonders fremd sind … [ihm] alle religiösen Bräuche›» (43). So ist er speziell gegen
das Ritual des Schächtens (s. 78), wie er sich generell skeptisch über den Zionis-
mus äußert (s. 43). Da er in gleicher Weise Vorbehalte hat gegenüber dem
Nationalsozialismus wie er überhaupt Rituale verabscheut, ist sein Engagement
wesentlich apolitisch. Was ihn bewegt, sich auf die Seite der Juden zu schlagen,
zeigt am ehesten die Art seiner Beziehung zu Isaak Laban: Auch dieses private
Verhältnis muß erneut distanziert, ja durchaus problematisch genannt werden,
eine streitbare Freundschaft über den Gartenzaun hinweg (s. 60), bei der Zweifel
sich vor allem über Labans deutschnationale Gesinnung mokiert, die nach Anpassung riecht (s. 68) und sich in dem Bemühen, deutscher sein zu wollen als die
Deutschen selbst, als kompensatorisches Verlangen zu erkennen gibt. Als aber
Ende 1937 die jüdischen Händler vom Markt vertrieben werden (s. 99), gibt
Zweifel ungeachtet aller bestehenden Differenzen keine Ruhe, ehe er nicht
seinen (nunmehr bedrohten) Freund in der Häkergasse aufgestöbert hat, und
ebenso demonstrativ kauft er Laban gerade jetzt einen Salatkopf ab, obwohl
oder weil er sich damit den Haß seiner Mitbürger zuzieht. Hier wie anderswo
wird deutlich, daß er sich immer dann solidarisch erklärt, sobald Juden als un-
erwünschte Minderheit betrachtet und unterdrückt werden; das Beispiel der

alten, «als Oma liebenswerte[n] Frau», die «die Hutnadel aus ihrem topfartig geformten Filz [zieht] und ... den grünen Salatkopf» mehrmals und haßerfüllt durchsticht (100), zeigt, daß er — darin Gewährsmann des Erzählers — überall da zur Stelle ist, wo es gilt, aufkommenden Terror wie die Gewöhnung daran noch in ihren harmlos-unscheinbarsten Erscheinungsformen zu entlarven, der Gewalt im Namen der Menschlichkeit früh und entschieden zu begegnen.

Damit ist aber, ob er will oder nicht, sein ferneres Schicksal entscheidend (mit-)bestimmt. Denn ob in der Motivation eher humanitär statt (partei-)politisch, wird er von offizieller Seite seinem Verhalten entsprechend alsbald zu den Philosemiten gerechnet und gerät so mehr und mehr in die Schußlinie des Systems. Bleibt noch offen, ob er die erste Anstellung verläßt oder verliert, so wird er in der Folge mehr oder minder massiv in seiner Lehrtätigkeit behindert, ein Antrag auf Wiedereinstellung in den städtischen Schuldienst — nachdem die schulpflichtigen ‹Nichtarier› Danzig weitgehend verlassen haben — schließlich ohne Begründung abschlägig beschieden (s. 143). Schon vorher hatte «seine ehrenamtliche Tätigkeit als zweiter Sekretär der Schopenhauergesellschaft ... ein Ende» gefunden, weil sich ein «unmittelbarer Kontakt zum Judentum nicht mit den Werten rein deutschstämmiger Philosophie vereinbaren lasse» (43). Mit sich steigernder Inkriminierung wächst zugleich die physische Bedrohung: Einer Haussuchung wegen Konspirationsverdachts (s. 113) — mit dem Weltjudentum? — folgt ein Überfall durch die HJ, bei dem Zweifel brutal zusammengeschlagen wird (s. 142/43). Auch das erste Polizeiverhör endet mit einer Ohrfeige sowie der Drohung, man werde sich wiedersehen (s. 143/44), alles Anlässe, seine latenten Fluchtgedanken (s. 133) komplexer werden zu lassen (s. 134), zumal, nachdem die letzte private Bindung in die Brüche gegangen ist[4]. Als Zweifel Ende März 1940 schließlich eine weitere polizeiliche Vorladung erhält (s. 146), gibt er die abwartende Position im Müggenhahler Werder auf (s. 132; 142), bereitet er seine Flucht vor (s. 137) und macht sich schließlich an einem beliebigen Montag per Fahrrad unauffällig von dannen (s. 147 ff.). Wohin, ist ihm bei Antritt seiner ‹Reise› selbst unklar; er hat kein eigentliches Ziel, sein Motor ist vielmehr, wie schon im Falle Joachim Mahlkes, wesentlich die Angst (s. 148). — Auf diese Weise sich vorwärtsbewegend, landet er schließlich bei Anton Stomma, und wenn dies ein Zufall ist, dann doch auch ein Glücksfall, dabei so unauffällig arrangiert, daß man an bloße Realistik glauben könnte und kaum gewahr wird, welch umsichtige Konsequenz (von seiten des Autors) hier am Werke ist: Zweifels Fahrrad erleidet unterwegs einen Defekt (s. 148/49); was liegt da näher, als einen Fachmann aufzusuchen, den Schaden zu beheben, zumal er Stomma von seinen früheren Ausflügen in diese Gegend kennt. Erst als man

---

[4] Schon den Wechsel an die Rosenbaum-Schule hatte er mit der Lösung seines ersten Verlöbnisses bezahlt (s. 77). Mit seiner zweiten Verlobten, der Bibliothekarin Erna Dobslaff (s. 79), zerstreitet er sich «aus politischen Gründen» in dem Augenblick, als sie die Meinung kundtut, es sei «‹unser Glück, in großer Zeit leben zu dürfen›» (144).

über den Reparaturarbeiten ins Gespräch kommt, setzt sich bei dem Flüchtigen
der Gedanke fest, auf jede Weiterfahrt zu verzichten, geht ihm sozusagen die
(höhere) Absicht der Erzählinstanz auf, der Umstand auch, daß diese Station
weit und breit der einzige Ort ist, wo er mit einiger Aussicht zu überleben verbleiben könnte.

Dies zu erläutern, gilt es, sich seines (künftigen) Gastgebers des näheren anzunehmen: Derb und stark schon von Berufs wegen[5], macht Anton Stomma von
dieser seiner überschüssigen Kraft nur allzugern Gebrauch, schlägt er erst seine
Tochter Lisbeth (s. 161), dann deren Liebhaber (s. 164), später seinen Schutzbefohlenen Zweifel (s. 178 ff.), wie er mit seinem Hang zur Kraftmeierei nicht
nur in privatem Umkreis gefürchtet ist, sondern sich auch nach außen hin weitgehend isoliert hat (s. dazu Bürger 55), wäre es nicht auf dem Lande ohnehin
üblich, mit allen Nachbarn ‹verkracht› zu sein. Nimmt man hinzu, daß seine
Frau lange verstorben ist, dann handelt es sich hier um einen notorischen Einzelgänger: «Stomma hatte keine Freunde und nie Besuch. Er besaß kein [welt-
bezügliches] Radio und keinen Hund. Jemand, der alleine war und halblaut vor
sich hinfluchte» (159). Es sind neben den erwähnten Charakterzügen die Umstände, die zu so umfassender Isolation beigetragen haben. Zwar ist Stomma
auch dumm, aber wenn er ohne die Spur formaler Bildung auskommen muß,
wenn er nicht einmal lesen und schreiben kann (s. 162/63) und nur das letztere
später mühsam erlernt (s. 165), dann liegt das wesentlich in seiner Herkunft
begründet: Stomma ist Kaschube, d. h. weder Pole noch Deutscher, sondern
Angehöriger einer (aussterbenden) ethnischen Minderheit von Altslaven, die
eine «mit deutschen und polnischen Lehnwörtern gespickte Sprache sprechen»
(148) — und folglich geistig benachteiligt, zu kurz gekommen, wie er sich physisch beständig bedroht fühlt. Speziell in Kriegszeiten ist er der (politischen)
Orientierung bedürftig, muß er wissen, mit welcher Seite er es halten soll, zumal
er die Wechselfälle der Geschichte — ablesbar an den (sich wandelnden) Namen
der umliegenden Dörfer — unmittelbar vor Augen hat (s. 165). Die Gefahr ist
also keineswegs nur hypothetisch, und so hat er denn auch, wenn er Zweifel
nach der möglichen politischen Entwicklung befragt, Angst vor der unmittelbaren Zukunft, Empfindungen, die er augenblicksweise mit Hilfe der Schnaps-
flasche zu betäuben sucht, für den Erzähler Gelegenheit, wie bei Mahlke den
Adamsapfel rucken zu lassen (s. 150). — Einsamkeit, Angst und Ohnmacht
haben Stomma und Zweifel gemeinsam; worin sie sich so deutlich unterscheiden
wie vorteilhaft ergänzen, ist ihr jeweiliger geistiger Habitus. Wenn Stomma, der
Desorientierte, Zweifel schon nicht aus purer Gutmütigkeit bei sich unterbringt
— er kann immerhin ebenso gutmütig sein wie grob (s. 273) —, dann deshalb,

---

[5] Bevor er Fahrradhändler wurde, war er immerhin bei einem Grobschmied in der Lehre
(s. 163). So gilt auch für ihn, was Zweifel von jenem Metzger vorliest, «der gerne Uhrmacher
geworden wäre, aber kein Fingerchen fürs leicht Zerbrechliche gehabt» hatte (219).

weil er bei aller Einfalt doch auch verschlagen ist. Zwar nicht klug, aber schlau
(s. 304), hofft er in der Person Zweifels, den er für einen Juden, mithin für einen
gescheiten Mann hält (s. 162), einen ‹Doktor Allwissend› in der Hand zu haben.
Zwar ist es nicht ungefährlich, ein solches Individuum bei sich zu verstecken,
doch könnte Zweifel selbst im Falle eines sich abzeichnenden deutschen Endsiegs
noch von Nutzen sein, d. h. ihm zuvor und rechtzeitig zu einem Eindeutschungsantrag verhelfen (s. 150), während er, Stomma, sich bei einem polnisch-alliierten
Triumphe rühmen dürfte, einem Widerstandskämpfer Unterschlupf gewährt zu
haben (s. 186; 282). In jedem Falle also scheint Zweifel sich auszuzahlen, und als
es gilt, letzte Bedenken zu überwinden, genügt es, mit Geld zu winken, um
geschäftstüchtige Habgier über Stommas Ängste siegen zu lassen (s. 150; 178). So
gewährt ein Einzelgänger einem Flüchtigen Logis, läßt ihn, falls er sich nicht auf
längere Sicht ohnehin bezahlt machen sollte, zunächst und sofort (sich) aus-
zahlen!

Umgekehrt profitiert auch Zweifel von Lebensumständen und Wesensart
seines Gastgebers: Dessen Verlassenheit garantiert ihm Ruhe, Sicherheit, sein
mangelnder Intellekt macht die Ratschläge noch des ‹Häftlings› unentbehrlich.
Zweifel also nimmt Quartier im Keller. Damit scheint er auf den ersten Blick in
die Reihe derer zu gehören, die eines der bei Grass so zahlreichen Verliese auf-
suchen, welche nichts anderes meinen als Nahtstellen zwischen Diesseits und
Jenseits und also vornehmlich Gelegenheit, sich für immer aus diesem Leben zu
verabschieden. Aber wenn ihm mit dem Anstaltsinsassen Oskar wie dem Taucher Mahlke die Angst gemeinsam ist, dann denkt Zweifel zwar daran, sich
(zeitweilig) an den Rand des Daseins zu salvieren, nicht aber ist hier jene konsequente Flucht ohne Wiederkehr gemeint[6], vielmehr ist der Kellerinsasse ähnlich
vordergründig wie der Hausherr über ihm aufs Überleben bedacht (s. 162)[7] und,
wenn schon nicht robust und (darum) kaum heroisch, so doch zäh, mit der
Fähigkeit wie dem Willen zum Durchhalten ausgestattet. Dies ist freilich auch
nötig, da sein Schlupfwinkel alles andere abgibt als ein wohnliches Domizil, sich
vielmehr als ein kellerartiger Lagerraum präsentiert (s. 150), der nicht nur un-
ordentlich ist und mit allerlei Krempel angefüllt (s. 151; 157/58), sondern dazu
in höchstem Maße unbehaglich-unwirtlich erscheint[8]: Eingerichtet mit nichts als
einer alten Seegrasmatratze sowie einer «verpißte[n] Steppdecke» (158), sieht
sich Zweifel genötigt, einen Stuhl aus dem Gerümpel zu klauben, um überhaupt
nur sitzen zu können, während er einen Tisch erst mühsam erbetteln muß. Hinzu

---

[6] Im Gegenteil erschrickt Ott bei Bekanntwerden derart extremer Reaktionen, etwa, als ein
siebzehnjähriger Gymnasiast in der Turnhalle des Gymnasiums erhängt aufgefunden wird,
«nachdem ihn seine Mitschüler in der Toilette (nur so zum Quatsch) gezwungen hatten, seine
beschnittene Vorhaut zu zeigen» (32).

[7] Davon zeugt schon ein Blick auf die Aufstellung dessen, was er als Fluchtgepäck mitzunehmen
für notwendig erachtet (s. 147).

[8] Besonders im Kontrast zu dem (behaglichen) Küchenmilieu unmittelbar über ihm (s. 158).

kommt, daß der Raum feucht ist (s. 155; 158/59) und im Winter so kalt, daß er insbesondere bei Nordwind einem ‹Eiskeller› gleicht; doch bewährt sich gerade in dieser Zeit, als Kälte Zweifel belagert (s. 175), dessen Widerstandskraft, zeigt sich, daß er wider Erwarten nicht kränkelt, vielmehr bis auf eine leichte Grippe zu Anfang (s. 155) auf Dauer gesehen gesund bleibt[9]. — Gilt seine physische Resistenz im wesentlichen dem Wetter, metaphorisch gesprochen den atmosphärischen Lebensbedingungen, der politischen Großwetterlage, so leistet Zweifel seiner Natur nach vor allem geistigen Widerstand, dies aber eindeutig und konsequent. Kein Zufall, daß er mit seiner Lehrerausbildung unmittelbar vor den Neuwahlen 1933 fertig wird (s. 29/30); sein künftiges intellektuelles Bemühen gilt der Neutralisation totalitären Denkens, indes er ebenso unbeirrt Menschlichkeit praktiziert wie lehrt. Geistiger Widerstand, dazu paßt nun vielleicht nicht die ‹Einrichtung› des Kellers, wohl aber dessen (bauliche wie) geographische Lage: Stommas Wohnsitz nämlich ist nicht nur inmitten der Kaschubei gelegen (s. 148/49), das Städtchen des Kreises, darin er lebt, heißt überdies bezeichnenderweise Karthaus, und wenn Zweifel dem Fahrradhändler bedeutet, er suche «‹etwas Klösterliches, eine Karthause›» (150), dann ist er eben hier vor die rechte Schmiede gekommen, geht doch der Name jener Ansiedlung zurück auf eine Ordensgründung, bei der «Karthäusermönche im Jahr 1381, auf Wunsch eines weltmüden kaschubischen Grafen, ein Kloster bauten: die Karthause Marienparadies, ein Ort, sich Gedanken zu machen».

Zwar Fluchtort, aber innerhalb, wenn auch am Rande der Welt gelegen, dort, wo «Die Klosterkirche mit ihrem Sargdeckeldach ... ihr Spiegelbild in den See» wirft (149), wird Stommas Keller zum Zentrum intellektueller Auflehnung gegen jene Spielart des Totalitarismus, die sich Nationalsozialismus nennt, den politisch Heimatlosen und materiell Bedürftigen Ordnung und Auskommen verspricht und statt dessen Chaos, Terror und Unmenschlichkeit über Europa bringt. Darüber hinaus aber und unabhängig von Tag und Stunde gilt Zweifels Ablehnung jeglicher Ideologie, sei sie nun von der revolutionär marxistischen oder der konservativ-reaktionären Observanz darum, weil jede dieser Heilslehren sich den Anschein des Eindeutigen gibt (s. 210), ja mit dem Anspruch absoluter Gültigkeit daherkommt und von daher zu Proselytenmacherei und zwanghafter Vereinnahmung neigt. Aus diesem Vorbehalt heraus läßt der Dichter seinen Helden Philosophie studieren, und als philosophischer Kopf nötigt

---

[9] Dies im Unterschied zur Empfindlichkeit des damaligen Wirtschaftsministers Karl Schiller, der sich, wenn er bei einem Großbauern unterkriecht, um ungestört über das Problem der DM-Aufwertung nachdenken zu können, als wenig abgehärtet erweist und sich sogleich eine Erkältung zuzieht (s. 153; 154). — Abhärtung als Zeichen von Lebenswillen, darin unterscheidet Zweifel sich ferner von Joachim Mahlke, der zwar physische Höchstleistungen vollbringen kann, beim letzten Besuch des Schiffswracks jedoch das Tauchen für unmöglich erklärt, so daß, wenn er trotz niedriger Wassertemperatur schließlich doch unter Deck geht, nur ein Wegtauchen ohne Wiederkehr gemeint sein kann.

Zweifel künftig «jedes absolute Gehabe», «über seinen Witz [zu] springen» (54). Was er an die Stelle derartiger Dogmatismen setzt? Nichts anderes als vorbehalt-lose Erkenntnis, aber eine Erkenntnis, der die Anschauung jeweils voraufgegan-gen ist, anstatt ihr nachgeliefert zu werden. Nicht die Wirklichkeit hat sich dem Denkenden zu bequemen, sondern dieser muß sich mit der Realität auseinander-setzen. Sollte man Zweifel einen Platz zuweisen müssen innerhalb der Philo-sophiegeschichte, dann hätte man ihn dem Skeptizismus oder erkenntnistheore-tischen Realismus beizuordnen.

Diesen (realistischen) Zug aufs Gegebene hin zu betonen, dient die zweite Fachrichtung, die Grass Hermann Ott studieren läßt: Nicht nur ist er Philosoph, sondern zugleich Biologe, und dies wird nun speziell Voraussetzung dafür, daß Zweifel etwas von Schnecken versteht. Wenn er sich als ein Liebhaber und Sammler eben dieser Tiere erweist, dann sind ihm Schnecken wichtig ihrer Bodenhaftung wegen, als Kriechtiere[10], die man mit Blickrichtung zur Erde hin suchen und sammeln muß. Mit diesem ihrem Lebensraum stellen sie das genaue Gegenteil dar aller (Flug-)Tiere[11], die in der luftigen Ätherregion sowenig zu-fällig beheimatet sind wie Schnecken am Boden gefunden werden. Darf man einem Schneckensammler Realitätssinn zubilligen, wird für passionierte Orni-thologen eher weltfremde Verstiegenheit kennzeichnend sein. – Was Zweifel ferner an den Mollusken interessiert, ist neben dem Lebensraum die Bewegungs-art (s. 12; 74), die – bei Kriechtieren – notwendig langsam sein muß, wie das Haus, falls es sich nicht um Nacktschnecken handelt, ‹gewunden› erscheint (s. 54). Auch hier wird das Gemeinte, der metaphorische Sinn klar durch Kontrastie-rung: der langsamen, zögernden Schnecke stehen die flinken, schnellfüßigen Tierarten gegenüber.

Wenn, wie behauptet, Schnecken nicht nur konkret zu ‹begreifen›, sondern ebenso Bedeutungsträger sind, läßt sich aus Zweifels Vorliebe für Gastropoden seine Anti-Haltung genauer bestimmen: Zwar gegen alle überstürzte ‹Bewe-gung›, nicht aber gegen Bewegung überhaupt, ist er ein Anhänger mählicher, d. h. kritisch geprüfter Veränderung jenseits blauäugiger Begeisterung und Fort-schrittseuphorie. Und darin unterscheidet er sich grundsätzlich von seinem Gast-geber Stomma, der kaum zufällig als Fahrradhändler fungiert. Immer schon war er fürs schnelle Fahren, für technisiert-beschleunigte Fortbewegung! Mit seinem Vater übernahm er, noch als Heranwachsender, Betonfuhren für den Straßen-bau; im Ersten Weltkrieg arbeitete er in einer Autoschlosserei, reparierte dort Heeresfahrzeuge (s. 163). Und auch nach Kriegsende hat diese Vorliebe nichts an Intensität eingebüßt, erwirbt er einen NAG-Siemens, um sich damit als Taxi-fahrer zu betätigen, bis diese ‹Karriere› 1930 ein jähes Ende findet, als er sein Fahrzeug eines Tages vor einen Baum steuert. Oft erzählt er von diesem Malheur,

---

[10] Seine Sammlung enthält denn auch konsequent keinerlei marine Schnecken (s. 71).
[11] Dazu paßt die Anmerkung hinsichtlich der Flugangst der Schnecken (s. 244).

und Zweifel begreift, «daß Stomma sein Automobil, wie sonst nichts auf der
Welt, geliebt hatte» (164). So kommt das schließliche Umsatteln zum Fahrrad-
mechaniker nicht von ungefähr: Wieder beschäftigt er sich mit Vehikeln, die
dem Menschen helfen, schneller voranzukommen, besonders, wenn ihnen dabei
«die Begeisterung als Luft und der Glaube als Pumpe dienen» (33). Daß Stomma
leicht zu entflammen ist, zeigen die späteren Theateraufführungen, und so darf
man in seiner Berufsausübung einen Ausdruck sehen unbedingten Glaubens an
die Segnungen des technischen Fortschritts. — Anders Zweifel, der den väterlichen Wunsch mißachtet, wonach er Ingenieur hätte werden sollen, und der sich
erst recht nicht dazu überwinden kann, (ausgerechnet) Hydraulik zu studieren
(s. 23)! Statt dessen lebt er der Überzeugung, die Einstellung zum Fortschritt
müsse, wenn nicht negativ, so zumindest skeptisch sein (s. Bürger 113), sucht und
findet er als Philosoph und Zoologe Schnecken bezeichnenderweise unmittelbar
neben Symbolen technischen Triumphes, elektrifizierten Pumpwerken etwa
(s. 54), wie er in sein Versteck den «handcolorierten Stich einer gebänderten
Schnirkelschnecke» mitnimmt (147), «der insularen Skepsis» wegen (37) überdies
ein ‹englisches› Exemplar (s. 147). Stommas pausbäckiger Optimismus (s. dazu
310) indes wird bereits früh hinsichtlich seiner Auswirkungen ad absurdum geführt: Bevor das Auto an einem Baum zerschellt[12], läßt der Autor den Besitzer
Artilleriemunition fahren, d. h. Handlanger der Zerstörung sein (s. 163)!

Zur realistischen Wahrnehmung der Umwelt gehört insbesondere die auf-
merksame Beobachtung der politischen Szenerie. Und da gewinnen Schnecken,
die Beschäftigung mit ihnen, eine politische Dimension, sobald man darauf
achtet, wann sie jeweils Gegenstand menschlichen Sammelfleißes werden: Schon
als Kind soll Zweifel «Schnecken gesammelt, in Terrarien gehalten und detail-
süchtig beobachtet haben» (53). Datenmäßig (exakt) greifbar wird diese Lieb-
haberei freilich erst nach 1918. Mit Wiederherstellung friedlicher Zustände wan-
delt sich das heimatliche Werder in einen einzigen großen Garten; freilich nicht
in einen Garten Eden, denn mit dem Gemüseanbau großen Stils kommen
Schnecken auf, die sogleich als «Schädlinge» betrachtet (53), ‹gesammelt› und als
Ergebnis organisierter Vernichtungsfeldzüge mit kochendem Wasser übergossen
werden![13] Nimmt man diese Beschreibung nicht nur vordergründig real, dann
darf man darin einen Hinweis sehen auf die Anfänge der Weimarer Republik —

---

[12] Vgl. die parallelen Hinweise auf biographischer Ebene, die Notierung der Autounfälle und
sich wiederholenden Zusammenstöße an der Kreuzung Handjery—Niedstraße in Berlin-
Friedenau (s. 95; 154; 188), mit denen der Vater — selbst notorisch führerscheinlos — die
Begeisterung der Söhne fürs Technische dämpfen möchte.
[13] Zugleich ist Zweifel, wie im Falle der Juden, wieder auf seiten der Verfolgten zu finden, tötet
er Schnecken höchstens noch «exemplarisch, der Anschauung wegen» (53).

als Terminus post quem wird das Jahr 1924 genannt (s. 54 u. 23): Zwar der
Krieg ist vorüber, doch weist insbesondere das Hantieren mit Gurkengläsern auf
die schlechten Jahre — Sauregurkenzeit — Weimars hin, und wie der Salat auf
‹Mist›-Beeten gedeiht, wird die junge Pflanze Demokratie weniger als Errungen-
schaft denn als etwas (im Vergleich zum Kaiserreich) höchst Unvollkommenes
und zudem künstlich Aufgepfropftes empfunden, als eine Einrichtung, die man
innerlich ablehnt, ja (ganz un- oder antischneckenhaft) zu überspringen trachtet
zugunsten radikaler (und vermeintlich besserer) Lösungen[14]. — Als Irrationalis-
men dieser Art überhandnehmen und schließlich das Aufkommen des Nationalsozialismus ermöglichen, beginnt 1933/34 Zweifels zweite (datierbare) Sammel-
periode (s. 44/45), bewährt er sein realitätsbezogen-antizyklisches Betragen um
so konsequenter, je mehr menschliche Geduld und politische Vernunft auf der
Strecke bleiben, während er, als er sich zur Flucht genötigt sieht, keine seiner
(lebenden) Schnecken mitnimmt (s. 137), sie vielmehr zuvor in dem ihren natürlichen Lebensbedingungen jeweils entsprechenden Terrain absetzt, ein (weiterer)
Hinweis darauf, daß er zwar gedenkt, vorübergehend von der Bildfläche zu verschwinden, nicht aber, die Haltung der Welt-, sprich Realitätsbezogenheit aufzugeben.

Im Gegenteil kommt nun alles darauf an, den herrschenden Unrechtsstaat
und seine Machthaber zu überdauern, um eines Tages, unter günstigeren Voraussetzungen, dem Gedanken skeptischen Revisionismus' nachgehen zu können.
Bis dahin gilt es, die inhuman-irrationale Zwischenzeit zu überbrücken, und
dies durch nichts anderes als durch — unterhaltsames Erzählen! Auch darum ist
Zweifel Pädagoge, erhält er insbesondere an langen Winterabenden Gelegenheit
zu beweisen, «wieviel nußgroßes Wissen ein Lehrer gespeichert mit sich trägt,
und sei es als Fluchtgepäck» (178). Erst von diesem seinem Schubladengedächtnis
her (s. dazu H 568) wird (nachträglich) verständlich, weshalb er sich so «Überraschend leicht … von seinen Büchern … trennen» konnte (147). Als Deutsch-
lehrer zumal verfügt er mit der nötigen Faktenschwere zugleich über ein um-
fassend episches Talent, das es (ihm) ermöglicht, alles, von der «Erfindung des
Blitzableiters» über «die Freiheit des Willens, … [den] Stuhl in seiner Funktion,
wie Ebbe und Flut entstehen, … [den] Pyramidenbau» bis hin zum «Erdbeben
von Messina und Schopenhauers Flucht vor der Cholera» anekdotisch, als Ge-
schichte(n) erzählen zu können (178), ist er aufs beste geeignet, sich und andern

---

[14] Wem diese Deutung allzu phantasievoll erscheint, sei auf direkte Äußerungen (s. Bürger 60)
ebenso verwiesen wie auf den bezeichnenden Umstand, daß die Vernichtungsaktionen 1924,
d. h. mit Beginn der sog. ‹guten› Jahre Weimars, aufhören. — Entsprechend stellt Zweifel sein
Sammeln ein, nicht aber gibt er seine Skepsis preis, vielmehr tritt nun prüfend-philosophische
Weltbetrachtung an die Stelle biologischen Sammelfleißes, verdinglicht sich das in Frage stel-
lende Warum «zur Botanisiertrommel, in der alles, was sich als gegeben betrug, als gültig
benahm oder als bewiesen zur Ruhe gesetzt hatte», gesammelt wird, um «mit Präparier-
nadeln» gespießt und «in Säurebädern» angezweifelt zu werden (54).

die Zeit zu zerstreuen, die Ängste zu verbannen. — Wie es ihm dabei ergeht? Da seine (äußere) Lage — und Stommas Verhalten — gekoppelt sind an die jeweilige militärische Situation, führt er anfangs ein erbärmliches Dasein! Die Deutschen siegen, die Front rückt anscheinend unaufhaltsam vor, aber was da äußerlich als Bewegung erscheint, ist mit der Etablierung und Befestigung eines verbrecherischen Systems in Wahrheit ein Rückfall der Geschichte. Vordergründig freilich sind die Fronterfolge derart eindrucksvoll, daß der leicht zu enthusiasmierende Stomma an Zweifels Zukunftsprognose, der Krieg werde schlimmstenfalls ein Jahr dauern (s. 150), schon bald irre wird. Als diese Zeitspanne verstrichen ist, aber nichts darauf hindeutet, daß die Voraussage in Erfüllung geht, stellt er August 1940 — und mit Zweifels Hilfe (!) — einen Eindeutschungsantrag (s. 165). Von nun an erzählt Zweifel sozusagen um sein Leben, und dies je mehr, desto verunsicherter Stomma wird, und je mehr mit den Ängsten die grobianischen Züge seiner Natur die Oberhand gewinnen. Der ‹Jude› scheint sich nicht auszuzahlen, und so wird Zweifel, als sich zwar nicht die Sympathie Stommas — er liebt die preußischen ‹Piefkes› und deren Nachfolger keineswegs (s. 163) —, wohl aber das Kriegsglück den Deutschen zuneigt, von seiten seines ‹Kerkermeisters› immer häufiger mit Schlägen — Hosenträger, ja selbst Fahrradspeichen müssen zu diesem Zwecke herhalten — traktiert (s. 178 ff.)[15]. Stomma droht mit Auslieferung an die Gestapo (s. 182/83) und, als das nichts fruchtet, Zweifels Vorräte an Rasierklingen aber längst erschöpft (s. 147), alle Berechnungen bezüglich des Kriegsendes gründlich über den Haufen geworfen sind, beschenkt er den lästigen Hausgenossen zu Weihnachten 1941 in aller Unschuld mit einem (offenen) Rasiermesser (s. 205), weniger als Liebesgabe gedacht denn als unverblümte Aufforderung zur Selbstbeseitigung! In dieser Zeit ist Hermann Ott buchstäblich in der Situation der Scheherazade, verzweifelt bemüht, seinen Kopf durch Erzählen zu retten[16]. — Dabei muß derart rüde (äußere) Behandlung um so schlimmer wirken, als es auch um Zweifels Seelenzustand jammervoll genug bestellt ist. Es hätte der Quälereien[17] und Sadismen Stommas kaum bedurft, um dem Leser klarzumachen, daß und in welchem Ausmaß für den Kellerbewohner Leidenszeit angebrochen ist. Je weiter die militärischen Operationen ausgreifen,

---

[15] Zwölf Schläge (s. 183; 237), in der Zeit, als die deutschen Truppen siegen, stehen sie symbolisch für das Regime und dessen Brutalität, die solche ‹Erfolge› zeitigten. — Dazu gesellt sich ein zunehmend schlechter werdendes Essen, und wenn dabei ausgerechnet gekochter Kuheuter herhalten muß, das obligate Schnitzel zu ersetzen (s. 218/19), dann besteht der Hohn des Wirtes darin, daß es das Fleisch ‹pazifistischer› Tiere ist (s. 15), das er Zweifel hier auftischt als ‹Entgelt› für seine leichtfertigen Friedensprognosen.

[16] Sobald ihn seine Einfälle im Stich lassen, hilft Stomma mit Schlägen nach (s. 178).

[17] Nach einem Faß saurer Gurken (s. 156), deren Geruch Zweifels Verlies den ersten Kriegswinter durchzieht, lagert Stomma im Sommer 1941 «Frischgeschnittenes Gras für die Kaninchen» im Keller, den Gast zu plagen: «Zweifels Heuschnupfen [d. h. Leiden] blühte sogleich» (158; vgl. 107; 112).

desto mehr beginnt die Zeit auf Land und Gemüt zu lasten (s. 177 ff.; 254). Obwohl auch er Tagebuch führt, kann Zweifel sich bald nur mehr komplex erinnern (s. 176), fühlt er, der gekommen war, sich auf ein Jahr einzurichten, und der schließlich 225 Wochen (zwischen 1940 und 1945), d. h. mehr als die vierfache Zeitspanne im Untergrund verbringen muß, daß die «Zeit ihn wie Krätze befällt» (205). Sie zu zerstreuen erscheint um so hoffnungsloser[18], je mehr er nicht nur gegen die Jahre, sondern gegen die Faktizität selbst angehen muß. Zwar bemüht er sich, Hitlers Erfolge mit dem Aufstieg früherer strahlender Sieger (Alexander, Hannibal, Napoleon) und deren schließlichem Ende zu vergleichen und sie so historisch zu relativieren (s. 179), und lange Zeit besitzt er die Kraft, sich als existent Gebärdendes einfach zu ignorieren (s. 209), doch liegt es in der Negativität seiner Ausgangsposition begründet, daß er auf lange Sicht notwendig unterliegen muß[19]. Was ihn zuletzt überhaupt noch aufrecht erhält, ist, wenn nicht der Glaube an das Humane, so eine eher private (und obendrein tickhafte) Gläubigkeit in Sachen Liebe[20]. Und eben dieser närrische Glaube erhält neue Nahrung, als Stomma eines Tages seine Tochter zu Zweifel in den Keller schickt.

Daß von dieser Person bislang noch nicht die Rede war, liegt in Lisbeths Unbedeutendheit (zumindest in faktischer Hinsicht) begründet. Zwar versorgt sie den Haushalt des Vaters, in Hinsicht auf Zweifel aber erweist ihre Existenz sich (lange Zeit) als irrelevant, d. h. ungefährlich, da sie stumm ist und, wie ihr Vater annimmt, obendrein nicht ‹richtig› im Kopf (s. 159; 350). Wenn das zutrifft, dann ist sie es doch durchaus nicht immer gewesen, vielmehr ‹meschugge› geworden, was uns nötigt, einen Blick auf ihr Schicksal zu werfen: Zwar war Lisbeth niemals bürgerlich verheiratet, wohl aber hat sie (in der Zeit vor 1939) mit ihrem Liebhaber glückliche Tage verlebt. Der Krieg hat ihr erst den Vater ihres Kindes genommen — Roman Bruszinski fällt bereits zu Beginn der Kampfhandlungen —, dann das Söhnchen selbst — als Folge unglücklicher Umstände gerät es unter die Räder (!) eines Fuhrwerks (s. 160) — gefordert, und so ist

---

[18] In dieser Zeit gilt für Zweifel das, was sein Autor gelegentlich von sich selbst sagt, ist er «fertig allein und möchte in etwas weich warm Feuchtes kriechen, das unzureichend bezeichnet wäre, wenn ... [man] es weiblich nennen wollte» (85/86), beherrscht von einer Stimmung, hinter der sich letztlich die Sehnsucht nach Preisgabe der Individuation verbirgt.

[19] Vgl. die Bemerkungen Thomas Manns bezüglich des Hypnotiseurs Cipolla und seiner ‹Opfer›, die der «Negativität ... [ihrer] Kampfposition» erliegen: «Wahrscheinlich kann man vom Nichtwollen seelisch nicht leben; eine Sache nicht tun wollen, das ist auf die Dauer kein Lebensinhalt; etwas nicht wollen und überhaupt nicht mehr wollen, also das Geforderte dennoch tun, das liegt vielleicht zu benachbart, als daß nicht die Freiheitsidee dazwischen ins Gedränge geraten müßte...» («Mario und der Zauberer». — In: Erzählungen. Stockholmer Gesamtausgabe, o. O. 1958, S. 702).

[20] Wie weit diese Art von ‹Narretei› geht, davon mag die insgesamt stattliche Anzahl seiner ‹oberirdischen› Verlöbnisse den Leser ins Bild setzen (s. 76/77).

Lisbeth nicht nur eines der frühesten Opfer der Kriegsgreuel, sie wird als Folge dieser Schicksalsschläge zwar nicht krank, wohl aber melancholisch[21], und dies, ihrem Naturell entsprechend, auf eine dumpfe, kreatürliche Weise. In solch endogener Schwermut befangen (s. 350), empfindet sie nur mehr sich selbst (s. 221), und so erscheint sie nach außen hin fühllos, ja verschlossen bis zur Sprachlosigkeit.

Zweifel, der sich mittlerweile selbst das Onanieren abgewöhnt hatte, erhält damit zwar eine Bettgenossin, nicht aber eine Frau im Sinne eines (mit-)fühlenden Wesens. Zwar gibt er sich in der Folge redliche Mühe, Lisbeth zu einer echten Partnerin (an seiner Seite) zu erheben, sie nicht nur als ‹Lustobjekt› zu betrachten, doch bleibt all sein Werben ohne Echo (s. 222; 228). Da ergreift auch ihn, als alle private (Liebes-)Müh vergeblich scheint, angesichts des Chaos auch, das im Keller herrscht und nur Widerspiegelung ist der tatsächlichen Zustände draußen, schließlich die große Verzweiflung: Im Winter 1942/43, als alles in klirrendem Frost erstarrt und selbst die Frontbewegung (vorübergehend) zum Stillstand kommt (s. 234) — längst ist der Vorrat an Geschichten aufgebraucht, die mitgebrachte Schnecken-Graphik stockfleckig geworden (s. 222) —, ergibt Zweifel sich seinem, wie er meint, unabwendbaren Schicksal, fällt er der Melancholie anheim. Und es scheint, als sei im Blick auf die Dürersche Vorlage an der Wand nicht nur dieser Seelenzustand selbst, sondern auch die damalige (weitgehend fatalistische) Welteinschätzung des Künstlers auf ihn (als den Späteren) übergegangen: Zweifel hält seine Lage für verhängnisvoll-unabänderlich, wie er dazu übergeht, das Phänomen Melancholie nach mittelalterlicher Weise — auch dies ein Rückfall, diesmal den Bereich des Medizinischen betreffend — als eine Art Körperkrankheit zu betrachten — und entsprechend zu kurieren. Um nur etwas zu tun, und da Stomma darauf besteht, nicht nur einen klugen, sondern auch einen heilkundigen Mann um sich zu haben (s. 230), entsinnt Zweifel sich zu Anfang des dritten Teils einer Reihe antiquiert-vorwissenschaftlicher Rezepte zur Behandlung und Heilung von Schwermut und verordnet Purgation durch Nieswurzsud (s. 230/31)! Zwar mag diese Kur vom medizinischen Standpunkt her irrelevant sein, doch macht sie ihn immerhin reich an Einfällen: «er eröffnete sein Kellertheater» (232). Zweifel greift aus diesem Anlaß auf die Tradition der deutschen Schaubühne zurück und zeigt Trauer- und Lustspiele in wechselnder Folge (s. 234 ff.). Durch diesen Kontrastspielplan in Verbindung mit der dem Theater (bei diesem Autor) generell innewohnenden Neigung zu pathetischer

[21] Wachsende Trägheit und zunehmende Leibesfülle sind die äußeren Anzeichen dafür und besonders auffällig, da Lisbeth in ihrer Jungmädchenzeit eher dünn genannt werden konnte. Zweifel sieht sie auf Photos «Mager und eckig ... am Gartenzaun vor Sonnenblumen; erst mit der Schwermut war Lisbeths Fleisch fett und träge geworden» (164), gleicht sie sich dem Dürerschen Mädchen des Melencolia-Blattes an. Innerhalb der Grass'schen Figurenfamilie aber ist sie eine späte Schwester Lorchen Materns aus den ‹Hundejahren›, dem auch der Krieg den Geist ver-rückt hat (s. H 22).

Übertreibung (s. 235/36) kommt es zu Lach- und Weineffekten, d. h. so extremen wie elementaren Empfindungen[22], einer Art Schocktherapie (s. 351), die (noch) in der Dürerzeit als heilsam galt. Hier nun sind der Beschreibung dieser Abende, der Aufführungen ebenso wie der Wirkung auf die Zuschauer absichtsvoll satirische Lichter aufgesetzt, wenn etwa Katharsis und Purgatio gleichgesetzt werden und Zweifel sein Publikum erwartungsfroh dasitzen läßt mit leergefegten Eingeweiden (s. 234)[23]. Hält man diese Art der Schilderung mit Hinweisen aus der abschließenden Dürer-Rede zusammen, dann ergibt sich, daß hier Melancholie noch einmal mit Hilfe absurder Mittelchen kuriert werden soll, die in den Bereich finstersten Aberglaubens gehören, nicht aber einer modernen Therapeutik[24] angemessen sind, ja schon die Voraussetzung, einen wesentlich reaktiven Gemütszustand als (Körper-)Krankheit einzustufen, nach Meinung des Erzählers so grundfalsch ist, daß jede physische Behandlung zwar erheiternd wirken muß, niemals jedoch zum Erfolg führen kann.

Helfen diese Theaterabende schon nicht, so sorgen sie doch für Abwechslung, verschaffen sie, im Verein mit Stommas Durchwalken — Ergebnis seiner Unzufriedenheit beim Anhören von Zweifels ‹Diskussions›-Stücken (s. 235 ff.) — die nötige Motion. Und kaum daß man damit ein neues, sozusagen letztes Mittel gefunden hat, dem Stillstand beizukommen, ereignet sich in der Tat ein Wunder — Bewegung kehrt ein in Zweifels Keller! Im März des Jahres 1943 — die Katastrophe um Stalingrad ist nicht mehr wegzuleugnen — entdeckt Zweifel in einer dunklen Ecke seines Verlieses zwischen Kartoffeln versteckt eine Schnecke (s. 248), ein Anblick, der ihm nach soviel Hoffnungslosigkeit Tränen des Glücks in die Augen treibt. — Daß dennoch (und von diesem Funde abgesehen) insgesamt Melancholie vorherrschend bleibt, und dies, obwohl Zweifels äußere Lage

---

[22] Gänsehäute und nasse Taschentücher stellen sich ein wie beim Anschauen griechischer Tragödien; ebenso freilich Gelächter, wenn Zweifel Stomma Unterricht im Altgriechischen erteilt und den breitmäulig-kaschubischen Fahrradhändler Äschylos rezitieren läßt (s. 294/95).

[23] Auch die endlosen Wege zum Klo «waren von seltsamer Heiterkeit, so anstrengend heftig sie sich entleeren mußten» (232); und so sehr fühlt Stomma, der die Nieswurzabende seines Gichtleidens wegen mitmacht (s. 231), sich von seinen Gelenkbeschwerden erleichtert, daß er beim Anblick der Klassiker in ebenso gefährlich-unzeitige wie komisch übertriebene Begeisterung ausbricht (s. 236/37), so daß Zweifel mit zersetzend-desillusionierenden Bemerkungen dämpfend eingreifen muß.

[24] Statt dessen ist diese Art der Behandlung, wie Zweifels Kostümiade deutlich machen soll, als ein ‹alter Hut› zu betrachten (s. 233/34), ihr Fehlschlag die logische Folge. — Gleichzeitig liefert der Versuch, der Melancholie mit theatralischen Mitteln beizukommen, ähnlich der ‹Großen Diskussion› in den ‹Hundejahren›, dem Dichter den Vorwand zu bissigen Seitenhieben auf einen Theaterbetrieb (s. 236), der ihm vorwiegend Unvermögen bescheinigte; Gelegenheit auch, für manche Niederlage heimzuzahlen, zumal bei einem Schriftsteller, der sich lange Zeit wesentlich als Dramatiker verstand und zur Romanform nur gegriffen haben will, nachdem man eines seiner Stücke («Onkel, Onkel») — wieder einmal — angeblich unberechtigterweise verrissen hatte.

sich zusehends[25] bessert, davon zeugt schon sein (neuerwachter) Sammeltrieb, der hier wie überall als tätiger Ausdruck derartiger Gemütsverfassung gelten darf (s. 254). Wenn es wiederum Schnecken sind[26], denen er mit Lisbeths Hilfe nachgeht (s. 254/55), wird die tiefere Ursache seiner während Grundtrauer offenbar: Zwar geht es mit dem Hitlerregime bergab, aber bis zur Beseitigung des braunen Spuks wird noch viel Zeit verstreichen, wie (privatim) weiterhin offen ist, ob und wann die (innere) Beziehungslosigkeit zwischen Lisbeth und Zweifel weichen wird. Die Zeitspanne bis dahin zu überbrücken, unterhält Zweifel sich und die Seinen mit einem Spiel, das schon aus der Antike her überliefert ist (s. 259 u. 273): Er veranstaltet Schneckenwettläufe, bei welcher Gelegenheit er die Bewegung der Tiere zu beschleunigen sucht, indem er ihnen (erreichbare) Ziele setzt (s. 275), sie am Ausscheren hindert und die Säumigen mittels Reizstoffen anhält, ausschließlich in ein und dieselbe Richtung zu ‹eilen› (s. 280). Sie weiter zu trainieren, zerdehnt er das Terrain zwischen Start und Ziel durch labyrinthische Irrwege (s. 278), stellt ihnen Hindernisse[27] in den Weg und bereitet sie (und sich) auf diese Weise für den Tag X, die Stunde der Befreiung vor. Daß auch diese ‹Rennen› melancholiegesättigt sind, lehrt der bloße Umstand, daß Zweifel während des Beobachtens die Requisiten der Dürerschen Figur übernimmt: Der Hausrat der Melencolia taucht auf, als Meßinstrumente verkappt, wenn er die zurückgelegten Strecken mit einem Zirkel absteckt, der sich unter Stommas Werkzeug fand (s. 258), die verstrichene Zeit mit Hilfe jener Taschenuhr festhält, die er von früher her bei sich führt und nun (1944) eigens zu diesem Zwecke wieder in Gang gesetzt hat (s. 276); schließlich fehlt es auch

[25] Wieder im Zusammenhang mit den deutschen Rückzugsgefechten. Seit dem Steckenbleiben der Kaukasusoffensive gibt es nur noch ‹Frontbegradigungen›, und wenn auch Zweifel das Seine tut, die sich abzeichnende Niederlage zu beschleunigen, indem er zwar nicht lügt, wohl aber zwischen den Zeilen des Danziger ‹Vorposten› liest und den «täglichen Wehrmachtsbericht geringfügig» änderte, «indem er die Rücknahme der Front im Mittelabschnitt nicht planmäßig sondern überstürzt nannte, indem er die Räumung des Brückenkopfes als verlustreich meldete, indem er U-Boot-Erfolge durch die Bekanntgabe von Eigenverlusten ergänzte» (220), so bessert sich seine Lage doch schneller, als es der Faktizität nach sein dürfte (s. 278) und ist darin, das anpasserische Wesen seines Vermieters verratend, schon wieder komisch: Stomma wird höflicher (s. 230; 282), er beginnt Zweifel zu siezen und mit ‹Herr Doktor› anzureden. Schläge gibt es nur noch vereinzelt und weniger heftig (s. 220/21), zudem begleitet von halben Entschuldigungen (s. 230). Die Speisenkarte bereichert sich ebenso (s. 221) wie das Mobiliar des Kellers (s. 278). Etwas wie Stimmung kommt auf in Zweifels Unterschlupf (s. 279), ja wenn ihm einst nahegelegt wurde, sich zu entleiben, so fühlt Stomma sich nun seinerseits bemüßigt, vor der Visite eine Rasur vorzunehmen (s. 282). Zuletzt werden die sauren Gurken abgelöst durch ihr Gegenteil: Stomma spendiert Süßigkeiten (s. 278)!

[26] Davor und daneben sammelt Lisbeth, besonders seit der Vater sie auf Zweifels Einreden hin gewähren läßt, ihr nicht mehr prügelnd den Ausgang versperrt (s. 161/62), Friedhöfe (s. 160 ff.; 254). Dies Verständnis Zweifels macht sich später bezahlt, als sie ihrerseits zu ahnen beginnt, wie viel ihm an Schnecken gelegen ist (s. 254).

[27] Dabei erweist sich, daß Schnecken trotz aller Verletzlichkeit in der Lage sind, Rasierklingen, d. h. Barrieren von absoluter Schärfe zu überwinden (s. 252).

nicht an Gelegenheit, das Gewicht der Tiere zu kontrollieren, als Stomma ihn anläßlich seines 39. Geburtstages mit einer Briefwaage überrascht (s. 283). Zwar setzt ihn diese Ausrüstung instand, ‹Bewegung› zu messen, Fortschritt aber können derartige Veranstaltungen bestenfalls im Vergleich zur voraufgegangenen Durststrecke absoluten Stillstands, d. h. lediglich in relativer Hinsicht genannt werden. Kein Wunder also, wenn Zweifels Ungeduld wächst und mitunter einen solchen Grad erreicht, daß die Haltung der Melancholie umschlägt in ihr Gegenteil, die Utopie: Zweifel träumt den Traum aller ‹Schnecken›, springen zu können, ertappt sich in schlaflosen Nächten bei dem Gedanken, Hüpfschnecken züchten zu wollen (s. 180).

Als Liebender hängt Zweifel seiner Lieblingsvorstellung des Sich-selbst-Genügens im Privaten nach (s. 277; 279)[28]. Immerhin beginnt Lisbeth aus Anlaß der Wettläufe «Vorformen infantiler Freude» zu zeigen (276)[29], ein Umstand, der Zweifel auf den Gedanken bringt, ihr versuchsweise Schnecken anzusetzen. Auch das scheint anfangs vergeblich, ist aber von Erfolg gekrönt von dem Augenblick an, da die wortlos Leidende die unbestimmte Sogschnecke findet und mit sicherem Instinkt heimträgt (s. 287/88 u. 291). Was hier seinen Anfang nimmt, ist bei aller Unvermutetheit doch folgerichtig insofern, als es sich bei Schnecken um ebenso feinfühlige wie langsame, d. h. nunmehr auf positive Weise zögernde, will sagen behutsame Tiere handelt[30] und Lisbeths Schwermut, wenn überhaupt, allenfalls mit einem Höchstmaß an zärtlicher Sanftmut und liebevoller Einfühlsamkeit beizukommen ist. Womit das ‹Heilmittel› sich als die Umkehrung und das genaue Gegenteil dessen erweist, was sie einst ‹meschugge› werden ließ: Liebe anstatt Haß, Zärtlichkeit anstelle von Brutalität. Und je vehementer jene Gewalten über sie hereinbrachen, desto mehr Zeit bedarf es, die Verstörte wieder zu sich zu bringen, von seiten des ‹Behandelnden› ist ein Maß an Geduld vonnöten, das an Selbstentäußerung grenzt. Wenn Zweifel bereit ist, dies alles zu leisten und damit (eher) mehr zu geben als zu nehmen (s. 221/22), so sieht doch auch er sich außerstande, die ersten Erfolge konkret zu datieren, die anfänglich schüchternen Fortschritte präzise beim Namen zu nennen[31]. Indem er über einen (zumindest subjektiv) unabsehbaren Zeitraum hinweg Selbstlosigkeit und Ausdauer bewährt, wird ihm am Ende das zuteil, wo-

---

[28] Auch hier dient die Schnecke in ihrer Zwittrigkeit als Vorbild (s. 277; 279) für Zweifels Lieblingsidee von Ausgleich und Wandel durch «Angleichung der Geschlechter» (239).

[29] Während die Fähigkeit, «ohne Umweg» zu glauben, ihr bei den Rennen zum Siege verhilft: «Sie sah ihrer Schnecke mit Schubkraft zu» (276).

[30] Daß dabei die körperlich-sexuelle Seite nicht völlig außer acht zu bleiben braucht, lehrt die Tatsache, daß die Schnecke metonymisch stehen kann zur Bezeichnung des vaginalen Bereichs (s. 297); und wenn solche Umschreibungen gleichsam zärtlich gemeint sind und (in Schweizer Idiom) zum Sprachschatz der Liebe gehören, so hat der Wahlkämpfer Grass Gelegenheit, auf seinen Streifzügen durch Bayern in eins mit der Verteufelung des Sexuellen haßerfüllte Atmosphäre kennenzulernen (s. 313).

[31] Zumal sie immer wieder begleitet sind von Verzögerungen und Rückfällen, Pausen auch, die

nach er sich lange vergeblich sehnte, eine wirkliche Frau, d. h. ein Wesen, das fähig und bereit ist, seine Gefühle zu erwidern: Lisbeth gewinnt zuletzt Empfindung und Sprache zurück.

Wenn Zweifel dennoch nicht oder nur zeitweilig glücklich ist, dann deshalb, weil Lisbeths Entwicklung (s. 292/93), so erstaunlich und erfreulich sie anfangs sein mag, im weiteren Verlauf ‹erschreckende› Formen anzunehmen beginnt (s. 295), erschreckend ebenso, was die Richtung wie das Ausmaß dieses Prozesses angeht: Indem Plappern und Tratschen (s. 293) an die Stelle des Schweigens tritt, Trauer abgelöst wird von grundlos kicksendem Gelächter und Schlager-Tralala (s. 296), ist damit zwar Rückkehr zur Normalität erreicht, doch gleitet dies ‹Normale› sogleich ab ins Banale wie auch Triviale: Wenn Lisbeth am 1. Advent 1944 im Schmuck einer Dauerwelle nach Hause zurückkehrt, ist der Prozeß der Angleichung ans Gewöhnliche endgültig abgeschlossen. — Ist diese Entwicklung schon enttäuschend genug, da sie statt auf Verarbeiten auf Vergessen, ja Verdrängen alles zwischenzeitlich Erfahrenen beruht, so kommt erschwerend hinzu, daß Lisbeth alle Behutsamkeit, die sie während ihrer melancholischen Eintrübung besaß und die sie befähigte, mit Schnecken umzugehen (s. 274), verliert. Nicht nur geht sie bald auf keine Friedhöfe mehr (s. 307), stellt sie das Sammeln von Schnecken ein (s. 312), ja sie fängt an, die helfend-hilfreiche Schröpfschnecke zu hassen — Zweifel muß beobachten, wie sie sie heimlich beschimpft und bespuckt —, und schließlich erkennt sie nicht bloß die insgeheime Schönheit dieser Tiere nicht mehr (s. 313), in einem Anfall von Ekel und Rabiatheit läßt sie sich hinreißen, die Sogschnecke zu zertreten (s. 314). — Über derartiger ‹Normalität› muß zuletzt auch die Liebe zu kurz kommen: Kaum zu einem Wesen mit Gefühlen erwacht, wird sie eine Frau mit Ansprüchen, ihre Haltung Zweifel gegenüber fordernd, besitzergreifend, ja den Partner auf egozentrische — und (darin) beinah tierische — Weise vereinnahmend (s. 322). Endlich gewinnt Zweifels Gefährtin zu allem Überfluß zänkisch-gefährlichen Charakter und ähnelt (auch) darin dem Dürerschen Mädchen, als ‹Frau Ott› der Dürerschen Hausfrau Agnes, die dem Vernehmen nach das Urbild zu jener Melencolia-Figur abgegeben haben soll (s. 324). Erst ist Lisbeth lediglich neugierig auf Zweifels Vorleben (s. 308/09), bis dieser ihr seine Vergangenheit einbekennt (s. 314), dann droht sie von ihrem Wissen Gebrauch zu machen und die Männer zu kujonieren, bricht sie mutwillig Streit vom Zaun (s. 322/23), bis es dem eignen Vater zu bunt wird und er die zwar schwangere, aber darum keineswegs sanft gestimmte Mänade schließlich mit einer seiner Luftpumpen zusammenschlägt (s. 323), während Stomma selbst — auf Zweifels Fürsprache hin zu Ansehen gelangt —, nachdem die Front das Trio in Karthaus überrollt hat und

man der Patientin gönnen muß, da die Behandlung sich als schmerzhaft erweist, die Kur nur schwer durchzustehen (s. 293). In diesem Betracht ist die Schnecke nicht nur unbestimmt, sondern ihrem Wesen nach unbestimmbar.

die neuen (alliierten) Herren eingekehrt sind, mit roter Armbinde durch die Stadt läuft und bald «allseits gefürchtet» wird (324). Zweifel ist diese ganze Entwicklung «fürchterlich» (326) und nicht bloß Grund zur Relativierung freudiger Empfindungen, vielmehr erneut Anlaß, melancholisch zu werden, eine Reaktion, die verständlich wird, wenn man beider, Lisbeths wie Stommas Verhalten, weniger als Einzelfälle begreift denn als symptomatisch versteht: Was draußen herrscht, ist zwar offiziell ‹Friede› oder doch Waffenruhe, aber es scheint, als hätten die Menschen aus den verflossenen (schrecklich lehrreichen) Jahren nichts gelernt: So findet man statt Einkehr und Besinnung lärmende Betriebsamkeit, ein geräuschvolles Wiederherrichten des Altgewohnten[32], das Zweifel eher Furcht als Bewunderung einflößt und den Wunsch wachwerden läßt, für immer in die Stille seines Kellers einzutauchen (s. 325), zumal in aller Hektik zwischenmenschliche Umgangsformen deutlich werden, die erneut wenig friedfertig-human sind und darin so sehr hinter seiner Utopie einer befriedeten Welt ohne Haß zurückbleiben (s. 279), daß ihn Ekel überkommt angesichts so kurzatmiger Wandelbarkeit menschlichen Verhaltens und er bei der bloßen Assoziation ‹Fisch›[33] zu ersticken droht (s. 326; 333). Zweifel wird ein letztes Mal schwermütig und verbringt ähnlich dem Helden der ‹Blechtrommel› lange Zeit in einer Anstalt, wobei die gewählte Zeitspanne — exakt zwölf Jahre (von 1947–1959) — anzeigen soll, daß die Welt der Nachkriegszeit und des Wiederaufbaus allenfalls äußerlich anders, aber essentiell kaum entscheidend besser, d. h. humaner ist als die Schreckensherrschaft des Dritten Reiches! — Zweifels neuerliche Depression ist nun, ebenso wie die früheren Phasen seiner Melancholieverfallenheit (in einer letzten Hinsicht) geeignet, über die Bewertung der jeweiligen Epoche hinaus den Unterschied deutlich werden zu lassen zwischen seinem Gemütszustand und der eher endogenen ‹Verschlossenheit› Lisbeths. Wenn es zutrifft, daß das Verhalten von Tochter wie Vater als paradigmatisch zu gelten hat, dann geht Zweifels abschließende Melancholie hervor aus der Einsicht in die gesellschaftlichen Mißstände der Nachkriegszeit, wie die frühere Eintrübung einem Durchschauen entsprang jener Barbarei der Naziherrschaft. Zweifel in der Anstalt wie Zweifel im Keller, im (gleichbleibend) distanzierten Blick auf die Wirklichkeit ähnelt er beidemal dem Dürerschen Hieronymus im Gehäus, und insbesondere der Keller wird als Ort anschauend-durchschauender Kontemplation zugleich zum melancholischen Bereich (s. 348). Umgekehrt schlägt bei Lisbeth die ältere Form manisch-depressiven Verhaltens durch, jene dumpfe Gefühlstrauer, die bei aller Hilflosigkeit andererseits doch auch den ‹Vorzug› birgt, in ‹Rosamunde›-Seligkeit umschlagen zu können, während Zweifel allenfalls als

---

[32] s. dazu 134/35, wo vom Abschluß, dem Ergebnis dieses Prozesses, aller Leistung ungeachtet, doch in eher ärgerlichem, ja beinah wegwerfendem und jedenfalls nörgelndem Tonfall die Rede ist darum, weil nur das Sichtbare, Meßbare zu zählen scheint.

[33] Hier die grenzenlose ‹Beweglichkeit› (s. dazu H 32) seiner anscheinend durchweg im Zeichen der Fische geborenen Mitmenschen signalisierend.

privatisierender Gelehrter in diese Welt zurückfindet, womit die geistig-reaktive Spielart der Melancholie ebenso in die Nähe von Erkenntnisekel und Lebensüberdruß rückt, wie sie den Charakter einer (intellektuellen) Grundbefindlichkeit zugewiesen bekommt.

2. Der Dichter als Wahlkämpfer und politischer Agitator

Nächst der Geschichte von Zweifel ist das ‹Tagebuch› in erster Linie Rapport des Wahlkämpfers Grass über seine Tätigkeit innerhalb der Wählerinitiative für die Bundestagswahl des Jahres 1969. Nicht der Dichter kommt demnach in diesen Partien zu Wort, sondern der Politiker, während der Leser den Sprung nachvollziehen muß von der fiktiven Ebene hinüber und hinab in biographisch-reale Sphären. Grass als Wahlredner und Agitator, das setzt nun voraus, daß er Stellung bezieht, sich bekannt haben muß im Dschungel der politischen Meinungen. Für den Interpreten stellt sich die Aufgabe, die Gründe auszuloten seines Entscheids für die Sozialdemokratie sowie nach Möglichkeit die konkrete Position zu orten innerhalb des breiten politischen Spektrums dieser Partei.

Geht man daran, die Notizen und Kürzel des politischen Teils daraufhin zu durchmustern, fallen allenfalls ein paar beiläufige Verweise ab auf die Probleme der Rentendynamisierung, des Städtebauförderungsgesetzes (s. 49), der Lohnfortzahlung (s. 227), werden (Sach-)Komplexe angesprochen wie Mitbestimmung (s. 52), Gesamtschule (s. 336/37) usw. Das ist an Faktizität wenig[34] für mehr als ein halbes Jahr Wahlkampf mit weit über neunzig Auftritten (s. 330), wenig zumal für jemanden, der den Inhalt als Widerstand braucht und liebt, detailvernarrt ist und von sich behauptet, daß er generell und über seine poetische Arbeit hinaus die Fähigkeit besitze, sich in einen Wust sprödester Materie einarbeiten zu können (s. 85), ja diese Tugend wohl auch tatsächlich praktiziert und jedenfalls stolz verzeichnet, daß die Arbeiter, zu denen er spricht, ihn akzeptieren als jemanden, der, obwohl poeta laureatus, doch über ihre Probleme Bescheid wisse (s. 62) und sich sogar in puncto Lohnfortzahlung auskenne. Dennoch ist das, was haften bleibt nach der Lektüre des Wahlkampf-Itinerars, wenig mehr als das (allgemeine) Bekenntnis, er, Grass, sei «Sozialdemokrat, weil mir Sozialismus ohne Demokratie nichts gilt und weil eine unsoziale Demokratie keine Demokratie ist» (87); eine Sentenz, der man in dieser Formulierung, besonders was den zweiten Teil anlangt, nur schwer widersprechen kann, wie sie (erneut) nichts hergibt hinsichtlich der spezifischen Einfärbung des ‹Genossen› Grass[35].

---

[34] Zu erklären zum Teil aus Abstumpfung, als Reaktion auf die immer gleichen Rattenschwanz-Fragen (s. 118; 97).

[35] Dieses Manko ist früh bemerkt worden von Dieter E. Zimmer — Kriechspur des Günter Grass. Ein halbes Jahr aus dem Leben eines berühmten Dichters und Wahlkämpfers. — In: Die Zeit

Hier einen Schritt weiterzukommen in der Hoffnung, die persönlichen Nuancen seiner Vorstellung von demokratischem Sozialismus herausdestillieren zu können, ist man genötigt, auf die Reden zurückzugreifen, deren Titel im ‹Tagebuch› (lediglich) genannt werden[36] und von denen man den größeren Teil inzwischen in dem Sammelband «Der Bürger und seine Stimme» nachlesen kann[37]. Wir glauben uns zu solchem (ergänzenden) Verfahren um so eher legitimiert, als Grass sich nach eigenem Eingeständnis lange Zeit hindurch strikt an den Wortlaut seiner Konzepte gehalten hat und erst bei späteren Auftritten vereinzelt Extempores wagte (s. 321). Aus der Lektüre dieser Texte nun geht zumindest eine Klärung und (nachträgliche) theoretische Begründung jenes oben zitierten Statements hervor: Demokratie ohne soziales Engagement gilt ihm deshalb nichts, weil er darin lediglich eine Formaldemokratie erblickt[38], die ungeachtet einiger Glanzpunkte — hier wird man an den dritten Teil der «Hundejahre» erinnert — längst «ihre Fragwürdigkeit bewiesen und sich selbst widerlegt» hat (Bürger 180). Von diesem Ungenügen her erklärt sich das prononcierte Einstehen des Propagandisten für die soziale Komponente, die Sorge um den kranken Arbeiter wie den Rentner, während die Rede «Vom alten Eisen» insgesamt den Problemen der älteren Generation gewidmet ist, eine durchgehende Perspektive erkennen läßt, dazu angetan, den anfänglichen Eindruck zu entkräften, es handle sich bei den (wenigen) genannten Problemkreisen obendrein um ein heilloses Sammelsurium (s. 95/96). — Umgekehrt: Sozialismus ohne Demokratie gilt unserm Autor nichts. Weshalb das so ist, dafür liefert das ‹Tagebuch› selbst und direkt den überzeugendsten Anschauungsunterricht: Wir meinen die Reise, die Grass noch während des Wahlkampfs zusammen mit seiner Familie in die ČSSR unternimmt[39]. Dabei kommt man in ein sozialistisches Land, dem die liberale Komponente unlängst brutal aus der Hand geschlagen wurde: Zehn Monate erst sind vergangen, seit russische Panzer der Dubcek-Ära ein gewaltsames Ende

---

Nr. 39, 29. 9. 1972 (Literaturbeilage 2) —, dem es «nicht möglich» scheint, «auf Grund dieses Buches auch nur zu ahnen, wo zwischen Jusos und dem Schiller von 1969 Grass' Position in der SPD zu suchen ist...», und der das Werk in eben dieser Hinsicht, als politischen Rechenschaftsbericht, «geradezu verblüffend enttäuschend» findet.

[36] Insgesamt finden fünf davon namentliche Erwähnung: ‹Zwanzig Jahre Bundesrepublik› (s. 11; 47 ff.), ‹Wider die Kurfürsten› (s. 51), ferner die Reden ‹Vom alten Eisen› (s. 63), ‹Von den begrenzten Möglichkeiten› (s. 170) sowie die Extrarede ‹Über den unbekannten Wähler› (s. 311).

[37] Drei (von fünf) in vollständigem Wortlaut, die beiden übrigen entweder teilweise (‹Vom alten Eisen›, s. Bürger 59) oder unter verändertem Titel: «Der Wähler und seine Stimme» (Bürger 83 ff.; vgl. 57).

[38] s. Bürger 137. Wir stützen uns hier auf den Vortrag «Über die Gewöhnung», der im ‹Tagebuch› nur beiläufig (s. 130) und außerhalb des eigentlichen Wahlkampfzusammenhangs genannt wird, obwohl oder gerade weil die Tendenz, sich nicht zu gewöhnen, in unserm Text überall zu verspüren ist.

[39] Äußerer Anlaß ist ein Besuch beim Übersetzer und Freund der Familie Vladimir Kafka.

bereiteten (s. 168), und was der Besucher wahrnimmt, sind die bereits überall verbleichenden Zeichen (s. 167) der Auflehnung. Zwar ist es gelungen, die dumme Gewalt hier und da in die Irre zu führen, aber alle Finten und Listen des Verstandes haben im Grunde nicht vermocht, ihr Einhalt zu gebieten (s. 168/69); ein Fazit, das ohne Gefühlsaufwallung zu akzeptieren schwerfällt, weshalb auf der Rückfahrt die Beschreibung eines (theatralisch sich entladenden) Gewitters herhalten muß, der Wut über die eigne Ohnmacht ein Ventil zu schaffen (s. 171).

Die Ablehnung eines derart amputierten ‹Sozialismus› ist vehement, und nirgends sonst zeigt Grass sich ähnlich engagiert und bekenntnisfreudig wie hier: In Form einer (beinah) lyrischen und jedenfalls ganz persönlich gehaltenen Beschwörung wendet der Vater sich an seine Kinder, kündigt er — entgegen aller sonst zu beobachtenden erzieherischen Toleranz — sein entschiedenes Veto an für den Fall, daß die mahnende Wirkung dieses Erlebnisses in ihrer Erinnerung je verblassen sollte (s. 172). Und nicht nur ist diese Absage nach Inhalt wie Tenor eindeutig gehalten — so unzweideutig ist der Verfasser sonst nur noch Franz Josef Strauß gegenüber (s. 327) —, die Passage erhält überdies von der kompositorischen Seite her noch einen zusätzlichen Akzent, steht sie doch, zieht man den 30. Abschnitt mit dem Schlußvortrag ab, als das 15. von insgesamt 29 Kapiteln genau in der Mitte des Buches[40].

Die Gründe der Absage sind mehrschichtig, sie gelten dem gegenwärtigen System und seinen Machthabern wie der dahinterstehenden Ideologie des Marxismus-Kommunismus überhaupt. Kommunistischer Gleichmacherei widersetzt sich der Autor schon aus individualistischen Motiven — ein wenig schmackhafter Graupenfraß, «der jedermann Gleichheit und Graupenfreiheit verspricht» (86) — ebenso wie aus menschlicher Anteilnahme, aus Sorge um das Wohl der zu solcher ‹Gleichheit› Bekehrten und weil der Marxismus, wie jede Ideologie, die Sache — die er für (absolut) richtig hält — über den Menschen setzt und diesem folglich, notfalls mit Gewalt, zu seinem Glück verhelfen will. Wo aber Glücksverheißung und -verordnung so nahe beieinander liegen, wird das eine abgelehnt um des andern wie um möglicher Verwechslungen willen! — Ein letzter Einwand zielt auf den utopistischen Zug gerade des Marxismus und dessen Glauben, grundsätzlichen Wandel schaffen zu können. Nicht nur ist dabei erneut brachiale Gewalt im Spiel, noch einmal kommt das Menschliche zu kurz über der Verabsolutierung des (End-)Ziels, ja aus derartiger Rangfolge muß die Verletzung der Menschenwürde wie die Verhunzung der Idee mit Notwendigkeit hervorgehen, indem der unbedingte Wille zur Durchsetzung der (Heils-)Lehre zuletzt umschlägt in die Terrorisierung Andersdenkender. Daß die Verfälscher

---

[40] Darauf hat zuerst Fritz J. Raddatz — Der Weltgeist als berittene Schnecke. Günter Grass' kleine Hoffnung — aus großer Melancholie. — In: Grass. Kritik — Thesen — Analysen, hrsg. v. Manfred Jurgensen, Bern/München 1973, S. 191—197, dort S. 195 — aufmerksam gemacht.

der (marxistischen) Idee in historischen Augenblicken Breschnew (s. 168) heißen
oder Stalin (s. 167)[41], erscheint dabei eher zufällig, ihr Auftreten überhaupt —
Lenin gilt dem Autor als Ahnherr dieser Reihe und Geschichtsfälscher (sprich
‹konservativer› Revolutionär) par exzellence (s. 168. Bürger 178/79) — ergibt
sich freilich mit Notwendigkeit. Und ebenso zwangsläufig ereignet sich Stillstand — keine Schnecke zeigt sich während des Aufenthalts in der Tschechei
(s. 169)! —, folgt auf den revolutionären Aufbruch erst die Konsolidierung der
Macht, dann deren Mißbrauch, stehen am Ende statt des verheißenen Fortschritts jedesmal Rückfälle im Gang der Geschichte. Damit aber ist nicht nur der
Preis zu hoch für das versprochene Glück, die zu bringenden Opfer erweisen
sich überdies als sinnlos: Aller revolutionäre Sprung ist am Ende nur vorge-
täuscht, Fata Morgana, während der beharrliche Revisionist immer noch rascher
ans Ziel gelangt als mancher idealistisch verschwärmte ‹Hüpfer›, der, soweit er
anfangs auch vorausschien, zuletzt am Wegesrand liegenbleibt und sich von
seinem nüchterneren Zeitgenossen überholen lassen muß (s. 51).

Grassens Aversion gegenüber linker Indoktrination bedeutet nun keineswegs politische Einseitigkeit oder gar Systemblindheit: Von ultrarechtem Terror
war längst die Rede, Zweifel dessen prominentestes ‹Opfer›. Wenn es überhaupt
statthaft ist, dem Nationalsozialismus so etwas wie eine ideologische Ausrichtung
zuzubilligen, dann ist es das (ursprünglich konservative) Verlangen nach Autori-
tät und starkem Staat. Aber nicht anders als der revolutionäre Gedanke des
Marxismus wird auch diese zentrale Vorstellung der Ordnung über Gebühr
strapaziert, indem man sie zum abstrakten Prinzip erhebt und um jeden Preis
verficht. So tritt an die Stelle eines möglichen Zukunftskonservatismus die Beru-
fung auf das sog. Althergebrachte, während man mit dem Zitieren ‹klassischer›
Traditionen ebenso konsequent wie perfide die inhumanen Greuel der Gegenwart zu verdecken sucht. — Mißachtung des Menschen, Verhunzung der Ideale
hüben wie drüben, links wie rechts. Grass entlarvt die latent terroristische
Gesinnung beider Lager an Hand ihrer Diktion, die zunehmend an Schärfe und
Ausschließlichkeitscharakter gewinnt und von «vernichten entlarven bekehren
zerschlagen abschaffen befrieden liquidieren umerziehen isolieren ausmerzen...»
(20; vgl. 31; 358) handelt. Am Ende ist, was die Herkunft des Terrors angeht,
dessen Ursprung beliebig, sind seine Mechanismen dabei, sich vom jeweiligen
ideologischen Hintergrund zu lösen und zu verselbständigen (s. Bürger 69/70),
ein Umstand, auf den der Dichter aufmerksam zu machen sucht, indem er das
beiderseitige «rostfreie» Vokabular bis zur Ununterscheidbarkeit miteinander
vermengt und — in kühner, aber durchaus folgerichtiger Verkürzung — den
«Freislerfinger an Lenins Hand» (20) ‹zitiert›. Entsprechend kommt es für den

---

[41] Von der Terrorisierung Andersdenkender im revolutionären Rußland wie (später) unter
Stalins Ägide war am Beispiel der Ostjudenvertreibungen zu Anfang des Buches die Rede
(s. 22 ff.).

Autor nicht sosehr darauf an, rechte oder linke Totalitarismen[42] zu bekämpfen, sondern den dahinterstehenden und im eigentlichen Sinne Gewalt gebärenden Ideologien (s. 173) zu Leibe zu rücken. Von dieser Grundeinstellung her wird ein Großteil der Attacken verständlich, die in diesem Buche der Gestalt Hegels gelten: Als Schöpfer des Idealismus gilt er dem Politiker Grass als Ziehvater und geistiger Ahnherr jeglichen ideologischen Denkens und damit als der (intellektuelle) Hauptverderber eines Volkes, dessen Grundübel — seiner Anfälligkeit für scholastische Spekulationen wegen — eben der Idealismus sein soll, den er, Grass selbst, so unermüdlich wie vergeblich zu jäten trachtet, während jener, dem «Spitzwegerich» gleich, «unentwegt... nach» wächst (40). Darum die wiederholte Hegel-Schelte, die Versuche, seinen Intimfeind auf dem Felde geistiger Verblendung als «Bewußtseinsmeier» und «Spekulatius» zu diffamieren (54) oder, um im Bilde zu bleiben, das (unsinnige) Gerede vom Weltgeist dem Monstrum einer berittenen Schnecke zu vergleichen (s. 76).

Was nach Ablehnung der totalitären Systeme bleibt? Natürlich, sollte man denken, die (westlichen) Demokratien. Aber das Beispiel des amerikanischen Eingreifens in Chile lehrt, daß auch die modernen demokratischen Staatsgebilde, zumindest sobald sie Großmachtzuschnitt erlangt haben, zu Rechtstendenzen neigen und bei dem Versuch, Ruhe und Ordnung zu wahren, wenn nicht faschistische, so doch faschistoide Züge annehmen (s. Bürger 179). — Auch unter wirtschaftlichen Aspekten vermag Grass kaum einen Unterschied zu erkennen zwischen Ost und West, Staats- und Privatkapitalismus (s. Bürger 181). Vielmehr ist beiden Systemen die Neigung eigen, ihre Macht weder teilen zu wollen noch kontrollieren zu lassen. Von daher erklärt sich — wie früher die soziale Komponente — jetzt der betont demokratische Zug des Grass'schen Sozialismus-Verständnisses. Die Stichworte ‹Mitbestimmung› und ‹Gesamtschule› gewinnen vor diesem Hintergrund Leben und Kontur: In der «Rede wider die Kurfürsten» verwendet er sich nachdrücklich für die Mitbestimmung im Betrieb (s. Bürger 45) als Voraussetzung einer wirksamen, sich (antihierarchisch) von unten nach oben aufbauenden Kontrolle wirtschaftlicher Macht, für die die Gesamtschule seiner Meinung nach erst die (generelle) Grundlage schafft und darum — nicht als Renommierobjekt sozialdemokratischen Reformeifers — als unverzichtbar gilt (s. Bürger 61). Genau dieser Gedankengang: Kontrolle der Partei(en) und ihrer Amtsträger von seiten des einzelnen Wählers, und dies permanent, liegt ja der Idee zur Gründung von Wählerinitiativen zugrunde (s. 10; 35. Bürger 57), jenem gewichtigsten Stück Marschgepäck, mit dem versehen der Dichter die politische Arena betritt.

Als Fazit dieser (notwendig summarischen) Tour d'horizont verdient festgehalten zu werden vor allem die strikte Ablehnung jedweder dogmatisierten

---

[42] Am Ende steht die Warnung an die Kinder vor den «Gewalttätigen» ebenso wie vor den «Gerechten» (31) und die Bitte, nicht allzu gerecht zu sein.

Intoleranz, da «Totale Utopien ... zur totalitären Gewaltanwendung verleiten»
können. «Eine demokratische, eine offene Gesellschaft pervertiert nur zu leicht
zum geschlossenen, totalitären Staat, wenn zugunsten eines abstrakten Ideals
die Pluralität der politischen Zielsetzungen selbst aufgegeben wird»; Zitate, wie
sie so oder ähnlich unter den Grass'schen Reden, ja (beinah) in Zweifels Diarium
gefunden werden könnten, während sie tatsächlich der Feder von — Helmut
Schmidt entstammen[43], wobei die Möglichkeit dieser Kompilation noch einmal
geeignet ist, an den Vorwurf ungenügender Profilierung der politischen Argumentation (von seiten des Dichters) zu erinnern. Zwar erscheint nach der Lektüre seiner Reden, die politische Position betreffend, vieles klarer, Grassens
Konzept der Versuch eines Mannes, der zwischen den großen ideologischen
Blöcken die Gangbarkeit eines dritten, mittleren Weges erprobt, der so anti-
revolutionär ist wie antiideologisch, vielmehr auf der Überzeugung gründend
von der Begrenztheit des Möglichen, zugleich aber durchdrungen erscheint von
der Notwendigkeit (und Machbarkeit) der Veränderung im Kleinen. Sein Vor-
rücken auf diesem Wege ist langsam, aber wenn er schon nichts Mitreißendes zu
bieten hat im Vergleich zu revolutionärem Elan (s. 87), gegenüber fatalistischem
Beharrungsvermögen, reaktionärer Versteinerung wird das (Schnecken-)Maß
seines Fortschreitens[44] immerhin deutlich. — Grass beschreitet diesen skizzierten
dritten Weg in der Nachfolge Eduard Bernsteins (s. 83 ff.), dessen Verdienst er
darin erblickt, die Evidenz der Verelendungstheorie widerlegt und allen End-
zielvorstellungen zugunsten eines «phasenverschobenen, insgesamt schnecken-
haften» Prozesses (85) abgeschworen zu haben. Bernstein ist damit nach Grassens
Verständnis der eigentliche Gegenspieler Lenins (s. 84). Mit dem theoretischen
Rüstzeug eines Bernsteinianers ist der Dichter zwar «kein geborener», schon gar
kein begeisterter, vielmehr «ein gelernter» Sozialdemokrat (Bürger 98), will
sagen ein Revisionist mit Teilzielen, die nicht nur den Vorzug haben, sich ver-
wirklichen zu lassen, sondern vor allem menschlicher erscheinen als alles ver-
stiegen-absolute Gehabe! — Wer an diesem Punkte noch immer auf der Unver-
wechselbarkeit der politischen Aussage besteht, dem ist, ganz im Sinne des
Autors, zu antworten, daß das Fehlen der geforderten Präzision im Wesen der
Sache selbst liegt: Demokratischer Sozialismus ist seiner Natur nach etwas Vor-

[43] Kritischer Rationalismus und Sozialdemokratie, [mit einem Vorwort von H. Schmidt] Berlin/
Bonn ²1975, S. VIII.

[44] «Die Schnecke dem Bremer Roland aufs steingehauene Schwert setzen» (264), damit sind jene
örtlichen Filzokratien und Interessenverflechtungen gemeint, die man, auf SPD-regierte Kom-
munen bezogen, mit dem damals geläufigen Schlagwort vom ‹Boljahnismus› umschrieb (s. 264/
65). Gegenüber derartigem Stillstand auf kommunaler Ebene (s. 98; 285 ff.) wirkt die
Wählerinitiative bewegungsfördernd, gewinnt der Schriftsteller inmitten lokalen Miefes
(s. 263; 287; 294 u. a.) ‹entlüftende› Funktion. Daß der Autor selbst nicht unanfällig ist
hinsichtlich solchen (allzu menschlichen) Beharrungsvermögens — jeder hat schließlich seine
Leiche im Keller (s. 265) —, zeigt die Episode vom toten Goldhamster in heimischer Speise-
kammer (s. 285 f.).

läufiges, kein fixer Zustand, vielmehr eine Angelegenheit, bei der der Weg gewissermaßen für das Ziel und das Ziel für den Weg einsteht und das einzig Fest-
stehende die Permanenz der Veränderung (des jeweils Anzustrebenden) ist. Wo
aber an die Stelle exakter Festschreibung die immerwährende Fortschreibung
tritt, kommt es nicht von ungefähr, wenn die Sache selbst bislang «nur in Ansätzen definiert» ist (Bürger 181). Auch der Umstand, daß ein Dichter[45] sich zu
ihr bekennt, ändert daran grundsätzlich nichts, was andererseits nicht heißen
soll, die Sachwalter eines derartigen Sozialismus' müßten notwendig jener ‹muf-
fen› Sprachlosigkeit verfallen sein (s. 65), wie dies bisweilen zu beobachten ist.
Hier gilt es vielmehr, für Abhilfe zu sorgen — auch dies ein wesentliches Anliegen des Dichters — und der Partei — freilich immer im Rahmen des Möglichen —
zu einiger leidlicher Artikulation zu verhelfen.

Ob Poesie und politisches Geschäft miteinander vereinbar sind in einem Land
wie Deutschland, ist nicht erst mit dem Auftreten von Günter Grass auf der
politischen Bühne eine aktuelle Frage. Thomas Mann hat von dem wesenhaft
unpolitischen Deutschen gesprochen und sich für seine Person erst spät und dann
widerstrebend, von zeitgeschichtlichen (Fehl-)Entwicklungen genötigt, politisie-
ren lassen. Es war der Widerstand gegen alle nivellierenden Tendenzen, gegen
jede Form der Einebnung, die Angst vor dem würdelosen Untergang des Individuums in der gestaltlosen Menge, sein sattsam bekannter Aristokratismus also,
was ihn demokratisches Wesen — Vermittelmäßigung — gründlich verabscheuen
ließ. — Bei Grass scheinen die grundsätzlichen Bedenken nicht so groß, der elitäre
Vorbehalt (nach den ‹Hundejahren›) geringer, die Auffassung vom ‹Dichteramt›
von vornherein demokratisch-populärer (s. 338/39). Freilich kommt bei ihm
erschwerend (und die anfänglich günstigere Ausgangsposition sozusagen konter-
karierend) hinzu, daß er sich seit den frühen 60er Jahren nicht nur grundsätzlich ‹politisch› versteht, sondern engagiert Partei ergreift, so daß die Entscheidung: Politik oder Dichtung sich zuspitzt zu der Frage, ob (partei-)politisches
Engagement und schriftstellerischer Beruf sich vertragen. Grundsätzlich ja, was
nicht heißen muß, daß diese Alternative sich in jedem Falle, für die schreibende
Zunft überhaupt, positiv beantworten ließe.
Die Bejahung dieses Gewissensentscheids, die Lösung des Problems der Ver-
einbarkeit von dichterischer Produktion und politischer Alltagsarbeit, poetischer

---

[45] Dessen Sprache nun nicht mehr (ideologisch) ‹scharf› ist, nicht einmal mehr forsch oder eindeutig, sondern schon im Vokabular gespickt mit ‹Nämlichkeiten› (s. 268; 238/39) oder Ver-
legenheitsfüllwörtern — ‹immerhin› (s. 228) —, im Satzbau ‹gewunden› — Bebel war schließlich Drechsler (s. 121) —, schlingernd (s. 118), d. h. Bedingungssätze und adversative Ein-
schübe bevorzugend, überhaupt zu umständlichen Satzperioden neigend, die man nach Art
eines Wehner mühsam hervorkaut (s. 81/82) oder — Willy Brandts Eigentümlichkeit — höchstens zögernd verlauten läßt (s. 302).

(Spiel-)Freiheit und engagierter Parteinahme hängt wesentlich ab von der Einstellung des Künstlers zur Wirklichkeit überhaupt. Die spezifische Art und Weise
dieses jeweiligen Verhältnisses gilt es darum vor allem zu klären. Einen ersten
Schritt in dieser Richtung tun wir im vorliegenden Falle, wenn wir die näheren
Umstände des Grass'schen Auftretens beleuchten und insbesondere untersuchen,
wie und wo der Dichter sich in diesem Wahlkampf engagiert. Das Wie betreffend ergibt sich, daß man zwar — wie beobachtet — nur mit Mühe sagen kann,
wofür er konkret eintritt, um so genauer aber, wogegen er ist! Diese Präzision,
seine Anti-Haltung betreffend, geht zum guten Teil schon aus den Titeln seiner
Wahlreden hervor, am deutlichsten bei der «Rede wider die Kurfürsten» (s. Bürger 39 ff.), die eine Attacke darstellt auf die Machtballung in der Hand weniger
sich selbstherrlich-landesfürstlich gebärdender Gewerkschaftsfunktionäre. Aber
auch die Ausführungen über «Die runde Zahl zwanzig»[46] erweisen sich als Abrechnung mit der CDU und den Versäumnissen christdemokratischer Regie-
rungspolitik der Nachkriegszeit. Im wesentlichen identisch mit der «Rede von
den begrenzten Möglichkeiten» (s. Bürger 53 ff.), wendet sie sich überdies gegen
absolute Zielfestsetzungen wie (allzu) eindeutige Verhaltensweisen. Andererseits
ist man versucht zu sagen, das Eintreten für die Sozialdemokratie wie überhaupt
die Wahl des ‹dritten› Weges sei vorzüglich Negativentscheid (s. Bürger 53) und
akzeptabel nur, weil sich nichts anderes anbot, obwohl der Autor «Besseres weiß
und haben möchte» (88). — Wo er für etwas ist oder jemanden wenn schon nicht
sympathisch, so doch bemerkenswert findet, wie jenen Schmied aus Eßloh(!), der
«in einer richtigen altmodischen Hammerschmiede» (118) Brecheisen macht[47],
da sind es komische Käuze, Einzelexemplare oder aber Randgruppen: die Alten
und Kranken, die Rentner und Nutzlosen am Rande der Leistungsgesellschaft
(s. 63; 155 f.; 177; 310); ihnen gilt seine politische Sorge wie seine private oder
künstlerische Vorliebe[48]; ferner all denen, die benachteiligt sind oder sich doch
benachteiligt fühlen, wie die (immer wechselnden) Vertreter der ‹Randgruppe
Kohlhaas› (s. 317 f.). In dieser Haltung ist Grass wie seine Wahlmannschaft
Zweifel vergleichbar, der auch mit Vorliebe Minderheiten beistand: Randwäh-
ler, heißt es, hören auf die Wählerinitiative (s. 225). — Eine Minderheit ist letztlich (jedenfalls bis 1969) auch die SPD selbst. Daß er für sie aktiv wird über bloßes Sympathisantentum hinaus, liegt nicht zuletzt in diesem Umstand begründet;
eine andere Wurzel ist zu suchen in der Diffamierungskampagne gegen Willy
Brandt[49]. Dagegen anzugehen, ihm zu helfen, schien eine lohnende Aufgabe um

---

[46] Günter Grass — Dokumente zur politischen Wirkung, hrsg. v. Heinz Ludwig Arnold u. Franz
Josef Görtz (= EDITION TEXT + KRITIK), Stuttgart, München, Hannover 1971, S. 172
bis 183; im ‹Tagebuch› mehrfach unter dem Titel ‹Zwanzig Jahre Bundesrepublik› angeführt.
[47] In den ‹Hundejahren› Werkzeug des Hasses (s. H 662/63).
[48] Den Kindern gegenüber bekennt er, «alte gebrochene Leute» zu mögen (93).
[49] Vgl. Heinz Ludwig Arnold, Gespräch mit Günter Grass. — In: TEXT + KRITIK. Zeitschrift
für Literatur, Heft 1/1 a, [4]1971, S. 1—26, dort S. 20.

so eher, als über die Person hinaus die Partei, deren Vorsitzender er ist, überhaupt — und von jeher[50] — Zielscheibe von Diffamierungen war.

Wer sich in der Gegenwart des Jahres 1969 hinter derartigen Verleumdungsfeldzügen verbirgt, wird erst richtig deutlich, wenn man sich das Aktionsfeld der Wählerinitiative vergegenwärtigt: Es sind lauter Wahlkreise, in denen die SPD «kümmert» (65) oder aber solche, in denen sie, wenn überhaupt, allenfalls knapp gewinnen könnte. Nun ist diese Auswahl nicht unbedingt Grassens Idee, aber sie ist so typisch für ihn, daß sie unbesehen von ihm selbst sein könnte. Geographisch gesehen heißt das: Unter Umgehung der Großstädte zieht man hinaus aufs platte Land, dorthin, wo «das Langsame üblich» ist (125), nach Ostfriesland also, an den Niederrhein (s. 20), und vornehmlich hält man sich in Süddeutschland auf (s. 215 ff.): in Schwaben etwa (s. 245), wo die Städtchen so schön bezeichnend heißen, wie Schnecklingen, das «südlich Oberzögern» liegt, «an der Straße nach Kreuchlingen und ... mit den Gemeinden Schlaichheim, Weilwangen, Weil am Wald und Hinterzig zu einem Wahlkreis [gehört], in dem die Sozialdemokraten, seit Bebel, zwar Fortschritte machen, dennoch überdehnt langsam und nur vergleichsweise vorankommen» (47). Beinah am liebsten aber verweilt man in Bayern, wo sich zu ländlich zähem Beharrungsvermögen überdies der religiöse Mief gesellt und dort — als die älteste und hartnäckigste Form der Hirnvernebelung (s. 292) — so schwer lastet wie sonst nur noch im Münsterland (s. 88; 285; 126; 144/45)[51]. Freilich ist Bayern auch am anstrengendsten, so sehr, daß es heiser macht beim Reden (s. 311). Hier kämpft man vor Kirchenfassaden und sich als Münster tarnenden versteinerten Marktordnungen (s. 175) nicht nur gegen Restauration und einen tiefverwurzelten Unwillen allem Neuen gegenüber, sondern mehr noch gegen die «Angst um das Ansehen und die Kundschaft, Angst vor dem Pfarrer, dem Schulrat, den Nachbarn, biedere Angst in ihrer Trachtenjacke...» (39) einen schier aussichtslosen Kampf. Die Genossen, falls man solche überhaupt antrifft, leben dort «verängstigt und kopfscheu» quasi «in der Diaspora...» (87), ja derartige Vereinzelung ist in ihrer Hoffnungslosigkeit schon wieder komisch, wie im Falle jenes sozialdemokratischen Volksschullehrers, der zu einer Straubinger Wahlversammlung «aus den Wäldern heruntergekommen war (und sich in dieser Gegend als fluchwürdigen Einzelfall verstand) ...» (216).

Entsprechend den in solchen Wahlkreisen eindeutigen politischen Kräfteverhältnissen wächst die Schwierigkeit der (selbstgestellten) Aufgabe. Kein Wunder, wenn die Stimmung gedämpft, ja gedrückt ist, und eigentlich selbstverständlich oder jedenfalls nicht überraschend, daß sich jemand einstellt, den wir aus den

---

[50] s. das ‹Gespräch mit Günter Grass›, a. a. O. S. 23.
[51] Bayern und das Münsterland werden denn auch bald in einem Atem genannt (s. 292), das Münsterland erscheint sozusagen als ein ins Westfälische transponiertes Bayern. Solchen Landstrichen ist allenfalls noch Wuppertal atmosphärisch vergleichbar mit seiner von der Schwebebahn unfallfrei verbundenen «Vielzahl wundergläubiger Sekten...» (287).

fiktiven Partien des Buches her kennen: Noch einmal kommt Zweifel auf, aber
jetzt weniger als Person denn als Prinzip, oder allenfalls als personifiziertes
Prinzip: Als solches ist er überall zugegen, wo Grass seine Zelte aufschlägt und
zu agitieren beginnt (s. 29; 53), als Gestalt gewordene Bangigkeit und Skepsis
blickt er dem Redner gleichsam über die Schulter. Und meisterlich versteht er
sich auf die (ihm wesensgemäße) Aufgabe, Bedenken zu nähren, Hoffnungen,
sollten sie aufkommen, anzusäuern. Besonders deutlich wird diese seine Funktion bei Gelegenheit einer zwischenzeitlich eingeschobenen Erholungsreise in die
Bretagne, einem Ausflug in das «Ferienland Utopie . . .» (Bürger 133): Immer
geht die ‹Kellerassel› ihm, dem Entspannung Suchenden, zur Seite, und sei es als
Strandläufer und auf die Gefahr hin, sich — ähnlich dem lichtscheuen Mahlke —
einen Sonnenbrand zuzuziehen (s. 202). — Wer die Geschichte von Zweifel
schrieb, hat es in der Tat schwer, für etwas zu sein (s. 73), und das Motto, wonach die Einstellung zum Fortschritt skeptisch sein müsse, behält (über den technischen Bereich hinaus) Gültigkeit auch für das politische Handeln. Damit der
Wahlkämpfer bei allem Engagement keinem Irrtum erliege, keine übersteiger-
ten Erwartungen hege, nimmt er Zweifel, als dieser sich im Lärm und Trubel
der Terminjagd davonmachen will, kurzerhand unter Vertrag (s. 29). Zweifel
‹rächt› sich, indem er überhaupt und grundsätzlich gegen Pläne votiert, die schon
wieder etwas (allzu) Sinnvolles, eindeutig Zielgerichtetes haben[52], und wenn
es ihm nicht gelingt, seinen Auftraggeber vom Pfad der Tugend, sprich der
Wahlkampfverpflichtungen abzubringen, so mildert er doch die Peinlichkeiten
allzu eindeutigen Bekennertums: So meldet er sich etwa nörgelnd zu Wort, als
es um den Titel der Broschüre für die Wählerinitiative geht und die Entscheidung zugunsten von «dafür» gefallen ist (s. 73 ff.); mit der Wahlfarbe, die dem
Dichter allzu optimistisch erscheint, vermag Grass sich erst zu befreunden, als
sein alter ego ihm souffliert, dieses poppige Orange sei «im Grunde nur ein
Deckname für Grau» (190)!

Ein so geführter Wahlkampf kann, das wird niemanden überraschen, trotz
allen Einsatzes kaum, gewiß aber nicht an diesen Fronten gewonnen werden.
Wenn es (in der laufenden Tournee) überhaupt Erfolge gibt, sind sie minimal
oder relativ. Um so größer freilich ist die Freude schon über geringste Fortschritte, wie in Straubing, wo Grass sich närrisch wie ein Kind und bis zur Sinnlosigkeit[53] ausgelassen gebärdet ob des so simplen wie unerwarteten Tatbestan-
des, daß nicht nur überhaupt jemand bereit ist, ihm zuzuhören, sondern die
Ankündigung seines Namens offenbar genügt, einen Versammlungssaal bis auf
den letzten Platz zu füllen. — Wo Erfolge nur vereinzelt und kaum meßbar,

---

[52] s. Oskars Abneigung gegen den Terminkalender seines Freundes Klepp und den sublimen
Hohn über solch verplanten Leerlauf B 79/80.
[53] Sogleich taucht das Symbol des Kreisels auf; Grass fährt «Kettenkarussell: ein Vergnügen, so
rundum sinnlos schön, daß es bei Marx nicht vorkommt und deshalb als ‹gesellschaftlich nicht
relevant› bezeichnet werden kann» (216).

eindeutige Siege aber gar nicht zu vermelden sind, bleibt genügend Zeit, Niederlagen referierend abzuhaken, so das entscheidende Rededuell mit Rainer Barzel (s. 118/19), bei dem er ausgerechnet in Köln — Bebels Geburtsort! — gegen einen seiner Hauptkonkurrenten versagt. Die Überraschung (auf seiten des Lesers) ist dagegen perfekt, sobald man erkennt, daß bei diesem halbjährigen Kräftemessen die andere Seite nicht nur nicht überrundet werden kann, sondern im Grunde (selbst) gar nicht gewonnen werden soll! So ist auch das Wahlkampfziel — wie schon die theoretische Grundposition — erneut weniger positiv als negativ, geht es nicht darum, aus hoffnungslos ‹schwarzen› Wahlkreisen ‹rote› zu machen, gilt es allenfalls «Schwärze zu mindern . . .» (119), sie weniger kompakt erscheinen zu lassen (s. 170), «graustichig» zu machen (39) oder, um im (Schnecken-)Bild zu bleiben, diesen (Farb-)Zustand langsam «vom Rand her an[zu]knabbern . . .» (93). — Am Ende aber springt, entgegen aller Wahrscheinlichkeit, doch so etwas wie ein Sieg heraus, sind SPD und FDP die Gewinner der Wahl. Nichts aber könnte bezeichnender sein als die Reaktion des Wahlkämpfers Grass auf diesen Erfolg: Das 29. Kapitel beginnt zunächst mit Hiobsbotschaften aus Computermund. Wieder scheint die Niederlage gewiß, und erstaunlich nur die Gelassenheit, mit der sie (wie etwas Erwartetes) hingenommen wird (s. 329)! Nach und nach erst tröpfeln Erfolgsmeldungen ein, begleitet von ungläubigem Staunen, und als das schließliche Ergebnis sich abzuzeichnen beginnt, der Gewinn der Sozial-Liberalen feststeht, herrscht statt Freude — Verlegenheit, ist der Tenor der Kommentare im Stil Brunos, des jüngsten der Dichter-Söhne gehalten, versucht der Vater als «verlegener Sieger nach gewonnener Wahl . . ., leider zu sagen» (215). Wenn es etwas gibt, diese Verlegenheit zu mildern, dann ist es die Knappheit des Sieges, das Bewußtsein, es gerade noch und lediglich mit Hilfe des Koalitionspartners geschafft zu haben, und statt des Jubels finden sich denn auch litaneiartig wiederkehrende Verweise auf Art und Umstände dieses ‹Erfolges› (s. 327; 330; 332; 337). Dennoch kommt das 29. (und eigentlich letzte) Kapitel nicht um die Feststellung der Wachablösung in Bonn herum. Machtwechsel ereignet sich, aber wenn dies auch eine historische Stunde ist, mit der Präsidentenwahl zu Anfang ein Zurechtrücken «unsere[r] verrutschte[n] Geschichte und deren Feiertage[n]» (9), so scheint es doch eher ein ernster denn ein heiterer Festtag: Ein ermatteter Sieger wird in die Pflicht genommen, an die Schwere der zukünftigen Aufgaben erinnert. Verfährt Grass hier gemäß dem Motto, nach dem Sieg den Helm enger zu schnallen, so folgt unmittelbar auf die nüchtern-knappe Konstatierung prozentualer Zugewinne — die Ansprache zum Dürerjahr (1971!), will sagen eine Rede über Melancholie und ihre vielfältigen Anlässe![54] Unter dem Motto «Vom Stillstand im Fortschritt» erweisen diese

---

[54] Wenigstens die Interviewer des ‹Vorwärts› (10. 8. 1972, S. 18) haben sich über den Zusammenhang von SPD-Wahlsieg und Melancholiebetonung gewundert und nach dessen Notwendigkeit gefragt. Dagegen spricht Hans Schwab-Felisch — Melancholische Variationen. Zu

Variationen zu Dürers Melencolia I sich als genaues Gegenteil und Kontrapost zu dem voraufgegangenen Wahlerfolg, dem endlich erreichten Fortschritt aus Stillstand. Und wenn derartige Überlegungen auch nicht imstande sind, das Faktum der gewonnenen Wahl aufzuheben, so reichen sie doch zumindest stimmungsmäßig hin, etwa aufkommenden Jubel zu neutralisieren, ja sie sind geeignet, den voraufgegangenen Sieg weniger als Triumph denn als Strafe (s. 34; 109) und jedenfalls einem Pyrrhussieg vergleichbar erscheinen zu lassen. Entsprechend dem Zweifelschen Selbstverständnis erweist der Dichter sich noch einmal als jemand, der gegen den Sog schreibt (s. 290).

Die Rede selbst (deren Tenor hier zunächst allgemein charakterisiert wurde) bringt im einzelnen weniger eine Interpretation als vielmehr eine Umdeutung des Dürerschen Melancholie-Blattes: Dürers Zeit, eigentlich eine Phase der Selbstbesinnung des Menschen auf seine Fähigkeiten und das ihm Mögliche einleitend, eine Zeit des Aufbruchs aus verkrusteten (mittelalterlichen) Traditionen[55], der Befreiung aus kirchlicher Bevormundung, wird hier mit sicherem Gespür für die Brüchigkeit des (vorherrschenden) Optimismus auf die auch der Renaissance bereits innewohnenden Tendenzen zur Verdüsterung (der Welt wie des menschlichen Gemüts) hin befragt. Damit ist eine allgemeine Parallele gegeben: Auch unsere Welt scheint am Anfang einer neuen, quasi interplanetarischen Ära zu stehen. Die erste Mondbesteigung, mit Hilfe des Mediums Fernsehen[56] in alle Haushalte übertragen, kündigt eine neue Epoche technischen Fortschritts an. Und doch gibt es auch jetzt genügend Gründe zur Dämpfung allzu überschäumender Euphorie. Obwohl weder das Schlagwort von der ‹Lebensqualität› bereits bekannt war noch erste Anzeichen der heutigen Energiekrise sich andeuteten, verweist der Dichter bereits eindringlich auf das Problem der Grenzen technischen Wachstums. Er macht in wortwörtlichem Sinne auf den Stillstand im Fortschritt aufmerksam am Beispiel der sich täglich wieder-

Günter Grass' «Aus dem Tagebuch einer Schnecke». — In: Merkur 26, 1972, S. 1025–1030 — von dem «zuversichtlich krähenden ESPEDE-Sänger Günter Grass» (S. 1028); und ähnlich eindeutig möchte Gertrude Cepl-Kaufmann — Günter Grass. Eine Analyse des Gesamtwerkes unter dem Aspekt von Literatur und Politik, Kronberg 1975 — die stimmungsmäßigen Gewichte verteilt sehen: Resignative Grundtendenz im poetischen Teil (s. S. 165 ff.) — positive Fortschrittsgläubigkeit dagegen im Zusammenhang mit aller politischen Tätigkeit (s. S. 181 ff.), eine (wie wir glauben nachgewiesen zu haben, unzulässige) Vereinfachung, bei der sich «die Dialektik von Melancholia und Utopia ... zugunsten einer Hoffnung auf den Fortschritt aufgelöst» findet und die in der Konsequenz zu der Behauptung führt, das ‹Tagebuch› gehöre «strukturell eindeutig zum politischen Werk des Autors» (S. 182).

[55] Zugleich jene pragmatische Einstellung begründend, die dann neben dem Rationalismus eines der signifikanten Merkmale der Aufklärung ausmachen sollte. Wenn der Dichter diese historische Wurzel des Empirismus zu Recht in der Renaissance aufsucht, so hat er doch zugleich und mehr noch das trotz aller Weltbejahung janusartige Antlitz jener Zeit beschworen und im Rückgriff auf die bereits damals einsetzende Melancholie-Tradition ein Gegengewicht gefunden gegen die Fortschrittsvernarrtheit des 18. wie des 20. Jahrhunderts.

[56] s. 187 ff.; 195/96; 199/200; 203/04; 206.

holenden Verkehrsstaus in unsern Städten (s. 117; 347); und er sieht den Preis,
um den solcher Fortschritt nicht selten erkauft ist: Fließbandmonotonie (s. 343),
die zurückwirkt auf das seelische Befinden des Arbeitenden; Langeweile, die sich
einstellt und von der Betriebsamkeit der Dame ‹Touristica› nur unzureichend
überspielt werden kann (s. 344). Dabei ist Langeweile lediglich ein anderer Name
für Einsamkeit, für die Verlassenheit etwa der Grünen Witwen (s. 352), die
Kontaktlosigkeit der Massengesellschaft überhaupt. Beides aber, Langeweile und
Einsamkeit, sind nur Vorboten der Melancholie, die das Lebensgefühl des modernen Menschen beherrscht, die Lebensqualität — ungeachtet allen vorder-
gründigen Konsumglücks — entscheidend bestimmt. Anläßlich solcher Umschau
sieht Grass nicht nur genügend Anlässe, melancholisch zu werden, er hat Melancholie bei dieser Gelegenheit auch zugleich neu definiert, und zwar im Sinne
einer Modernisierung sowohl wie weitgehender Popularisierung: Wenn Schwermut statt einer (mittelalterlichen) Körperkrankheit ein geistiges Phänomen ist,
Produkt der Einsicht in die Unvollkommenheit der Welt, dann wird ihr mit
Betonung ihres Erkenntnischarakters doch zugleich der aristokratische Zuschnitt
genommen[57]: Zumindest ist sie nicht mehr lediglich dem künstlerischen Genius
vorbehalten, vielmehr quasi ein Volksleiden (s. 344) und damit so verbreitet wie
typisch für diese unsere Zeit![58]

Dieses Zeitgemälde ist zwar in vieler Hinsicht zutreffend, zugleich aber doch
auch wieder einseitig, d. h. die negativen Folgen unserer Zivilisation allzusehr —
und im unrechten Augenblick, beim ‹Festbankett› sozusagen — hervorhebend.
Und ähnliche Stilisierungen wie der Zivilisationskritiker erlaubt sich der Wahlkämpfer Grass hinsichtlich der Skizzierung der politischen Landschaft. Seine
Gegner auf diesem Felde sind ‹die Schwarzen›[59], eine (unzulässige) Plakatierung,
mit der der Dichter zudem seiner eignen Forderung nach Differenzierung (s. Bürger 25/26; 43; 180 u. a.) untreu wird. Nun könnte man derartige Vergröbe-
rungen mit der Atmosphäre des Wahlkampfes entschuldigen, wäre da nicht noch
eine weitergehende Unterstellung, nach der die ‹Schwarzen›, wenn nicht mit den
ehemals ‹Braunen› identifiziert, so doch sehr in deren unmittelbare Nähe gerückt

---

[57] Ein Unterschied, der besonders deutlich wird im Vergleich zu Thomas Manns Melancholie-
verständnis, und dies namentlich dort, wo auch er auf Dürer rekurriert, im «Doktor Faustus»:
Zwar erwächst schon die Melancholie Leverkühns aus Erkenntnisekel, zugleich aber und
wesentlich ist sie Bestandteil von Künstlerhochmut und -einsamkeit.

[58] Um vom allgemeinen Befund in den privaten Bereich zurückzukehren: Nach der Wahl unternimmt die Familie eine Exkursion zur Gropius-(Gesamt-)Schule (s. 335/36), die Franz künftighin besuchen wird. Aber in dem Augenblick, als man ein, wie gesehen, wichtiges Stück sozialdemokratischer Reformarbeit, einen grundlegenden Schritt hin zur Beförderung des demokratischen Sozialismus in Augenschein nimmt, wird zugleich wieder jener Stillstand im Fortschritt
sichtbar: in der sonntäglich-winterlichen Ruhe über noch unfertigen Erdarbeiten, vor allem
aber im Bild der «steingemauerte[n] Windmühle mit drehbarem Kranz, die zwischen wach-
senden Großbauten [lediglich] als Silo noch in Gebrauch ist» (336).

[59] s. 47; 144; 215; 239; 242; 265; 267; 337 u. a.

werden. Nicht nur geographisch liegen schwarze Wahlkreise — Bayern — und NPD-anfällige Gegenden — Mittelfranken (s. 310 f.; 88) — in unmittelbarer Nachbarschaft zueinander, auch was das Parteienspektrum angeht, ergibt sich eine direkte Abfolge von der CDU über die CSU hin zur NPD (s. 9)! Und tut man, wie im Raum zur Seite, zeitlich einen Schritt zurück, wird die ‹braune› Vergangenheit mancher ‹Schwarzen› deutlich, dies besonders am Beispiel Kurt Georg Kiesingers (s. 123; 167; 242; 286), dem es mit der Beredtheit seiner «Silberzunge» (290) gelungen ist, seinen Hitler aus eigenem (An-)Denken wie dem Bewußtsein der ihn Wählenden zu verdrängen. Ein Bundeskanzler aber mit solch nazistischer Vergangenheit ist, wenn nicht überhaupt ein Malheur, gewiß unverzeihlich in einem Lande wie Deutschland (s. Bürger 16/17), das hinreichend Gründe haben sollte, sich seiner jüngsten Geschichte zu schämen und mit ihr nur fertig werden kann, wenn es darangeht, sie zu bewältigen anstatt zu verdrängen. Kiesinger also weniger als Person denn als exemplarischer Fall, genau dahin zielt auch der Vorwurf gegen den Rivalen Gustav Heinemanns um das Präsidialamt: Nicht Gerhard Schröder an sich ist schlimm, aber die Wahl Schröders mit Hilfe der NPD-Stimmen wäre ein Unglück (s. 9)! Daß ein solcher Fall zumindest denkbar ist, setzt eine Unterschätzung (als Gefahr) bzw. Aufwertung (als politische Größe) rechtsextremer Kräfte voraus (s. Bürger 64), die nur möglich ist aus Laxheit oder innerer Nähe zu dieser Art (Neo-)Nazismus. — Von derartiger geistiger Verwandtschaft zwischen Schwarz und Braun ist es nur noch ein Schritt bis zu der Behauptung, die Schwarzen hießen (nur) jeweils anders (s. 122; 119), was auch die Umkehrung zuläßt und dann wenig anderes bedeuten kann, als daß alte und neue Nazis, sprich große Teile der CDU/CSU, weitgehend identisch sind miteinander[60]. Zumindest Grass hält dafür, ist subjektiv davon überzeugt, und wenn es darum geht, Schwärze zu mindern, dann vor allem, weil es die Wiederkunft brauner Vergangenheit zu hindern gilt, ein erneuter Sieg der CDU/CSU aber einem derartigen Rückfall ins unzulässig Gestrige verzweifelt nahe käme (s. 329), zumindest jedoch ihn, Grass, «unerträglichen Schmerzen ausliefern» würde (86). In der Konsequenz dieser Angleichung führt er den Wahlkampf kaum anders als einen Widerstandskampf, und wenn er die von ihm unterstützte Partei und deren Anhänger in der Diaspora lebend sieht, dann nehmen beide hier eine ähnliche Stellung ein wie die Juden in Zweifels Vita; und entsprechend dem Topos von der verfolgten Minderheit ähneln die braunen Schergen von einst den Verfolgern von heute[61] und umgekehrt.

---

[60] So deutlich hatte man es nicht einmal im dritten Teil von «Hundejahre» und aus dem Munde des (partei-)politisch gewiß nicht zimperlichen Walter Matern vernommen.

[61] Dies erst recht nach deren Niederlage. War der Haß schon besorgniserregend, der Gustav Heinemann entgegenschlug (s. 9), so wird er nun über alle Maßen deutlich, da die Schwarzen nicht verlieren können (s. 337). Von einer Mordandrohung gegen Grass wird berichtet (s. 315), und nicht lange, so taucht erneut das Bild des Hundes auf: «Jemand, der Franz Josef Strauß heißt, hat den Haß von der Kette gelassen» (315).

Dies ist nun in der Tat eine ‹Einschwärzung› des politischen Gegners, die man skandalös finden kann, ohne unbedingt der CDU nahestehen zu müssen[62], eine Behandlung, die sich auch durch den Hinweis auf die in Wahlkämpfen übliche Schwarz/Weiß-Malerei nicht länger legitimieren läßt, vielmehr eine entschiedene und entscheidende Verzerrung historisch-politischer Zusammenhänge bedeutet, ein um so bemerkenswerterer Vorgang, als der, der hier die Grenzen der Fairneß überschreitet, selbst immer wieder — natürlich auch in diesem Buche und speziell im Hinblick auf die Kinder — für Toleranz plädiert! — Stilisierung beim Kulturkritiker wie im Falle des Politikers Grass, das läßt es naheliegend erscheinen, das dichterische Oeuvre auf ähnliche Tendenzen hin zu befragen. Sehen wir uns das Personal des fiktiven Teils, der Zweifel-Geschichte, daraufhin an, dann ergibt sich vor allem für den Helden ein alles andere als schmeichelhaftes Porträt: Statt von vorteilhaftem Äußern oder auch nur halbwegs ansehnlich zu sein, ist Zweifel jemand, «an dem alles schief war: die rechte Schulter hing, das rechte Ohr stand ab, gleichfalls rechts kniff sein Auge und hob den rechten Mundwinkel. In solch verzogenem und aller Symmetrie feindlichem Gesicht herrschte eine fleischige, von der Wurzel weg nach links ausscherende Nase. Mehrere Haarwirbel verhinderten einen Scheitel. Nur wenig, immer zum Rückzug bereites Kinn» (27). Ein Ausbund an Häßlichkeit, gleicht er in seiner Disharmonie am ehesten dem Helden von «Katz und Maus». Aber die Verwandtschaft reicht weiter: Schon die Zentralfigur des ersten Romans ist — und dies nicht nur äußerlich — ein verkrüppelter Zwerg, in den ‹Hundejahren› laufen Eddi Amsel wie Jenny Brunies als monströse Pummel einher, in ihrer Dicklichkeit komisch wie ihrer späteren Zerbrechlichkeit wegen beängstigend. Am Beispiel der Maria Truczinski und ihrer Beschreibung (s. B 309 ff.) ließe sich zeigen, wie wenig irgend jemand bei diesem Dichter Anspruch erheben kann auf äußeren Schönheitsreiz. Jeder hat (mindestens) ein Manko, und es sind gerade diese Fehler, die von seiten des Erzählers immer wieder hervorgeholt und schonungslos (über-) belichtet werden. Selbst bei Vorstellung der Wahlkampfmannschaft finden sich, anstatt «betulich Tugenden [zu] putzen und in mildes Licht zu rücken» (65), viel eher und ausführlicher Schwächen festgehalten (s. 64 ff.; 76; 332)[63]. Und wie

---

[62] s. dazu Hans Egon Holthusen in: Die Welt des Buches (Beilage zur Welt) Nr. 196, 24. 8. 1972, S. 1. Ähnlich, nur weniger empört als herablassend, äußert sich Thomas Kielinger — [Rez. zum ‹Tagebuch›]. — In: Neue Deutsche Hefte 19, 1972, Heft 3, S. 155—160 —, wenn er vom «Bierzeitungsjargon» (S. 159) des Autors spricht.

[63] Da ist Wolf Marchand, Germanist mit stelzender Sprache, der den rechten Wahlkampfton nicht finden kann und unter einer nicht fertiggestellten Arbeit leidet, «während Linde sich anklagt, noch nicht angefangen zu haben» (65); Linde, der «so schön schwermütig über Organisationsfragen referieren» kann (66) und als Künstlernatur das Wahlkampfbüro so lange vorzüglich und ohne Pannen leitet, wie es keiner andern als improvisierender Leitung bedarf, und der überdies den Tick hat, heimlich Pferderennen zu besuchen (s. 66). Drautzburgs beruflicher Ehrgeiz wiederum reicht nur bis zum Jurareferendar; von da an verlobt er sich lieber mit allen möglichen Mädchen, um sie systematisch zu ‹verlinkern› (s. 66/67), während der

der Wahlkampfcrew ergeht es den Gründern der Wählerinitiative (s. 35/36)[64], ja selbst die Parteioberen bleiben vom bösen Blick des (die Charaktere) nachzeichnenden Dichters nicht verschont (s. 69). Was bei solchen Porträts ins Auge fällt, sind jeweils häßliche oder komische Entstellungen, denen zufolge die Erwachsenen, mit Bruno, dem Dichtersohn zu reden, eher «‹Verwachsnige[n]›» gleichen (93), zumal die Einseitigkeit der Auswahl[65] begleitet und unterstützt wird durch ein geradezu ausbeuterisches Insistieren auf derartigen Abnormitäten und Marotten, die ihre Träger von nun an, Spitzmarken gleich — Egon Bahrs überlange Nase (s. 213)! —, durch den Raum der Dichtung begleiten; ein Verfahren, das um so decouvrierender wirken muß, als es sich bei den ‹Betroffenen› um lebende Zeitgenossen und — schlimmer noch — um Leute von öffentlichem Interesse, um wählbare (und zu wählende!) Größen der Politszenerie handelt. Dennoch werden derartige ‹Wahrheiten›, etwa um wahltaktischer Rücksichten willen, keineswegs verschwiegen, bestenfalls zurückgestutzt, reichen sie andernorts, wie wir sahen, über das äußere Erscheinungsbild weit hinaus: Den Bereich der Empfindungen angehend, gibt es keine Seelenregung, die sich nicht als fragwürdig erwiese: Eros, in der ‹Blechtrommel› ist er wesentlich verkommen zum Sexus, Heldentum erscheint dort wie in «Katz und Maus» verkümmert zur Angst, Freundschaft ist nicht erst in den ‹Hundejahren› ein gefährdetes Gut, vielmehr generell bedroht in einer Welt, in der (im Großen wie im Privaten) Krieg herrscht anstatt Friede, Begräbnisse dominieren über Geburt und Hochzeit und, gleich ob das Leben sich nun vorwiegend über oder unter Tage abspielt, im Grunde nur die Frage ist, wo man die Hölle anzusiedeln hat. Nimmt man den innerhalb dieses Pandämoniums (bekannt) desolaten Zustand nahezu aller tradierten Wertvorstellungen hinzu, dann bleibt der Triumph des

---

behagliche Bentele nur des Essens wegen da zu sein scheint und um (nebenher) gute Laune zu verbreiten (s. 67/68).

[64] Hier sei nur an den beständigen Spott erinnert über das komische Gespann Eppler — Ehmke, die sich in ihrer jeweiligen Wesensart — hie Konjunktiv — hie Superlativ (s. 330) — neutralisieren, weil dem einen — Grassens gefräßig heiterem (s. 62), alles besser wissendem (s. 58) Landsmann — etwas fehlt: die Selbstkritik, während der andere, ungeachtet sein «Haaransatz steil aufschießenden Idealismus verspricht...» (58), unter zuviel Skrupeln leidet: Eppler als ein vom Konjunktiv lebender Christ (s. 170).

[65] Die vor mittleren Parteichargen sowenig haltmacht, wie sie Herbert Wehner verschont, der bei aller ans Mythische grenzenden Großartigkeit doch auch zum Lachen reizt (s. 81), oder selbst Willy Brandt einbezieht mit seinem tickhaften Zögern und Schachtelspiel (s. 29; 224; 304). — Darüber kommt alles Private zu kurz oder wird allenfalls in Form der Litotes beigebracht, wie beim Selbstporträt, wenn der Vater aufzählt, was alles er nicht ist (s. 75/76). Wo es wirklich darauf ankommt, daß ein (überwiegend) positiver Gesamteindruck zurückbleibt, bedient der Dichter sich im wesentlichen — des (Ver-)Schweigens, d. h. der ‹Löcher› und Pausen (s. 85; 229) als bestimmender Konstituenten der Kurzporträts. Keineswegs trifft demnach Kielingers Behauptung zu, Grass habe sich zu «Hymnen hinreißen» lassen, «die an Peinlichkeit nicht verlieren, weil sie zu Ehren ehrenwerter sozialdemokratischer Politiker gesungen werden» (a. a. O. S. 159).

Physischen über das Geistige, des Un- oder Aberglaubens über religiöses Verhalten, des Häßlich-Widerwärtigen über das Schöne, der Mensch nicht als Persönlichkeit voll Ausstrahlung, sondern als Person mit all seinen Ausdünstungen. — Mit solcher Schilderung von Mensch und Welt aber tritt das Normale zurück hinter das Ausgefallene und Außerordentliche, und dies auf künstlerischem Gebiet sosehr wie auf (zivilisatorischer oder) politischer Ebene. Ja, indem der Dichter Grass derartige ‹Verunglimpfungen› nicht einmal seinen politischen Intentionen zu opfern bereit (und imstande) ist, zeigt sich am ehesten seine insgeheime Bedürftigkeit aller grellen Wirklichkeit gegenüber.

Wie sehr der produktive Antrieb, die Entzündbarkeit der Einbildungskraft gekoppelt sind an diese (einseitige) Stoffauswahl, zeigen die regelmäßig sich einstellenden Schwierigkeiten bei Behandlung der Nachkriegszeit. Diese Jahre der Regeneration nach der großen Katastrophe verlieren für Grass an poetischer Ergiebigkeit in dem Maße, in dem der Wiederaufbau sich vollendet, die Fassade nach außen hin glänzender — und damit weniger griffig wird. Sie überhaupt (noch) schildern zu können, bedarf es jedesmal, wie in den Schlußteilen der Danzig-Romane, der satirischen Verätzung. Wo diese ‹Aufbereitung› fehlt und die Handlung, wie in «örtlich betäubt», von Anfang an in keimfrei-steriler Umgebung (Ärztezimmer und Schulstubenmilieu) angesiedelt ist, wirkt die Schilderung merkwürdig flau, so sehr, daß selbst diejenigen, die sich früher moralisch oder ästhetisch entrüsteten, die alten Zoten und Abnormitäten zurückzufordern begannen![66] — Mit dem ‹Tagebuch› nun wird ein neuer Anlauf unternommen, der Gegenwart auf poetischem Wege, weniger verformend statt formend-gestalterisch beizukommen; zugleich Gelegenheit, zu der früher behaupteten Einseitigkeit der politischen Fehde und der Frage nach dem Warum derartigen Schlagabtauschs zurückzukehren: Nicht mehr Satire ist das Mittel, der Wirklichkeit des Hier und Heute Herr zu werden, sondern Historisierung im Sinne des Durchscheinendmachens der Gegenwart in Richtung auf Vergangenes hin. Und dies ist zwar erneut eine Form der Stilisierung, doch wird satirische Verzerrung nunmehr abgelöst durch eine Art historischer Überfremdung. Was sich im ‹Tagebuch› ereignet, ist Einschwärzung der Gegenwart im Sinne von ‹Einbräunung›, ein Verlängern des Aktuellen auf das Gestrige hin; wenn man will, die Bearbeitung eines neuen Themas — Gegenwart — in der Weise, als sei es das altvertraute: Vergangenheit! Bei welcher Gelegenheit auch die alten Mittel sich einstellen? Ja und nein. Nein, insofern die Tagebuchform neu ist und erstmals angewandt, ja, sobald man die Funktion dieser Neuerung befragt: das Erzählen vom Ende her zu umgehen und den epischen Abstand, die Distanz zwischen Gegenwart und Vergangenheit schrumpfen zu lassen und so nicht nur gleichzeitigen Dingen hinterdrein zu sein — das hat Grass immer schon als seine Aufgabe angesehen —, sondern «gleichzeitig aktuell» zu sein (95). Indem er Tage-

---

[66] Grass selbst hat auf die Inkonsequenz und Komik dieser Forderung verwiesen (vgl. das ‹Gespräch mit Günter Grass›, a. a. O. S. 7).

buch führt, ist Grass noch immer oder wieder jemand, der «gegen die verstreichende Zeit schreibt» (169). Zwar sind die Inhalte disparat wie nie — darin ist
es ein ‹Sudelbuch› (s. 71; 153 u. a.), nicht aber regiert Formlosigkeit, vielmehr
ist das Ganze durchaus gegliedert und, wenn auch nicht in Teile unterschieden,
so doch von Anzahl wie Bündelung der Kapitel — 3mal 10 — her an die Dreiteilung der früheren Romane erinnernd! Entsprach diese im wesentlichen dem
behandelten Gegenstand, d. h. der Geschichte und ihren Zäsuren[67], so kann man
auch jetzt die formalen Einschnitte von der inhaltlichen Seite her bestätigen:
Kapitel 1—10 behandeln die Vorkriegszeit, die restlichen Abschnitte (11—28)[68]
das Kriegsgeschehen, wobei sich eine (weitere) Unterteilung noch insofern rechtfertigen ließe, als bis Kapitel 19 einschließlich (deutsche) Fronterfolge berichtet
werden, während ab dem 21. Kapitel der Rückzug beginnt, Stalingrad, die
Wende 1942/43, also genau die Mitte des (verbleibenden) zweiten Teils einnimmt. Und wo bleibt der abschließende dritte Teil, die Schilderung der Nachkriegszeit? Das Schicksal Zweifels betreffend, wird sie nur ganz flüchtig gestreift,
was den nichtfiktionalen Anteil angeht — vordergründig auf das Jahr 1969 bezogen —, ist das ‹Dritte Buch› überall, wie im ersten so im letzten Kapitel zu
finden, d. h. Gegenwart und Vergangenheit sind hier (auch von der formalen
Seite her) ineinander verwoben, stehen je und je nebeneinander, sich immer
erneut überlagernd und durchdringend. Schon um dieser Durchlässigkeit willen
mußte auf strenge Bucheinteilungen verzichtet werden, ja der (nunmehr gewählte) formale Aufbau liefert erst eigentlich die Voraussetzung dafür, daß sich
Nachkriegsgegenwart mit Krieg und Vorkriegszeit ununterscheidbar vermischen
können. Und eben dies, das Ineinanderfallenlassen von Zeitlichkeit, speziell in
der Absicht, die Gegenwart der Vergangenheit bis zu täuschender Ähnlichkeit
anzunähern, war — neben erinnerndem Vergegenwärtigen — die Absicht des
Dichters. Zeitlosigkeit herrscht demnach, oder doch wenigstens Gleichzeitigkeit
des Ungleichzeitigen, und wie die Gegenwart des Jahres 1969 eine Zeitlang
‹Dürerzeit› schien, so macht sie (jetzt) vornehmlich den Eindruck sich erneuern-
der ‹Nazizeit›! Und auch dies ist Stilisierung, Einseitigkeit der Auswahl sowohl
wie Verzerrung der Perspektiven und Gewichte, ein Verhältnis zur Wirklichkeit, das zwar durchaus legitim ist — ja dabei (grundsätzlich) höchster künstlerischer Wirkungen fähig —, ohne daß es realistisch genannt werden dürfte. Der
Titel des Ganzen trägt dem (ungewollt?) Rechnung[69]. Nicht Tagebuchnotizen

---

[67] s. dazu die von Leo Pollmann — Aus der Werkstatt des Romans. Arithmetische Romanformeln, Stuttgart 1969, S. 73—79 — angestellten Spekulationen und die in diesem Zusammenhang mitgeteilte Antwort des Dichters: «Die Dreiteilung des Romans ‹Die Blechtrommel› ist
nicht zufällig und auch nicht Ergebnis einer arithmetischen Formel. Vielmehr bedingen die
Zeiteinschnitte — Vorkriegszeit, Kriegszeit, Nachkriegszeit — die Dreiteilung» (S. 82).

[68] Die beiden letzten Kapitel beinhalten Wahlergebnis und Dürerrede.

[69] Daß der Buchtitel genau gelesen sein will, darauf verweist Rolf Michaelis — Das Prinzip
Zweifel. Günter Grass: «Aus dem Tagebuch einer Schnecke». — In: FAZ Nr. 203, 2. 9. 1972 —
mit der Bemerkung, es handle sich statt um ein Tagebuch um Auszüge aus einem Diarium.

erfahren wir, sondern «Aus dem Tagebuch einer Schnecke» wird hier erzählt, und unter dieser Überschrift kündigt sich der Anspruch auf ästhetische Betrachtungsweise ebenso an, wie sie das Eingeständnis subjektivistischer Weltsicht mit umschließt (oder doch umschließen könnte).

Die Sache selbst, d. h. die Diagnostizierung und Wertung der gegenwärtigen politischen Lage und der sie bestimmenden Kräfte angehend, bedeuten die genannten Subjektivismen wenn nicht Geschichtsklitterung, so doch Vergleichbares, wie die Behandlung politisch Andersdenkender mitunter nahe an Verteufelung heranreicht. Wenn es dafür auch kaum Entschuldigungsgründe gibt — es sei denn die, daß die eignen Weggenossen nicht viel besser wegkommen als die feindlichen Heerscharen —, so bietet sich doch eine Erklärung an: Wer Freund und Feind so notorisch ‹mißhandelt›, wie dies hier geschieht, muß dessen wohl dringlich bedürftig sein. Und so kommt es, daß bei der holzschnittartigen Zurichtung der Wirklichkeit, für die der Wahlkampf letztlich nur einen Vorwand abgibt, dem Agitierenden zwar mitunter das Lachen vergeht (s. 85), während es andererseits doch auch wieder Spaß bereitet (s. 337; 216. Bürger 59), sich in den Kulissen derartiger Furcht- oder Horrorlandschaften zu bewegen. Es ist eben dieses fehlende Vergnügen, der mangelnde (stoffliche) Anreiz, was den Wahlkämpfer Grass so konturlos erscheinen läßt, solange man von ihm verlangt, für etwas zu sein. Daß er sich dabei so schwer tut, liegt wesentlich in seinem naturalistischen (das Ungewöhnliche bevorzugenden) Weltverhältnis begründet, wie dieses ganz allgemein die Erklärung dafür liefert, daß der Programmatiker und Theoretiker Grass notwendig vage und unverbindlich bleiben muß. Dieses (sein) Handicap ist demnach weniger in der Sache selbst, d. h. der Schwierigkeit, demokratischen Sozialismus seiner Vorläufigkeit wegen nur unzureichend definieren zu können, gelegen als vielmehr in der Person dieses Autors und seiner Art, die Realität zu sehen. Als Künstler vermag er sie allenfalls ‹grau› zu sehen, als Politiker erscheint sie ihm von (allzu) weitreichender Schwärze, und am eindrucksvollsten ist er bei seiner Agitation da, wo er gegen personelle wie sachliche Mißstände angehen kann. — Aufs Ganze gesehen wird man die sachliche Richtigkeit seiner politischen Analyse anzweifeln können, seine oftmals traumatisch wirkenden Befürchtungen in das Reich der (Alp-)Träume verweisen dürfen. Und solche (Fehl-)Urteile sind durchaus nicht belanglos, solange sie dazu dienen, das (eigene) Verhalten, den Tag und die Stunde betreffend, gegenüber Heranwachsenden, d. h. in didaktisch-prophylaktischer Absicht zu rechtfertigen. Dennoch — nicht in der Originalität des Programms oder der Stimmigkeit der politischen Aussage vermögen wir die Stärke und Bedeutung des ‹Tagebuchs› zu sehen, sein Wert scheint uns vielmehr vorzüglich auf ästhetischem Gebiet zu liegen insofern, als die (geschilderte) Behandlung der Wirklichkeit nunmehr erlaubt, der Gegenwart erstmals zwar nicht Gerechtigkeit widerfahren zu lassen, wohl aber sie künstlerisch zu adaptieren. Dies freilich auf eigenwillige Weise und erst nach gehöriger Zubereitung. Wenn die dabei verwandten Zutaten auch nicht nach jedermanns Geschmack sein dürften, so ergibt sich doch ein immerhin deftiges Ragout nach der etwas faden ‹Müdeheldensoße›[70] von «örtlich betäubt». So mag der politische Nutzeffekt des Wahl-‹Helfers› Grass vermutlich gering gewesen sein, der künstlerische Zugewinn ist um so höher einzuschätzen und im Vergleich mit dem vorangegangenen Roman offenkundig: Indem er sich der Tagebuchform bedient, gelingt es dem Autor (erstmals), der Gegenwart zwar nicht objektiv, wohl aber in künstlerisch überzeugender Weise beizukommen.

3. Der pädagogische Aspekt des ‹Tagebuchs›

Schließlich, nach Novellenkern und politischem Traktat, ist das ‹Tagebuch› Medium und Ort der Kommunikation eines (allzuoft und lange) abwesenden Vaters mit seinen Kindern, und damit zugleich ein didaktisches Unternehmen. Wenn aber die inhaltliche Seite der Lehre womöglich entbehrt werden kann, weil sie (zumindest was den politischen Teil angeht) fragwürdig ist und tendenziös, dann mag man doch den pädagogischen Impetus als solchen keinesfalls missen, insofern er über die unmittelbare ‹Message› hinaus Folgen hat auf die Art des Erzählens überhaupt. Natürlich ist das ‹Tagebuch› Erwachsenenlektüre, aber Grass schreibt hier auch und vielleicht mehr noch für seine (wie auch anderer Leute) Kinder. Nicht in der Weise, als seien es Erwachsene[71], vielmehr so, daß er sie ernst nimmt in ihrer Besonderheit, Rücksicht übt hinsichtlich der Grenzen ihrer Auffassungsfähigkeit, aber auch bereit ist, sich ihrer fordernden, konkret-zudringlichen Art, die Welt zu sehen, zu stellen[72]. — Und solche Beachtung des ‹Kindgemäßen› ist in diesem speziellen Fall auch dringend (und in mehrfacher Hinsicht) vonnöten: Einmal des gewagten Erzählstoffs, des Themas ‹Judenvernichtung› wegen, das weder besonders aktuell noch, seines makabren Anstrichs wie seiner (Über-)Dimensioniertheit zufolge, für Kinderohren sonderlich geeignet erscheint und dessen (innere) Widerhakigkeit Grass anläßlich einer Gedenkausstellung in den «Schwierigkeiten eines Vaters, seinen Kindern Auschwitz zu erklären» (s. Bürger 89 ff.) näher skizziert hat. Eben den dort aufgeführten Handicaps aber gilt es hier praktisch beizukommen. Wie soll er z. B. das Ausmaß verübter Greuel verdeutlichen? Tote kann man allenfalls bis hundert zählen[73], alles andere geht bereits über Vorstellungskraft, wirkt entweder

---

[70] Marcel Reich-Ranicki, Eine Müdeheldensoße. — In: Die Zeit Nr. 35, 29. 8. 1969, S. 16.

[71] Wie man den Ausführungen von D. E. Zimmer (Die Zeit Nr. 39, 29. 9. 1972) entnehmen könnte, «ein Bericht für später, so daß Grass durchweg wie ein Erwachsener zu Erwachsenen reden kann und nicht etwa den Wahlkampf und anderes in eine Kindergeschichte hinunterübersetzen muß».

[72] Über die Beziehung zu (seinen) Kindern und deren Bedeutung für das Wirklichkeitsverhältnis des Dichters s. das Epoca-Feuilleton S. 118.

[73] «Wenn es Tote gibt, können wir nur bis hundert zählen». Günter Grass, «Die Zukunft hat

nicht mehr oder nur noch als abstrakte — Erwachsene würden sagen: mystische —
Größe. Bei Kindern, zumal bei modernen Kindern inmitten industriöser Umwelt weckt solche Bezifferung des Tötungsmechanismus allenfalls das Interesse
an technischen Details, löst Fragen aus nach dem maschinellen Funktionieren
oder hinsichtlich auftretender Pannen. So setzt der Erzähler denn auch prompt
falsch ein in dem Bestreben, aktenkundig zu sein. Wenn es aber verkehrt war,
eine «vielstellige Zahl zu nennen» (16), so korrigiert er sich nun an Hand der
Reaktion seiner (kindlichen) Zuhörer, wählt er, der als Aktuarius einsetzen
wollte, das exemplarische Verfahren. Das Ganze muß privatisiert werden
(s. Bürger 90), individuelle Gestalt bekommen, und so gibt er denn den Opfern
des Bösen Namen, personifiziert sie und wählt zum Helden seiner Geschichte
Zweifel, d. h. jemanden, der zwar nicht direkt betroffen ist, aber doch nahe
genug dabei, um als Augen- und Ohrenzeuge[74] (eindrucksvoll) berichten zu
können. In der Figur Zweifels wird demnach den Kindern ihr Recht zuteil, «auf
sinnliche Art und Weise informiert zu werden», wobei ‹sinnlich› in diesem Falle
heißt, «daß die Informationen faßbar sind, sich nicht in Statistiken erschöp-
fen ...» (Bürger 103). Wenn dennoch Anschaulichkeit chronikalisches Erzählen
nicht verdrängt, dann deshalb, weil auch Zweifel Diarium führt (s. 71; 177) und
sich darin mit dem Autor ergänzt, der (seinerseits) immer wieder bemüht ist,
die Faktizität seiner ‹Geschichten› durch dokumentarisches Material abzustüt-
zen[75], wie er sich, wäre er nicht von Natur aus detailverliebt, schon von der
Sache her — es geht um das Nachzeichnen eines fast unmerklichen Prozesses —
zu langsam-peniblem Erzählen gezwungen sieht. «Erst jetzt», d. h. mit der sich
steigernden schikanösen Behandlung der Juden, «kann Zweifel aufkommen ...,
sich mutig und lustig betragen, unter Verbot stehen, kann endlich von Hermann Ott die Rede sein» (23). — Zweifel ist also, als Schicksalsträger wie als
Kronzeuge, (vornehmlich) der Kinder wegen da. Und dabei ist er nicht nur
ihrer (generellen) Neugier ausgesetzt, sondern ebenso ihrem Verlangen nach
Aktualität wie Authentizität preisgegeben. Und da hat er es schwer, zu bestehen, des Vergangenheitscharakters seiner Erlebnisse wie der Fiktionalität[76] seiner Existenz wegen. Dies letztere Manko abzufangen, darf er nicht völlig erfunden sein, muß er weniger Kunst- als Wirklichkeitscharakter besitzen, eine

---

uns schon eingeholt». Eine Erde, vier Welten: Wie kann die Menschheit zwischen Fortschritt
und Barbarei überleben? — In: Die Zeit Nr. 9, 21. 2. 1975, Politik S. 3.

[74] Weitere Schicksale, das, was er nicht selbst erlebt haben kann, erfahren wir aus Briefen
(s. 127 ff.; 143/44; 181).

[75] s. 40 ff.; 99 ff.; 126 ff.; 145/46; 181/82; 184/85; 187/88; 334 ff. In Israel fragt er korrespondierend und zur Kontrolle an und fährt insgesamt zweimal (1967 u. 1971) dorthin, das letzte-
mal nach Abfassung, aber noch vor Korrektur des Manuskripts (s. 41; 136; 334).

[76] Was zunächst ein Vorteil schien, das Versinnbildlichen des Abstrakten, droht sich nun gegen
seinen ‹Erfinder› und dessen Glaubwürdigkeit zu kehren. Die Lösung dieser Kalamität liegt
darin, daß die Überdimensionierung der Greuel zwar reduziert werden muß auf den exemplarischen Fall, dieser aber nicht nur erfunden sein darf.

Symbiose, die Grass dadurch bewerkstelligt, daß er der Zweifel-Geschichte das Muster der Ranicki-Biographie unterlegt (s. 23; 42; 177). So ist Zweifel zwar eine imaginierte Gestalt, aber durchaus nicht nur aus dem Stoff gemacht, aus dem die Träume sind, vielmehr wirklichkeitsnah in der Art, wie die Geschichte der Anne Frank es ist (s. 137), und von daher in den Augen der Kinder nicht (mehr) langweilig. Diesem kindlichen Verlangen nach Belegbarkeit — des einzelnen freilich — entgegenzukommen, hat der Autor ferner (vornehmlich) die Tagebuchform gewählt, wobei die Einbettung der Zweifel-Story in die Gegenwelt der Reisenotizen unterstützend, d. h. den fiktionalen Charakter verwischend, hinzukommt, wie sie die Vergegenwärtigung des Vergangenen — nächst der Einfärbung des Augenblicks auf das Historische hin — bewirken hilft. — Dennoch hat auch der ‹halbamtliche› Zweifel, selbst wenn er augenblicksweise wie die Hauptfigur eines Tatsachenberichts erscheint[77], Mühe, bei den Kindern mehr als kurzfristiges Interesse und vorübergehende Anteilnahme zu wecken, zumal dann, wenn sich im Vordergrund der realen Szene etwas so Aufregendes wie die erste Mondbesteigung ereignet. Und ebenso hat der Erzähler-Vater seine Last, mit seinem Anliegen durch den Alltagslärm hindurch bis ans Ohr der Kinder vorzudringen. Nicht immer ist er sicher, ob sie noch oder überhaupt zuhören (s. 115; 199/200), und manchmal resigniert er einfach, ergibt er sich darein, warten zu müssen; und nur, wenn seine Geduld auf eine allzu lange Probe gestellt wird, versucht er den Spieß umzudrehen und beginnt seinerseits, darin (wieder) Zweifel ähnelnd[78], die platzvolle Aktualität auf dem Fernsehschirm hinsichtlich ihres Realitätsgehalts in Frage zu stellen, als Täuschungsmanöver von Amerikanern und Russen auszugeben (s. 207) und so die Kinder zu verunsichern in der Hoffnung, sie erneut für sich gewinnen zu können.

Wenn sinnliches Erzählen im Interesse der Kinder nötig ist, so kann es schon darum nicht auf die Zweifel-Novelle beschränkt bleiben, weil zumindest dieser Teil der Leserschaft mit den Zuhörern des nichtfiktiven (Reise-)Parts identisch ist. Ihnen will ein Vater sein Tun und dessen Begründung erklären, d. h. nicht weniger als seine politische Position und deren theoretische Fundierung überhaupt begreiflich machen, bei welcher Gelegenheit naturgemäß Begriffe auftau-

---

[77] Mitunter von derartiger Lebendigkeit, daß die Kinder die Realitätsebenen verwechseln und in den Keller wollen, um vorgespielt zu bekommen (s. 237).

[78] Eben dieser Charakterzug Zweifels, das Nörgelnde, Verneinende, wenig Eindeutige macht es schwer, ihn bei den Kindern zu etablieren, ihr Interesse wachzuhalten. Und doch geht es dem Vater gerade darum, um die Chance, bei aller Penetranz seines Helden dessen Wesensart zu nutzen, ihren Fortschrittsglauben zu löchern: Gegen das pausbäckig Straffe (s. 310) ist der Vater ebenso wie gegen oberflächliches Konsumglück, repräsentiert durch Werbespots von breitlächelnden Fernsehflächen (s. 177; 117/18). Dagegen sollen sie immun werden oder, wenn nicht das, so doch nachdenklich, distanzierter; ein schwieriger Kleinkrieg, wie er sich äußert in der (lange durchgehaltenen) Weigerung, Raouls Wunsch nach einem Plattenspieler zu erfüllen (s. 25; 27; 38; 299).

chen müssen, die kindlichem Auffassungsvermögen nicht ohne weiteres zugänglich sind. So bleibt denn die Notwendigkeit bestehen, auch in diesen Passagen ‹sinnlich›, d. h. hier bildhaft-anschaulich (s. 117), zu berichten, Abstraktes in Konkretes umzuwandeln. Dabei kommt der Schnecke als Tier und Metapher überragende Bedeutung zu: Es ist die Schnecke, die, um in Eddi Amsels Tonfall zu reden, nunmehr ‹zentral› steht: Neben wirkliche Schnecken (s. 248) — entsprechend dem Detailreichtum des Dichters ist das ‹Tagebuch› auch ein Kolloquium über Gastropoden — tritt ein bildhaft-metaphorischer Sprachgebrauch, bei dem diese Tiere vor allem zum Synonym für den Fortschritt avancieren (s. 9)[79]. Alles mühsam Vorwärtskommende, alle geschichts- und realitätsbewußten und darum langsamen Naturen werden zu dieser Tierart in Beziehung gebracht: die jüdische Rasse auf Grund ihres Pragmatismus (s. 100); ferner die auf revisionistisch-systemimmanente Veränderung eingeschworene betuliche ‹Tante› SPD insgesamt wie die wichtigsten ihrer Repräsentanten: der zähe Unterhändler Bahr — «eine Schnecke, die es versteht, besonders auf dem Verhandlungsweg unterwegs zu bleiben» (213) —, Willy Brandt mit seiner bisherigen Schneckenkarriere (s. 49) wie seinem (noch immer) andauernden Zögern, sich an die Hebel der Macht zu begeben (s. 29), schließlich der Cheftheoretiker Bernstein mit der Propagierung des evolutionären Prinzips (s. 83). — Womit wir gleichzeitig von den beispielhaften zu den prinzipiellen Schnecken gelangt wären (s. 248): der Person des Dichters selbst, der, wenn er über seine politische Haltung hinaus von sich und den bestimmenden Grundzügen seines Naturells sprechen soll, den ihn ausfragenden Kindern gegenüber zum Bild der Schnecke greift (s. 75/76). Nicht anders verfährt Zweifel, wenn er sich seinem (einfältigen) Zuhörer Stomma verständlich machen will. Ihm und seiner Tochter die Zeit zu verkürzen, kommt ihm nun, wiewohl damals «zufällig gegriffen», der (Buch-)Schatz von Äsops Tierfabeln zustatten (147), wie er später, auf solche Weise stimuliert, selber Fabeln zu erfinden versucht: «Dann erzählte er von der Schnecke und vom Wiesel, von der Lerche, die hoch über der Schnecke stand, vom schnellen Pferd, das sich nach jedem gewonnenen Rennen wünschte, eine Schnecke zu sein» (179)[80].

Die Schnecke als Fabeltier, damit sind wir angelangt bei den ‹einfachen› Formen, von denen es innerhalb des ‹Tagebuchs› eine stattliche Anzahl gibt: Neben

---

[79] Das Buch ist reich an solchen Beispielschnecken. Zum Fortschritt gesellen sich etwa die Abstrakta Scham und Schuld (s. 17; 100): Wenn Zweifel Laban beim Abschied Schnecken zusteckt, zeigt das, wie sehr er ihm bei aller räumlichen Trennung doch verbunden bleibt durch eben jene Empfindungen (s. 112/13). Ferner stehen diese Tiere für die Begriffe Trend/Sog (s. 287/88) und deren Gegenteil (s. 290), schließlich als Umschreibung für Glück, definiert als Selbstgenügen (s. 74; 239).

[80] Gleichfalls beteiligt der Autor selbst (s. etwa 57) sich am Ersinnen solcher ‹fabelhafter› Schnecken (s. 248), wie er, wenn er das (gegenteilig) revolutionäre Prinzip ins Bild setzen will, die schnellen Tiere Wiesel, Pferd (s. 179) oder Windhund (s. 275) bemüht.

die Fabel tritt die Anekdote[81] als Mittel gegen allzu trockene Wahlkampfmuni-
tion (s. 71/72; 96); es gibt «Fußnoten zu Personen» (226) ebenso wie Kurzporträts, die da besonders eindrucksvoll geraten sind, wo mit der Adaption bibli-
schen Stils — Wehner als Figur von mosaischem Zuschnitt (s. 81/82; 265) — oder
mythologischer Muster — Brandt in der Rolle des Sisyphos (s. 301 ff.; 29; 224) —
ein dem Fabeltimbre verwandter, gleichsam archaisch-vorpsychologischer Er-
zählton angeschlagen ist. — Sicher auch im Hinblick auf die Vielfalt der Erzähl-
formen — wie früher durch die Disparatheit der Inhalte — ein ‹sudelhaftes›
Konglomerat, ähnelt das ‹Tagebuch› nach Anlage wie Tendenz in mancherlei
Hinsicht dem, was man im 18. Jahrhundert als ‹Moralische Wochenschrift› zu
bezeichnen pflegte. Hier wie dort ist das Lesepublikum der «einfache› Bürger,
dazu Kinder und Frauen (Lisbeth!); beidemal ist die Absicht didaktisch, der
Erzählstil, als Folge davon, bildhaft in dem (schon bei Gellert nachzulesenden)
Bestreben, dem, der nicht viel Verstand besitze, die Wahrheit durch ein Bild zu
sagen. In dieser Weise kann und muß nun alles als Geschichte erzählt werden,
wird die Schnecke zu einer ebenso weiträumig-vielschichtigen[82] wie unentbehr-
lichen Metapher. Das pädagogische Prinzip der Veranschaulichung aber verleiht
dem ‹Tagebuch› nicht nur die wesentlich epische Dimension (und macht es damit
recht eigentlich lesenswert), indem sinnenhaft-plastisches Erzählen alle inhaltlichen Partien durchdringt, erhält dieses den Rang eines durchgängig-vereinheit-
lichenden Kunstprinzips.

*

Kein Zweifel, das ‹Tagebuch› will aufklärerisch wirken, auf Erwachsene vor
allem im Sinne einer Entmythisierung des Schreckens als einer irrationalen
Größe. Die Frage ist freilich, wie dieser didaktische Impetus (als ein ex defini-
tione ‹positiver› Grundzug) sich vereinbaren läßt mit jener skeptisch-pessimi-

---

[81] s. die Unterhaltungen mit Laban 71/72 oder jene Eifersuchtsgeschichte in Burghausen (s. 96);
anekdotischer Reiz steckt auch in dem demonstrativen Tragen der (ausgerechnet!) blauweiß-
gewürfelten Krawatte des SPD-Wahlhelfers (s. 178), in der Geschichte von den zwei Musi-
kern, die durch die ganze Welt reisen, ohne etwas zu sehen, da sie sich beständig über die
Tempi (schneckenhaftes Andante oder galoppierendes Allegro!) streiten (s. 254), vom Katho-
liken, der zum Kommunismus konvertierte (s. 211) usw.

[82] Dieser Vorwurf allzu breit ausgewalzter Symbolik findet sich bei Kielinger (a. a. O. S. 158)
ebenso wie bei D. E. Zimmer. Lediglich Horst Krüger — Günter Grass/«Aus dem Tagebuch
einer Schnecke». — In: Neue Rundschau 83, 1972, S. 741—746 — vermag dem «tickhafte[n]
Überinterpretieren ... [dieser] Metapher» auch positive Züge abzugewinnen (S. 745). Wer
aber die «dauerhafte Verwechslung einer Metapher mit einer politischen Philosophie» beklagt
(Zimmer, Die Zeit Nr. 39, 29. 9. 1972) und «Weniger über Schnecken, mehr über diese [poli-
tischen] Wirklichkeiten» fordert, übersieht, daß derart ausbeuterischer Umgang mit bestimmten Seiten der Wirklichkeit an das naturalistische Kunstprinzip gebunden, dort aber geradezu
selbstverständlich ist.

stischen Haltung der Wirklichkeit gegenüber, wie sie Zweifel nicht anders als sein Erfinder für gewöhnlich an den Tag legen. Diese Diskrepanz erklären zu können, gilt es, sich (abschließend) der Person Manfred Augsts anzunehmen: Ähnlich wie Zweifel verfügt die Figur dieses Namens über einen biographischen Hintergrund, der Dichter selbst ist dem Urbild während des Stuttgarter Kirchentages von 1969 begegnet, und so kann der Wahlkämpfer Grass, als er sich in Süddeutschland aufhält, einen Abstecher nach Tübingen machen und dort Frau und Familie besuchen, um so Näheres über die Hintergründe dieses mysteriösen Falles von Selbstzerstörung zu ‹erfahren› (s. 246—59; 273—84). Was den Malkontenten von Hermann Ott unterscheidet, ist vor allem sein Alter — Augst ist Mittfünfziger (s. 192; 195) — und damit die Zugehörigkeit zu einer anderen Generation[83]. Schon von daher neigt er zu betont konservativer Grundeinstellung. Augst ist für das Bestehende, besser gesagt, für das Gewesene, und damit gegen Veränderung und Fortschritt! Um diesem erwünscht-ersehnten Alten Dauer geben zu können, stellt er sich ganz hinter die staatliche Macht (s. dazu 349) und ihre Vertreter als Hüter von Recht und Ordnung. Damit ist er zwar nicht unbedingt für Hitler, wohl aber allgemein für das Führerprinzip, und also in der Hitlerzeit auf seiten der Nazis zu finden. In der geschlossenen Ordnung sieht er den Garanten für das Bleibende, und so steht (nächst dem Abstraktum Staat) die Idee der Gemeinschaft für ihn im Mittelpunkt (s. 250). Augst tut alles, sich Zutritt zu solchen Gemeinschaften zu verschaffen: 1933 versucht er es bei der Waffen-SS (s. 256), zur Zeit des Krieges als Soldat in Afrika. Nach der Kapitulation mit ihren desolaten Begleitumständen ist er ein um so aktiverer Anhänger soldatischer Bünde (s. 257), je mehr die «gleichmäßig zirkulierende Wärme verschworener Gemeinschaften» verlorengeht (192). Dabei spielt die jeweilige Richtung höchstens eine untergeordnete Rolle, kann er sich pazifistisch gebärden, solange es zu solidarischen Aktionen kommt, wie den Ostermärschen, wo gemeinsames Wollen — wie Regenwetter (!) — die Marschierenden verbindet. Daß er der Idee der Partnerschaft überall (und mit Sammeleifer) hinterdrein ist (s. 280), davon zeugen die zahllosen Mitgliedschaften, die Frau Augst nach dem Ableben ihres Mannes lösen muß (s. 252). Das Religiöse steht dabei nicht einmal im Vordergrund, ist nur eine von vielen Möglichkeiten, ja auf den Kirchentag wollte er zuerst nicht und dann nur ersatzweise (s. 253). — Dabei hat dieser Mann bei allem Mühen um Anschluß Pech, ist er immerzu der Benachteiligte: Als Brillenträger nimmt man ihn nicht in die Waffen-SS auf, während des Dienstes bei der Luftwaffe kommt er nicht zum fliegenden Personal, weil er das (tropische) Klima nicht verträgt (s. 256); unter den Atomtodgegnern schließlich setzt es Streit ab (s. 257). So ist er, der überall Kontakt sucht, nur nicht in der

---

[83] Bei Grass entscheidend und ein wesentlicher Grund, weshalb Zweifel, wie gesehen, weder alt sein noch ältlich aussehen darf, während Augst von der Kirchentagsjugend als Opa (s. 61) behandelt und verlacht wird (s. 193).

natürlichen Gemeinschaft der Familie[84], am Ende einsam (s. 247; 280), ein Fremder selbst zu Hause (s. 250). Als er die (gesellschaftlichen) Ordnungen und mit ihnen die ihm teuren Wertvorstellungen zerfallen sieht, das Absolute, zu dem er zeitlebens unterwegs war, aus den Augen zu verlieren droht, ergreift ihn Ungeduld — seine fahrigen Bewegungen (s. 192), die sich überschlagende Hast der Rede (s. 193)[85] — und, da unfähig zu Kompromissen (s. 277), vielmehr eingeschworen aufs Endzielhafte, auf Kant und den kategorischen Imperativ (s. 283), verliert er zuletzt die Beherrschung, entschließt er sich, in der Absicht, ein mahnendes, richtungweisendes Zeichen zu setzen, zum Protest (s. 193): August begeht inmitten der Menschenmenge des Kirchentags, nachdem er sich einen Augenblick lang Gehör zu verschaffen gewußt hat — ohne freilich verstanden zu werden —, Selbstmord!

Mit diesem Psychogramm wie seinem Schicksal ist August bis in Einzelzüge hinein das genaue Gegenteil von Zweifel: Sein unbedingter Glaube sticht so sehr ab gegen Hermann Otts Skepsis (s. 54; 210), daß er augenblicklich bereit wäre, «das Prinzip Zweifel als [intellektuellen] Luxus zu verhökern» (252). Zwar sind beide einsam, doch sehnt August sich permanent nach dem bergenden Dunstkreis des Kollektivs, so wie Zweifel ein notorischer Einzelgänger und Individualist genannt werden muß. Das einzige, woran jener glaubt, die Liebe, spielt für diesen bezeichnenderweise keine Rolle. Weder ‹mag› August sich selbst (s. 227) noch eigentlich seine Angehörigen oder gar die übrige Menschheit. So ‹verbiestert› er notgedrungen mehr und mehr und vermag schließlich nur noch an Erlösung und Untergang zu denken (s. 192), während Zweifel allen äußeren Widrigkeiten zum Trotz beharrlich aufs Überleben erpicht ist. Und damit ist auch schon bezeichnet, was die beiden vor allem trennt, ja zu Antagonisten macht: Es ist weniger die objektive Situation und Weltlage — die war, wenn man sich auf Grass berufen will, zu allen Zeiten schlecht — als vielmehr die subjektive Reaktion darauf: Zweifel begegnet der Wirklichkeit mit unterkühlter Distanz und seiner alles prüfenden, immer hellwachen Ratio und skeptischen Vernunft, August reagiert — nach dem Fehlschlagen aller Hoffnungen (als Folge überspannt-überhitzter Erwartungshaltung) verzweifelt und zynisch geworden (s. 258) — mit dem Umschlag jeglicher (nachvollziehbaren) Motivation ins Unkontrolliert-Irrationale: am Ende steht die Selbstzerstörung als ein Akt ritualisierter Unvernunft[86]. — Kalkulierte Aktion contra sinnlosen Aktionismus, geboren aus der Paralyse jeglicher Handlungsantriebe wie gekleidet in die Form

---

[84] In diesem Punkt ist er zwar nicht das Gegenteil von Zweifel, wohl aber des Autors und dessen ebenso laut-lebendiger wie insgesamt weitaus heiterer wirkenden Familie (s. 281): Grass erscheint hier als familiärer Individualist — August dagegen als kollektiver Einzelgänger!

[85] Zeichen von innerer Ungeduld ebenso wie der Unfähigkeit einer ganzen Generation, sich artikulieren zu können (s. 193; 241; 277).

[86] Man beachte ferner die ironische Verschränkung: Der Mann des (langsamen) Fortschritts sitzt im Keller fest — der notorisch Konservative dagegen ist beständig unterwegs (s. 279). Schon

ritualisierten Protestes, damit gewinnt Verhalten und Schicksal Manfred Augsts zugleich politische Dimension, und es ist dieser Umstand, der den Autor ebenso besorgt (s. 193) wie irritiert zeigt, wobei die Irritation weniger der Person als vielmehr dem (konservativen) ‹Prinzip› Augst gilt und der Ansteckungsgefahr, die davon ausgehen könnte[87].

Aus derartiger Irritation und besorgter Neugier erwächst schließlich der Wunsch, die Familie des Verstorbenen zu besuchen und sich nach Einzelheiten dieses ‹Falles› zu erkundigen. Aus den (beiden) Visiten erhellt vor allem das stimmungsmäßige Umfeld, in dem Augst lebte: Zu Hause bereits einsam und gelangweilt, zeigt er sich zunehmend von Schwermut ‹verhängt›. Ein sicheres Indiz, daß und wie sehr er der Melancholie verfallen ist, sind seine Sammel-neigungen, die sich außer auf Versammlungen (s. 253) vor allem auf Pilze[88] erstrecken; eine tickhafte Verengung, deren Bedeutung im Zusammenhang mit der Erwähnung von Bitterlingen (s. 91) klar wird. So sehr und hoffnungslos ist Augst verbittert, daß er nicht nur alles Lachen frühzeitig verlernt hat (s. 258/ 59), sondern auch die ‹Trösterin› Musik nicht bloß ablehnt, sondern geradezu haßt (s. 246). — Da man aber, allgemeiner Ansicht zufolge, anstatt vergrämt zu sein, (mit dem Gegebenen) eigentlich zufrieden sein müßte (s. dazu 349), hält er seine Traurigkeit für unerlaubt und Schwermut, wenn überhaupt zulässig, allen-falls reserviert für jene paar Ausnahmeerscheinungen, die auf der Menschheit Höhen wandeln. Als Folge dieser Auffassung bleibt nur die Konsequenz, seinen

von daher ergibt sich, trotz allen Gegensatzes, ein heimlicher Zusammenhang, wie denn des Erzählers Weg zu Augst durch Zweifels Keller führt (s. 271), er sie am Ende versuchsweise doch an einen Tisch setzt (s. 284; ferner 247; 251/52).

[87] Seit «örtlich betäubt» weiß man, wie sehr es Grass darum zu tun ist, dieser Art politischen Irrationalismus' zu begegnen. Im ‹Tagebuch› geht es der Wählerinitiative darum, die Aus-läufer studentischer Proteste (von 1967) aufzufangen, umzuleiten (s. 36), zu kanalisieren. In Augsts Fall — Zeichen seiner Kinderei? — freilich sind die Rollen vertauscht: Zwar nicht Lehrer, wohl aber dem Alter nach Vaterfigur, provoziert er die Jugend eher, anstatt sie (in ihrem revolutionären Elan) zu zügeln. — Und wieder begegnen Melancholie und Utopie ein-ander als zwei (extreme) Weisen von Wirklichkeitsflucht: Jene der (idealistisch gesinnten) Jugend, die sich, wie Grass es formuliert, «progressiv gibt, in eine Utopie hinein [flüchtet], die den Vergleich mit der Wirklichkeit nicht auszuhalten hat»; die andere resignativ eskapi-stisch «mit Beschwörung der Unveränderbarkeit der Verhältnisse» (Vorwärts, 10. 8. 1972, S. 18). Dies der Fall Augstens, den die Jugend zwar verlacht, mit dem sie aber über ihren frühchristlichen Idealismus (s. 241) enger verwandt ist, als sie weiß und ihr guttun kann, verwandt im Irrationalen, wie sie sich denn bei Augsts Auftritt zu einer Art gemeinsamen Rituals vereint: «Alles lief ab wie bei einem Passionsspiel, wo Kenntnis der Handlung vor-ausgesetzt wird» (193). Es ist dies von seiten des Autors Persiflage wie Warnung zugleich, Persiflage der (beiderseitigen) Verstiegenheit, Warnung vor der Ansteckungsgefahr des ‹Politi-kums› Augst: Mit der politischen Dimension seines Auftretens ist Augst (gefährlich) «bei-spielhaft, nicht nur Fußnote» (245), ertrotzt er sich neben Zweifel (s)ein Schicksal reaktio-närer Versteinerung.

[88] Pilze deuten ebenso hin auf den Tatbestand ‹Intoxikation› wie, als Sexualsymbol, auf die Verstiegenheit himmelwärts.

eigenen Zustand als Abnormität, medizinisch gesprochen, als Krankheit zu betrachten und, sofern er sie für unheilbar erachtet, sich seinem Schicksal zu ergeben. Wie Grass zu derartiger Auffassung steht, ergibt sich aus der Art der Schilderung melancholieverursachender Phänomene: Diese erscheinen bezeichnenderweise in breitester Streuung. Alles und jedermann ist schuldig am Tode Manfred Augsts, angefangen beim Wetter[89] über die «höheren fehlenden Werte» (201) und Leitbilder bis hin zur wiederholten Belastung noch der Großmutter und ihrer Strenge, mit der sie das Kind zum verhaßten Klavierspiel zwang (s. 283; 239; 277 u. 278). Der Umstand freilich, daß keine denkbare Erklärung ausgelassen ist, von der Einzelperson bis hin zu den Verhältnissen im allgemeinen (s. 200/01), seien es nun meteorologische Einflüsse (Wetterbericht) oder neurotische Fixierung und Bemühen tiefenpsychologischer Schlußfolgerungen, nichts und niemand umgangen, das Ganze zudem beständig variierend wiederholt und schließlich nach Fugenart enggeführt wird (s. 283), erscheint verräterisch und geeignet, die Absurdität der Herstellung jeglichen Kausalzusammenhangs ironisch-satirisch zu beleuchten. In der Komik dieser Passagen ist zugleich ein Moment der Kritik enthalten, der Kritik an jener (verbreiteten) menschlichen Haltung, die glaubt, in den Verhältnissen ein Alibi suchen zu können, anstatt mit der Ergründung des Versagens bei der eignen Person anzufangen. Daß es auch bequem sein kann, anderen (und dem Andern) die Schuld zuzuschieben anstatt sich selbst in die Kur zu nehmen, zeigt ein nochmaliger Blick auf Augstens Verhalten unmittelbar vor seinem Ende. Wenn er nicht einmal mehr bereit ist, sich eine neue Hose zu kaufen (s. 280) geschweige denn den Arzt aufzusuchen, kündigt sich an, bis zu welchem Grade er das Leben für sinnlos hält, ja die menschliche Existenz schließlich überhaupt als ein Verhängnis erachtet, während die Trivialität des gewählten Beispiels deutlich macht, für wie wenig angebracht und schon gar nicht schicksalhaft verhängt der Dichter einen derartigen Quietismus hält (s. 200 ff.). — Dem Individuum Augst freilich ist nicht mehr zu helfen, sein Fatalismus schlägt zuletzt um in Aggressivität gegen sich selbst (s. 279). Seine selbstmörderischen Pläne in die Tat umsetzen zu können, hat Grass ihn zuvor Apotheker werden lassen — die einzig wirkliche Leistung seines Lebens (s. 276)! —, aber auch der Eintritt ins Berufsleben kommt zu spät, Befriedigung zu verschaffen oder nur befreiend wirken zu können, und so verhilft das einstige Studium der Pharmazie dem Absolventen schließlich nur zu Pilzkunde und Giftkenntnissen (s. 195). Am Ende hoffnungsloser Bitternis vergiftet Augst sich (folgerichtig) mit einer Dosis Zyankali (s. 196/97; 258).

Hält man Seelenstimmung und Lebensgefühl, die zu diesem Ausgang führten, mit den entsprechenden Empfindungen bei Zweifel zusammen, so tritt in der Gegenüberstellung Vergleichbares wie Gegensätzliches mit wünschenswerter

---

[89] Vgl. das ständige Beharren auf der Hitze des Kirchentages 190 ff., als Motiv (von der Bedeutung her) Hektik wie übersteigerte Innerlichkeit versinnbildlichend.

Deutlichkeit hervor: Gemeinsam ist beiden die melancholische Grundstimmung, ausgelöst im Blick auf die Welt und ihre Unvollkommenheiten. Worin sie sich, dies freilich wesentlich, unterscheiden, ist der Umstand, daß der Ältere die Welt für notorisch und unheilbar schlecht hält, während Zweifel glaubt, die Verhältnisse, trotz aller Schwierigkeiten und jenseits aller Euphorie langsam, aber stetig ändern zu können[90], nicht in Richtung auf ein endliches Paradies, wohl aber auf einen insgesamt lebenswerten Zustand, auf Bewohnbarkeit dieser Erde hin. Läßt man statt dessen Kleinmut und (umfassenden) Pessimismus walten anstelle von Vernunft, dann allerdings ist Melancholie abgrundtief unheilbar. — In der Ablehnung dieser Auffassung stimmen Zweifel und sein Autor offensichtlich überein, wie ihr Lebensgefühl in vielem verwandt erscheint: der Skepsis ebenso wie dem Unglauben, aber einem Unglauben, der, anstatt gallenbitter und zynisch zu sein, der Heiterkeit nicht entbehrt (s. 139), während hellblühende Skepsis, vielfacher Schattierungen fähig, sich, anstatt öder Schwarzmalerei zu verfallen, eher ‹graublickend› gibt (s. 28), wohl Mißstände sieht, aber bereit und fähig ist zu «ausleuchtende[r] Kritik» (Bürger 39). Melancholie — ja, aber nicht als Krankheit oder Fatum, nicht mittelalterlich-mystisch, sondern als Folge eigenständig intellektueller Erkenntnis. Und im Zusammenhang damit auch Ekel, aber immer wieder doch auch Welt- und Lebensbejahung, die sich äußert z. B. in der Vorliebe fürs Kochen und der Freude an gutem und reichlichem Essen. Aus derartiger Stimmung heraus ist das ‹Tagebuch› über weite Strecken auch ein Kochbuch, anstelle selbstmörderischer Askese in dem Vorschlag gipfelnd an die Kinder, vom Geld des Vaters eine Kirche aufzukaufen und daraus ein Gasthaus zu machen: Ausdruck der Selbstbejahung eines Mannes, der von sich gesteht, gern und gut zu leben (s. 91), und der bei aller Feinfühligkeit, ja Dünnhäutigkeit doch auch einen robusten Magen besitzen muß; wie er mit dieser Robustheit (ebenso wie mit seinem Glauben an Liebe und Vernunft) in Konkurrenz tritt zu konservativen wie revolutionären Prinzipien, für sein Teil den Versuch unternimmt, die Welt auf pragmatischem Wege zu bessern, und sei es nur deshalb, weil es zu schade wäre, diese schöne kaputte Erde «magenkranken Bitterlingen» zu überlassen (91)[91].

So steht denn am Ende die Feststellung, daß es möglich ist, Unglauben und Weltverbesserung miteinander zu verbinden, wie so vieles vorher in diesem Buch: Vergangenheit und Gegenwart, Wahlhilfe und Widerstandskampf, Kin-

---

[90] Es ist dies der zweite zentrale Einwand des ‹Tagebuchs› gegen Hegel, weniger dem Vater des Idealismus geltend als gegen den seiner Geschichtsphilosophie inhärenten Fatalismus gerichtet, «der die Geschichte über die Menschen als Urteil verhängt...» (55).

[91] Einer der letzten Gründe für Grassens Irritation Augst gegenüber, der, wenn er Recht behielte, die lebende Widerlegung wäre seines eignen mühevollen Tuns der kärrnernden Kleinarbeit. So denkt er sich für den ihn Verfolgenden, wenn er ihn schon nicht als Fußnote loswerden kann (s. 225 f.; 228/29; 246), aus, was alles er hätte tun können zu dessen Rettung (s. 229): Das Du anbieten (s. 228), ihn auf Wahlreise mitnehmen (s. 230) usw.

dertext und Erwachsenenbrevier. Mit dieser Kraft zur Amalgamierung noch des Heterogensten ist das ‹Tagebuch› zuletzt das getreue Spiegelbild des Verfassers, der von sich selbst behauptet, ein auf «verquere Weise» unkomplizierter Mensch zu sein (92). — Freilich, sowenig Zweifels Haltung gemeinsam hat mit der Augstschen, sowenig hat sie vom Optimismus und der grenzenlosen Fortschrittsgläubigkeit jener (späten) Aufklärungswelle, die die Moralischen Wochenschriften hervorbrachte. Viel zu sehr sind Held wie Autor von den Erfahrungen des (letzten) Krieges geprägt. Wenn folglich Grass sein Schreiben (dennoch) als aufklärerisches Tun versteht, dann, wie schon der Terminus ‹Sudelbuch› nahelegt, präziser im Anschluß an die (nüchternere) Tradition der Frühaufklärung, in Weiterführung der Arbeit Lichtenbergs und Lessings. Und so sollte man das ‹Tagebuch› weniger als ‹Wochenschrift› denn als ‹Lesebuch› ansehen, als Aufforderung zu kritischem Lesen verstehen. Und was ließe sich von einem Buch Schöneres sagen, als daß es von Erwachsenen wie Kindern gleichermaßen, skeptischen Glauben fördernd, gelesen werden kann, die Augen öffnend für die Ungereimtheiten dieser Welt, ohne Verzweiflung zu nähren, vielmehr zu beharrlicher Arbeit ermunternd im (allerdings gehörig verunkrauteten) Weinberg des Herrn.

ZUM PROBLEM DER WERKEINHEIT
BEI GÜNTER GRASS

Die Klassifikation des ‹Tagebuchs› als eines politisch-ambitionierten Kunstprodukts leidet keinen Zweifel. Als Deskription einer historischen Wendemarke, die der Autor als erlebender wie sich — eigner (und anderer Leute) Fehler in der Vergangenheit — erinnernder Zeitgenosse energisch mitbefördern half, kommt ihm an Aktualität allenfalls noch «örtlich betäubt» gleich, sofern man den Roman versteht als Antwort auf die seit 1967 von Berlin aus um sich greifende Studentenrevolte. — Gewagter erscheint in diesem Zusammenhang erst die weitergehende Behauptung, nach der auch die früheren Bücher unter Einschluß der literarischen Anfänge als Politika gemeint und anzusehen seien. Dabei ist zumindest der Anlaß, an dem der produktive Funke sich je und je entzündet, im ersten Nachkriegsjahrzehnt der gleiche wie noch in den 70er Jahren: immer war es die Reaktion auf geschichtliche Ereignisse, wie denn Zeitgeschichte überhaupt die Biographie des Günter Grass entscheidend bestimmt und ihn letztlich bewogen hat, die (mögliche) bürgerliche Existenz aufzugeben zugunsten künstlerischer Lebensform bei schließlich vorwiegend literarischer Schaffensweise. Daß man in der Schule den Krieg und seine Folgen ignorierte und da fortfuhr, wo man vor der großen Katastrophe stehengeblieben war, bei der Interpretation der Emser Depesche nämlich, diese gänzliche Unempfindlichkeit den Ereignissen der jüngsten Vergangenheit gegenüber hat den Schüler Grass nach eigenem Eingeständnis aus Geschichtsstunde wie (Lehr-)Anstalt vertrieben und dazu bewogen, die sterile Atmosphäre von Klassenzimmern und Pausenhöfen zurückzulassen und sich dafür der Wirklichkeit mit ihren Anforderungen und Risiken auszusetzen, sich, wie Thomas Mann gesagt hätte, den Wind um die Nase wehen zu lassen. Entschlossen, die unterbliebene Bestandsaufnahme nachzuholen, blieben als Fazit der Bilanzierung Trümmer und Knochenberge zurück, d. h. (Kriegs-)Greuel und Schrecknisse, die man im Akt des Beschreibens moralisch abzutragen genötigt war. So galt die Frage von Anfang an den Ursachen wie den Urhebern der ‹Götterdämmerung› von 1945, wobei erzählerische Neugier menschliche Grundverhaltensweisen wie den Hang zu Bequemlichkeit und Gewöhnung, die Neigung zu Leichtgläubigkeit wie die Bereitschaft zur Anpassung zutage fördert und als (un-)politisches Fehlverhalten brandmarkt, während neben diesen vorwiegend kleinbürgerlichen Charakterschwächen in den ‹Hundejahren› esoterische Innerlichkeit und hochmütiges Disengagement der (Künstler wie) Intellektuellen dafür sorgen, daß die politischen Machthaber die gesellschaftlichen Freiräume besetzen und sich für die derart unpolitischen Deutschen

auf ihre Weise interessieren. — Indem er den Verhältnissen wie den Verhaltensweisen, die den Nationalsozialismus befördern halfen, auf der Spur ist, erweist
sich die Thematik schon der frühen Romane als eminent politisch, indes Reaktionen wie Widerstand, Weltflucht, Anpassung, dem Machtwillen der Herrschenden korrespondierend, zu zentralen und immer wieder variierten Motiv-
komplexen aufsteigen.

Derartige Thematik und Motivkreise ins Ästhetische umzusetzen, bedient
der Dichter sich zu einer Vielfalt unterschiedlichster Formprinzipien vor allem
einer Bildsprache, die in ihrer Originalität und Kühnheit als seine eigentliche
poetische Leistung gelten darf und in der Tat sogleich das Entzücken des unbe-
fangenen Lesepublikums hervorgerufen hat, wie sie durch ihren Rätselcharakter
die Verzweiflung der Exegeten ausmacht. Unsere Behauptung, wie sie als heuri-
stisches Prinzip die vorangegangenen Kapitel durchzieht, geht nun dahin, die
vielfältig wuchernden Einfälle und (optischen) Visionen erlaubten nicht nur eine
weitgehende Systematisierung, sondern seien darüber hinaus und mehr noch
konkreter Deutungen zugänglich. Zu Bildsequenzen zusammengestellt und auf
ihren abstrakten Aussagegehalt hin reduziert, ergibt sich dabei eine im wesentlichen politisch orientierte Begrifflichkeit. Um noch einmal ein paar der entscheidenden Konstituenten dieser Bildlichkeit ins Gedächtnis zu rufen: Entsprechend ihrem Verhältnis zur Musik erweisen die Grass'schen Figuren sich als
entweder revolutionär — vom glastötenden ‹Trommelbuben› Oskar bis hin zum
Manfred Augst des ‹Tagebuchs› mit seiner schnarrenden Rätsche (s. T 247) wie
seinen radikal-konservativen Gesinnungen — oder reaktionär-apolitisch gestimmt: Oskars Mama, die ihren Beethoven liebt wie sie ihren privaten Ver-
gnügungen nachgeht, Joachim Mahlke, dem (ernste) Musik im Zusammenhang
mit religiösen Exerzitien die (geistige) Flucht aus dieser Realität ermöglicht,
jenes musizierende Trio schließlich in der alten Kaiserstadt Aachen, dem das
Verweilen im Reich der Töne über die bedrückende Gegenwart hinweghilft und,
falls politische Assoziationen vermittelnd, den Gedanken an die Restitution des
Reiches Karls des Großen näherlegt als die Verifizierung der gegenwärtigen
Misere. — Musik verleitet zu tänzerischer Bewegung: Ballerina, Puppe und
Marionette werden vermöge kreisend-kreiselnder Unempfindlichkeit zu Sym-
bolfiguren (falscher) Innerlichkeit ebenso wie der genudelte, in Behagen und
Phlegma aufgehende Dickwanst. — Ob man ornithologisch interessiert ist oder
Gastropoden sammelt, sagt etwas darüber aus, wie weit man im Wolkenkuckucksheim lebt der Ideale und Utopien, wie sehr man andererseits bodenverhaftet-
realitätsnah, politisch gesprochen, pragmatisch agiert. Wer nicht die Freiräume
des Meeres (Mahlke) oder luftiger Höhen (Liebenau) aufsucht, findet sich hinein-
gestellt in ein Terrain, das, da durchzogen von unablässig sich wandelnden
Parteiungen und Machtstrukturen, unbeschadet zu passieren höchste Aufmerksamkeit und Konzentration erfordert. ‹Umwelt› erscheint dabei weitgehend als
feindliche Größe, das Verhältnis von Mensch zu Mensch beherrscht von hün-

dischem Haß, nach darwinistischem Muster geprägt von Versuchen des Übermächtigens, erfüllt von Aktionen des Jagens und Gejagtwerdens, wobei das Unheil ebenso im Bild der Katze erscheinen kann, der furchtsamen Maus hinterdrein, wie in Gestalt des reißenden Wolfes, verinnerlichter Ahnungslosigkeit auf der Fährte. — Über die zentralen, oft schon per (Buch-)Titel angesprochenen Bildfelder hinaus werden phantastisch-irreale Szenen, sei es die von Herbert Truczinski besprungene Niobe — Geschichte als vermeintlich verhängtes mythisches Unheil —, die im Morgengrauen sich zu den Kühen schlängelnden Flußaale — Ideologien auf dem Weg zu ihren (geistigen) Nährmüttern — oder die Auferstehung der Maternschen Großmutter in brennender Mühle — Skizzierung des politischen Klimas zu Beginn der Weimarer Republik — ebenso verständlich, wie sich (umgekehrt) unscheinbar alltägliche Gebrauchsgegenstände zu poetischen Chiffren erhoben finden: ein Löffel in Händen der (politische) Grundfreiheiten mißbrauchenden Großmutter Matern, ein (verschmähter) Büchsenöffner als Zeichen asketischer Verweigerung wie der Lust am Untergang. Nicht selten wird berufliche Tätigkeit aussagekräftig hinsichtlich der staatsbürgerlichen Gesinnung des Ausübenden: Ein Müller ist ein politisch unsicherer Kantonist, Kolonialwarenhändler wie Köche sind ins Behagen verliebt, Vertreter, ob nun Papier oder Haarschneidemaschinen vertreibend, erscheinen als Anpassungsakrobaten von oftmals gesinnungslosem Opportunismus, Fahrradhändler oder gar Ingenieure neigen zu Leichtgläubigkeit oder Fortschrittseuphorie usw. — Sucht man diese ebenso breite wie weitverzweigte Schicht bildhaften Sprechens auf das Gemeinte hin zu analysieren, stößt man immer wieder auf eine Bezugsebene, die entscheidend von politischem Denken her bestimmt und strukturiert ist. Im Zurückführen auf diesen Bedeutungshintergrund, der sich aus Verweisungszusammenhängen innerhalb des epischen Kontextes ebenso ergibt wie im Rückgriff auf politische Schriften[1] oder lyrische Gebilde[2], scheint uns der Schlüssel gelegen zur Dechiffrierung der Grass'schen Bilderwelt wie zum Verständnis seiner poetischen Intentionen überhaupt.

[1] Von denen, wie Marcel Reich-Ranicki — Günter Grass: «Hundejahre». — In: M. Reich-Ranicki, Literatur der kleinen Schritte. Deutsche Schriftsteller heute, München 1967, S. 22 bis 33 — zu Recht bemerkt, manche «unbekümmert in Erzählungen» übergehen (S. 26). Daß man Teile dieser Essays auch als theoretische Kurzfassungen von Roman oder Erzählung lesen kann, findet sich bei Dirk Grathoff — Schnittpunkte von Literatur und Politik: Günter Grass und die neuere deutsche Grass-Rezeption. — In: Basis. Jahrbuch für deutsche Gegenwartsliteratur, Bd. 1, Frankfurt 1970, S. 134—152, dort S. 147 — verzeichnet. Beide Entdeckungen zusammengenommen (und für die Interpretation fruchtbar gemacht) hätten erbringen können, wie überflüssig die Klage über das Fehlen werktheoretischer Schriften bei diesem Dichter ist: Die politischen Verlautbarungen übernehmen ein Großteil eben dieser Funktion!

[2] Vom Autor selbst wiederholt als *die* Möglichkeit bezeichnet, sich selbst und seinen Standort sowohl in privater wie in gesellschaftlich-politischer Hinsicht am zuverlässigsten abklopfen und ausmessen zu können. — Ebenso hat Grass darauf verwiesen, daß und in welchem Maße seine epischen Arbeiten aus lyrischen Momenten erwachsen sind. Die Forschung ist Äußerun-

Wenn es zutrifft, daß sich Bildsequenzen und Metaphernketten aufschlüsseln, gedanklich organisieren lassen, so erlaubt das weitgehende Folgerungen für die Einschätzung der poetischen Arbeiten dieses Dichters: Als erstes würde die These von der Interpretationsfeindlichkeit Grass'scher Texte, wie sie Klaus Wagenbach seinerzeit erhoben hat, hinfällig. Wo Bild und Bedeutung, wie angedeutet, miteinander korrespondieren, ist weder philologische Resignation dieses Ausmaßes angebracht noch ein Ausweichen in die Gefilde psychoanalytischer Spekulationen, wie besonders im anglo-amerikanischen Sprachraum beliebt, vonnöten. — Ferner bedarf der Topos epischen Wildwuchses[3], nur zu häufig bemüht, dem ‹Fabulierer› zu applaudieren, um den besonnenen Arrangeur und dessen handwerkliche Fähigkeiten im Ordnen und Durchgliedern von Stoffmassen in Zweifel ziehen zu können, einer dringenden Überprüfung hinsichtlich der Grenzen seiner Anwendbarkeit. Zwar bleibt die Erzählfreude des Epikers Grass unbestritten, doch ist hier nicht nur raubtierhafte Naivität am Werk, sondern ebenso überlegener Kunstverstand. Wenn die Bilder spontan und eruptiv hervorsprudeln aus Tiefenschichten, die dem Verstand nicht (mehr) zugänglich sind, so entbehren sie zumindest nach ihrem Auftauchen nicht länger der intellektuellen Kontrolle. Zu seiner Arbeitsweise befragt, hat der Autor selbst erklärt, er halte ‹Einfälle› erst dann für buchenswert, wenn sie sich mehrmals und über längere Zeiträume hinweg zu Wort meldeten[4]. Nicht Opfer anarchischer Einbildungskraft, von Gesichten umgetrieben, von Phantasmata über-

gen dieser Art zwar nachgegangen, leider jedoch, wie bei Kurt Lothar Tank — Deutsche Politik im literarischen Werk von Günter Grass. — In: Grass. Kritik — Thesen — Analysen, hrsg. v. Manfred Jurgensen, Bern/München 1973, S. 167—189, dort S. 175 ff. — oder Gertrude Cepl-Kaufmann — Günter Grass. Eine Analyse des Gesamtwerkes unter dem Aspekt von Literatur und Politik, Kronberg 1975, S. 153—160 —, weitgehend im Nachweis von Motivparallelen steckengeblieben, anstatt die Bildsprache der Lyrik systematisch zu dechiffrieren und die solcherart gewonnenen Ergebnisse auf die Entschlüsselung des epischen Werkes anzuwenden. Es ist dies Versäumnis um so bedauerlicher, als das zu untersuchende Material in den Gedichten quasi in reiner Form vorliegt, während in den Romanen das Moment der narrativen Verflechtung wie die Absicht der Ausbeutung zu naturalistischen Effekten (die Exegese erschwerend) hinzukommt.

[3] Vgl. den in der Nachfolge der Rezension von Hans Magnus Enzensberger — Wilhelm Meister, auf Blech getrommelt. — In: Gert Loschütz, Von Buch zu Buch — Günter Grass in der Kritik. Eine Dokumentation, Neuwied/Berlin 1968, S. 8—12 — häufig genug von vitalistischem Vokabular durchsetzten Besprechungsstil. Dagegen hat Josef Schnell — Irritation der Wirklichkeitserfahrung. Die Funktion des Erzählens in Günter Grass [!] ‹Die Blechtrommel›. — In: DU 27, 1975, Heft 3, S. 33—43 — von rezeptionsästhetischer Position aus mit Nachdruck darauf hingewiesen, wie wenig man der Bedeutung dieser Romane gerecht wird, solange man ihren Wert lediglich in der Fabulierkunst des Autors erblickt. Weit eher sei sie in der Funktion des Erzählens gelegen, der Absicht, «Sinnbezüge, Sinnerwartungen, Realitätsvorstellungen außer Kraft zu setzen, um die Wahrnehmungsfähigkeit in bezug auf die historische Realität zu vergrößern und dadurch die Möglichkeit für neue, aufklärende Erfahrung und Erkenntnis von Geschichte zu eröffnen» (S. 43).

[4] s. die diesbezügliche Äußerung im Epoca-Feuilleton S. 119.

mächtigt, erweist Grass sich vielmehr als ein Meister der präzisen, funktional gelenkten Phantasie. Dies gilt nächst der ‹Blechtrommel› auch für «Hundejahre», von denen man zudem weiß, daß (während der Arbeit) Baupläne und ‹Konstruktionsskizzen› existierten. Dennoch ist gerade gegenüber diesem Roman immer wieder der Vorwurf der Desorganisiertheit[5] erhoben worden, wohl, weil zum einen der Überraschungseffekt, die Bildfülle betreffend, nach dem Erstling nicht mehr so überwältigend sein konnte, während andererseits zu der Summe der Einfälle und deren Verarbeitung[6] eine kompliziertere, vielfach mißverstandene Erzählfiktion hinzukam, die Dialektik von Geist und Macht, jene Geschichte zweier ‹feindlicher Brüder›, die sich (erzählend) aufeinanderzu bewegen, einer so friedlichen wie konzisen Lösung zuzuführen.

Legt man die Verkettung der Bildfolgen untereinander wie den Funktions- und Stellenwert der erzählten Szenarien zugrunde, dann erweist sich nicht nur das je einzelne Werk als in sich stringent, straffer gegliedert auch, als das auf den ersten Blick barock anmutende Rankenwerk verspielter Phantasie ahnen läßt, es treten nun ebenso die Gemeinsamkeiten von Werk zu Werk deutlicher hervor. Wie sehr Zeitgeschichte aus Hunde-Jahren besteht, wird spätestens mit Lektüre des letzten Drittels der ‹Blechtrommel› offenkundig, wenn Oskar mit geliehenem (schwarzem!) Rottweiler auf den Rheinwiesen auftaucht oder die Kornfelder Gerresheims durchstreift (s. B 674 ff.). Es ist eben dieser Hund, der die Leiche der Schwester Dorothea — Opfer einer emotional-haßgeladenen Dreiecksgeschichte — aufstöbert. Wenn Oskar sich später des Mordes an seiner Zimmernachbarin bezichtigt, dann deshalb, weil er auf diese Weise hofft, im Schutze seines Anstaltsbettes verbleiben zu können, während er bei einem Freispruch befürchten muß, «auf die kalte, allen Wettern ausgesetzte Straße» gestellt

---

[5] Den Anfang macht Hans Magnus Enzensberger — Günter Grass/«Hundejahre». — In: Der Spiegel Nr. 36, 17. Jahrgang, 4. 9. 1963, S. 71 —, der nicht nur den zentralen Helden vermißt, sondern das Werk als Bündelung und Anhäufung mehrerer Bücher empfindet: «doch das Ganze, das der Singular Roman verspricht, sind sie [«Hundejahre»] nicht» (S. 71). In die gleiche Richtung des Aufweises epischer Disintegration zielen die Vorbehalte von Walter Jens — Das Pandämonium des Günter Grass. — In: Loschütz, a. a. O. S. 85—89 —, wenn er «Hundejahre» als «ein chaotisches kaschubisches Notizbuch» anspricht (S. 87). Schließlich hält Ranicki das Ganze gar für «eine Art Nummernoper» (a. a. O. S. 27/28), bei der die «Nummern und Einlagen... auf den Gang der Handlung meist keinen Einfluß haben: Sie bleiben isoliert und erweisen sich daher auch als austauschbare Einheiten» (S. 27), um so schlimmer, als jetzt im Unterschied zur ‹Blechtrommel› eine Integrationsfigur wie die Oskar Matzeraths fehle.

[6] Die von Walter Jens erhobene Forderung, den Roman um über die Hälfte seines jetzigen Umfangs zu kürzen (a. a. O. S. 88), zielt an der naturalistischen (Schwell-)Technik völlig vorbei und würde das Werk mit seinen (gewollten) Längen zugleich seiner wesentlichsten Wirkung berauben, während die Verteidigung von Klaus Wagenbach — Jens tadelt zu unrecht. — In: Loschütz, a. a. O. S. 89—92 — sich zwar mit Recht gegen diese Zumutung verwahrt, ohne freilich das den Wiederholungen zugrunde liegende Stilprinzip und Wirklichkeitsverhältnis (und damit das entscheidende Argument) zu benennen.

(B 699) und dem Zwang zur Verantwortung — Luzie Rennwand, die ihn zum
Sprung in die Tiefe animiert (s. B 460 ff.) — überliefert zu werden, einer Anforderung, der er sich im Hinblick auf die unter Erwachsenen herrschende, alles
bestimmende Emotion haßerfüllten Gegeneinanders, von (Lebens-)Angst überwältigt — Luzie mit ihrem dreieckigen Fuchsgesicht (s. B 451), die sich, ihn ver-
folgend, unversehens in das Schreckgespenst der Schwarzen Köchin (s. B 458;
711) verwandelt —, nicht gewachsen fühlt. Nimmt man die Drohgebärde des
Zähnebleckens hinzu, so wird auf diesem Wege nicht nur der Hund Lux zum
Raubtier stilisiert, auch der zunächst noch anonyme ‹Knirscher› erhält bereits
deutlich bestialische Züge, während Pilenz sich spätestens in dem Augenblick,
da er die Katze an den Hals des Freundes setzt (oder springen läßt), in Zahn-
behandlung begeben, d. h. einer domestizierenden Kur unterziehen müßte, wie
dies dann Eberhard Starusch mit seinen aufgestauten Aggressionen wie seiner
angeborenen Progenie tut. Steht die ‹Bestie› Mensch hier so sehr im Vordergrund, daß der Wolfshund zum harmlosen Dackel reduziert wie umgekehrt
zum Opfer ausersehen werden kann, so flackert Haß erneut auf im ‹Tagebuch›,
im Lager des politischen Gegners, nimmt er die Gestalt an eines imaginären
Hundes[7], den ein lebender Zeitgenosse nach erlittener Wahlschlappe von der
Kette zu lassen bereit ist.

Schließlich gibt es innerhalb der Werkreihe Zusammenhänge besonderer Art.
Die Klage des Dichters, kaum jemals seien ‹Blechtrommel›, «Katz und Maus»
und «Hundejahre» als eine (untrennbare) Einheit gesehen worden, ist so alt wie
die ‹Danzig-Trilogie› und deren Rezeptionsgeschichte selbst. Darauf angesprochen, hat Grass von sich aus bereitwillig die Verbindungslinien dieses Tripty-
chons hervorgehoben, neben der Gemeinsamkeit von Lokalität — privatim
bedeuteten diese Arbeiten ein episches Beschwören, Vergegenwärtigen eines
(realiter) verlorenen Stücks Heimat[8] — und Zeit das berühmte Erzählmovens
‹Schuld› benannt. Es hat dies Betonen des Zusammengehörigen[9] sicher seine

---

[7] Wenn Elfriede Stutz — Studien über Herr und Hund (Marie von Ebner-Eschenbach — Thomas
Mann — Günter Grass). — In: Das Tier in der Dichtung, hrsg. u. eingeleitet v. Ute Schwab,
Heidelberg 1970, S. 200—238 — für «Hundejahre» (s. S. 231—237) zwar «verschiedene
Ansätze» erkennt, «aus dem Hunde ein mythologisch angereichertes Sinnbild auf satirischer
Basis zu machen», aber, diese ‹Ansätze› betreffend, sowohl «eine Übereinstimmung unterein-
ander ... [wie] eine allseits durchdachte, bündige Beziehung auf den Bild-Sinn» (S. 237)
vermißt, dann trifft dieses Manko sachlich weder für den genannten Roman noch die übrigen
Werke zu, ist also weniger dem Dichter als vielmehr der unzulänglichen Beobachtungsgabe der
Interpretin anzulasten.

[8] Dazu Heinz Ludwig Arnold, Gespräch mit Günter Grass. — In: TEXT + KRITIK. Zeitschrift für Literatur, Heft 1/1 a, ⁴1971, S. 1—26, dort S. 11.

[9] Darum zeigt sich bislang am intensivsten John Reddick — Eine epische Trilogie des Leidens?
«Die Blechtrommel», «Katz und Maus», «Hundejahre». — In: TEXT + KRITIK, a. a. O.
S. 38—51 — bemüht, mit dem Ergebnis, die Stücke der Danzig-Trilogie seien Stationen eines
großen Passionsgangs (s. S. 51). Diese These aufstellen zu können, mußte vor allem Oskar

Berechtigung und kann leicht durch weitere Beobachtungen ergänzt werden, doch drohen darüber mitunter die unterschiedlichen Positionen insbesondere auf politischem Felde eingeebnet zu werden. Demgegenüber bleibt festzuhalten, daß sich gerade innerhalb des Rahmens der Danzig-Saga, im Übergang von der ‹Blechtrommel› zu den ‹Hundejahren›, der entscheidende Schritt vollzieht von der Haltung abwehrenden Protestes hin zum Akzeptieren des Gegebenen, Amsel (und in seiner Nachfolge Matern) erstmals und im Unterschied zum ‹Blechtrommler› ihren Frieden machen mit der Wirklichkeit[10]. Anpassung oder Widerstand, das ist nunmehr auch ein Entscheid zwischen Freiheit und Verantwortung. Zwar waren Protest und Distanzierung von den Erwachsenen nötig, deren Versagen auf dem Felde politischen Verhaltens bloßzulegen, doch erscheint Oskars kindliche Bindungslosigkeit rückblickend nicht (mehr) nur als Unabhängigkeit und somit unabdingbare Voraussetzung zu kritischer Distanz, sondern ebensosehr als infantile Drückebergerei, insbesondere ab dem Zeitpunkt, da ihm jedes Mittel — die Selbstbezichtigung nichtbegangener Verbrechen eingeschlossen — recht ist, sich diesen Freiraum zu erhalten. Es ist kein Geheimnis, daß diese seine Ausgangsposition (u. a.) biographisch zu verstehen ist, wie der veränderte Blickwinkel die (seitherige) Entwicklung des Autors andeutet: Oskars Wachstumsweigerung spiegelt den puerilen Standort seines ‹Erfinders›, der (damals) «zu jung [war], um an den Verbrechen des Nationalsozialismus beteiligt gewesen zu sein, doch alt genug, um von ihm und seinen Folgen geprägt zu werden» (Bürger 136). So erscheint er zwar unbelastet, womöglich ohne Schuld, doch lernt er, daß Alter, besser gesagt Jugend, kein Verdienst ist, im Gegenteil alles Insistieren darauf verhindert, wirklichkeitsschwer zu werden. Oskars (Reinheits-)Vorbehalt gegenüber der auch nach Kriegsende (noch immer) moralisch unvollkommenen Welt erweist sich als Starrsinn und utopisch über-

---

über Gebühr zu einem bloßen Opfer der Wirklichkeit umstilisiert werden (s. S. 41), während der Verf. sich im übrigen schon bald durch die nachfolgenden Romane, in denen das Leidensmotiv eine keineswegs geringere Rolle spielt, widerlegt sah. So ist Reddick denn auch in jüngster Zeit von dieser Gemeinsamkeitsformel abgerückt und will nun — Vom Pferdekopf zur Schnecke. Die Prosawerke von Günter Grass zwischen Beinah-Verzweiflung und zweifelnder Hoffnung. — In: Positionen im deutschen Roman der sechziger Jahre, hrsg. v. Heinz Ludwig Arnold u. Theo Buck, München 1974, S. 39—54 — der ‹Blechtrommel› als einem von Spieltrieb diktierten, anfangs ganz uneinheitlichen Buch (s. S. 40 ff.), dem erst im Nachhinein eine Prise moralischen Wollens beigegeben sei (s. S. 42), einen Sonderstatus gegenüber den ‹geplanten› Werken der späteren Zeit einräumen. Vom Leidensaspekt ist die (anfängliche) Überzeugtheit des Autors von der Sinnlosigkeit des Daseins geblieben (s. S. 49), die in formalem Chaos und larmoyanter Verzweiflung ihre Entsprechungen finde. — Diese neuerliche Deutung vernachlässigt nicht nur die tatsächlichen Gegebenheiten der Textgrundlage, sondern steht darüber hinaus im Widerspruch zur communis opinio der Forschung, die, wenn überhaupt, gerade im Falle der ‹Blechtrommel› bereit ist, kompositionell strengere Maßstäbe gelten zu lassen.

[10] Gegen Tank, für den «Hundejahre» noch immer zu den Büchern der ersten, d. h. introvertierten Phase gehören, a. a. O. S. 172.

zogene Forderung. Geschichte, dies die Einsicht der «Hundejahre», kennt keine
Voraussetzungslosigkeit, nicht die Möglichkeit, «wie unschuldig bei Null anzufangen» (T 59). Während Oskar lange, allzu lange infantil bleibt, ist dies den
Protagonisten der «Hundejahre» wie auch den späteren Helden nicht mehr
verstattet. Freilich kennt schon «Die Blechtrommel» jenes (altmachende) Wissen
um das vermischt-unreine Wesen aller Geschichte: «früh gewonnene Greisen-
haftigkeit...» (T 59), sie ist Gestalt geworden in der Figur des Liliputaners
Bebra und seiner Begleiterin, der Somnambulen Raguna, jener zeitlosen Schönen, von der weder Held noch Leser wissen, ob sie «ein blühendes zwanzigjäh-
riges, wenn nicht neunzehnjähriges Mädchen» ist oder «jene grazile neunund-
neunzigjährige Greisin, die noch in hundert Jahren unverwüstlich das Klein-
format ewiger Jugend verkörpern wird?» (B 366) Die Konsequenz aber dieser
Einsicht in die ewige Wiederkehr des Gleichen — Bebra bekommt «uralte Augen»
(B 130), als er Oskar den Rat gibt, stets für einen Platz auf der Tribüne zu sorgen — lautet: Anpassung an die jeweiligen Verhältnisse, womit denn Bebra und
seine Leute (wie manch andere Opportunisten dieses Romans) nachträglich und
trotz aller (nach wie vor nicht wegzuleugnenden) Komik wenigstens zum Teil
gerechtfertigt wären, indes Oskars hartnäckiges Sich-Verschließen vor dieser
Wahrheit mindestens sosehr als Infantilismus wie als Standhaftigkeit erscheint;
wie die Freiheit, die sich vornehmlich als künstlerische Libertinage[11] versteht
und am Meere angesiedelt ist, in den ‹Hundejahren› zugunsten von politischer
Verantwortlichkeit zurückgenommen wird: Indem dieser zweite große Roman
die Anerkenntnis bringt des Menschen als eines gesellschaftlich bedingten Wesens, wie er die Notwendigkeit propagiert aktiven Eingreifens in die wirtschaft-
lich-politischen Verhältnisse, ist das Schlußstück der Trilogie in der Tat das wohl
politischste Buch des Autors[12]. Das ‹Tagebuch› bedeutet dann die konkrete Einlösung des grundsätzlich gegebenen Versprechens, liefert der anfangs mehr
globalen Wandlung (des Helden) zum Homo politicus die konkrete Polit-
Aktion wie deren theoretische Untermauerung nach, wie es in der Mischung
zwischen Dokumentation und Fiktion die bislang überzeugendste Symbiose
darstellt der Äußerungsformen des Literaten und (politisch streitbaren) Bürgers
Grass.

---

[11] Auch deren Verspottung erfolgt bereits in der ‹Blechtrommel› aus Anlaß des Oskarschen
Besuchs — der Maler Lankes ist mit von der Partie! — am Atlantikwall.

[12] Dies gegen Reddick — Vom Pferdekopf zur Schnecke, a. a. O. S. 51 —, der das Buch als
politischen Roman für in doppelter Hinsicht verfehlt hält, da eine Wandlung Materns ebenso
ausbleibe wie das Ziel der Vergangenheitsbewältigung nicht erreicht werde. — Demgegenüber
erscheint zumindest der Titel der Rezension von Hermann Glaser — Die «Hundejahre» als
politisches Buch. — In: Tribüne. Zeitschrift zum Verständnis des Judentums 2, 1963, S. 883
bis 886 — vielversprechend, ohne daß ihr Inhalt freilich die Erwartungen rechtfertigen könnte,
da es sich bei den Ausführungen des Verf. im wesentlichen um ein paraphrasierendes Nach-
erzählen mit herausstellender Betonung des Treibens der braunen Machthaber handelt.

Zentrierung und Kristallisationspunkt also des poetischen Schaffens im Politischen, und darüber hinaus Einheit von künstlerischem wie nichtfiktional-bekennendem Werk? Eben dieser Zusammenhalt ist in der Forschung bislang heftig umstritten und mit Verve betont eigentlich nur bei Hans Egon Holthusen[13]. Dagegen werden für gewöhnlich eher die disintegrativen Momente betont[14], ja eine strikte Trennung zwischen Dichtung und politischer Verlautbarung postuliert, eine These, die schon deshalb nicht leicht von der Hand zu weisen ist, weil sie sich auf Äußerungen des Autors selbst bezieht, während dies Diktum in seiner Ausschließlichkeit unsere Behauptung von der wesentlich

---

[13] Günter Grass als politischer Autor. — In: H. E. Holthusen, Plädoyer für den Einzelnen, München 1967, S. 40—68. Freilich erweist die Behauptung, Grass habe von Anfang an die Barriere zwischen Literatur und Politik einzureißen versucht (s. S. 40/41), sich bei näherem Zusehen als nur dürftig belegt, allein an Hand der Sprachgebarung verifiziert, die in ihren satirischen Partien mit dem Entlarven nazistischer Ideologie politische Absichten verfolge (s. S. 45 ff.). — Gerechterweise verdient hier nachgetragen zu werden, daß der Nachweis des behaupteten Zusammenspiels literarisch-politischer Aspekte inzwischen, wenn auch lediglich punktuell geführt, (dennoch) weitaus überzeugender erbracht ist von Rolf Geißler — Der moderne Roman im Unterricht — zum Beispiel «Die Blechtrommel» von Günter Grass. — In: Moderne Dichtung im Unterricht, hrsg. v. Hermann Helmers, Braunschweig ²1972, S. 126—141 —, der den (genannten) Text als historisch-politischen Roman klassifiziert, insofern sein Autor sich die (Frosch-)Perspektive Oskars zunutze macht, den Nazismus auf erzähltechnischem Wege als politisches und soziales Monstrum zu decouvrieren.

[14] So schon bei Grathoff, der zwar die ein oder andere Gemeinsamkeit konstatiert der Inhalte wie der Einstellung zur Wirklichkeit überhaupt (a. a. O. S. 147), im Grunde aber doch mehr die ‹Schnitt›-Punkte, d. h. das Trennende betont: (leere) Polemik auf der politischen (s. S. 148), ein Pathos des Individualismus auf der poetischen Seite (s. S. 152). — Zu ähnlichen Ergebnissen kommt Manfred Durzak — Fiktion und Gesellschaftsanalyse. Die Romane von Günter Grass. — In: M. Durzak, Der deutsche Roman der Gegenwart, Stuttgart, Berlin, Köln, Mainz 1971, S. 108—173, bes. S. 108—118 —, der wohl Holthusen in manchem zustimmt (s. S. 111/ 12), ohne indes an die Möglichkeit einer geradlinigen Umsetzung von schriftstellerischer Arbeit und politischer Aktion zu glauben (s. S. 114/15). Wenn Durzak an Hand einer Interpretation des Grass'schen Döblin-Verständnisses (s. S. 112 ff.) das Verhältnis von Schriftsteller zu Bürger komplexer (und das will sagen: zutreffender) sieht, so bleibt er schließlich doch bei Konstatierung einer (vermeintlichen) Brüchigkeit der theoretischen Position des Autors hängen, einer Aporie (des Unvereinbaren), die der Verf. dadurch zu überwinden trachtet, daß er die (subjektive) Auffassung des Autors einfach überspringt und statt dessen das Werk auf mögliche Verbindungslinien — Entsprechungen von Inhalt und Form — hin befragt, mit positiven Ergebnissen, die die explizit skeptischen Ausführungen Grassens — wie Durzak sie versteht — widerlegen sollen (s. S. 117). — Wenn überhaupt ein (durchgängiger) Nexus zwischen Dichtung und Politik gefunden wird, dann, wie neuerdings bei G. Cepl-Kaufmann, allenfalls unter formalistischen Aspekten (a. a. O. S. 194 ff.), als eine Art produktionstechnischer Homologie, bei der Literatur aufs bloß Handwerkliche reduziert erscheint (s. S. 204), wie die politische Aktion sich auf praktisch-pragmatische Kleinarbeit beschränkt (s. S. 198). — In Wahrheit ist das Verhältnis zwischen Dichter und Politiker Grass alles andere als ein technisierbares Problem. Wie sehr die Verfasserin dieser Unterschätzung aufgesessen ist, zeigt die gelegentliche Verwechslung des sozialdemokratischen Theoretikers Eduard Bernstein mit dem Komponisten und Dirigenten Leonard Bernstein (s. S. 36)!

politischen Implikation des ästhetischen Werkteils in Frage stellen müßte. Es ist
die 1966 in Princeton gehaltene ‹Hofnarren›-Rede[15], in der Grass den Wesens-
gegensatz von poetischer und politischer Existenz dekretiert haben soll. Sieht
man sich den Inhalt seiner Ausführungen daraufhin an, so betont der Dichter in
Wahrheit das Gemeinsame weit stärker als das Trennende beider Seinsweisen:
Seine Verspottung der sog. littérature engagée basiert auf der Identität beider
Begriffe. Wenn nicht für alle, so doch zumindest für seine Produktion treffe das
Merkmal der Engagiertheit zu in einem Grade, daß seine ausdrückliche Fest-
schreibung mit Hilfe attributiven Zusatzes hinfällig werde nach Art des ‹weißen
Schimmels›, auf Grund tautologischen Zusammenfalls also. Unterschieden seien
Dichtung und Politik freilich nach Seins- wie Wirkungsweise. Dichtung, noch die
engagierteste, bleibe stets Fiktion und damit von fundamental anderer Qualität
als alle übrigen Textsorten: Ein luftiges Gebilde von absoluter Konsequenz und
(innerer) Stimmigkeit, ohne einschränkende Auflagen noch beschwert von
Wirklichkeitsballast, frei von den Miasmen des Alltags, kennt das Poem für
Grass keinerlei Kompromisse. Freilich macht dieser Vorzug des Freiheitsspiel-
raums zugleich auch seinen Nachteil aus, erscheint es doch, allen direkten Reali-
tätsbezug angehend, als (zumindest politisch) irrelevant. Keine Brücke führt von
jener Region, in der (absolute) Gedanken und Maximalforderungen leicht beieinander hausen, hinüber in die Welt der realen Seinsweise, wo sich hart im
Raum die Sachen stoßen. Keine? Jedenfalls so gut wie keine, womit wir bei der
Wirkungsweise von Dichtung angelangt wären. Poesie vermag, wenn überhaupt,
nur sehr langsam und indirekt[16] realitätsverändernd zu wirken. Wer sich darüber (von seiten der schreibenden Zunft) Illusionen hingibt, wird satirisch verlacht und der Narretei bezichtigt. Da dies so ist, der (aus innerer Überzeugung)
engagierte Literat sich damit aber weder begnügen kann noch abfinden will,
sieht er sich von Zeit zu Zeit genötigt, statt als Erzähler als reale Person hervor-
zutreten und konkrete politische Arbeit zu leisten, die den Vorzug hat der
unmittelbaren Wirkung verbunden mit dem (durch die sperrige Widerhäklig-
keit ihrer Konsistenz bedingten) Nachteil ‹kleiner› Lösungen, Abstrichen an den
ursprünglichen Forderungen, die allesamt auf Kompromisse hinauslaufen. Grass
selbst ist das eine wie das andere, ist Dichter und Bürger, und politisch in beidem, d. h. engagiert (und mit Langzeitwirkung) schreibend wie als Wahlhelfer
(kurzfristig) agitierend, und dies letztere wesentlich aus Ungeduld und einem
Ungenügen, das dem Wissen um die Grenzen der Einwirkungsmöglichkeit allen

---

[15] «Vom mangelnden Selbstvertrauen der schreibenden Hofnarren unter Berücksichtigung nicht
vorhandener Höfe». — In: Günter Grass, «Über das Selbstverständliche». Reden Aufsätze
Offene Briefe Kommentare, Neuwied 1968, S. 105—112.
[16] Dieser Prozeß der Verindirektung ist beschrieben an Hand der Geschichte vom Maler Möller
und dessen Schwierigkeiten, ein Stück (zeitgenössischer) Wirklichkeit im Kunstwerk einzu-
fangen (s. öb 347 ff.), jener Anekdote, die zugleich auf das Strukturprinzip von «örtlich
betäubt» verweist.

schriftstellerischen Bemühens entspringt[17]. In der Diskrepanz zwischen dem Machbaren und dem (erträumt) Wünschbaren besteht die Schwierigkeit der Existenz eines politisch engagierten Schriftstellers, eine Spannung, die ebenso fruchtbar wirken kann wie persönlichkeitssprengend; fruchtbar dann, wenn, wie in Grassens Fall, der Effekt der Rückkopplung — politisches Geschäft ermüdet — genutzt wird, die sich einstellenden Frustrationen aufzufangen auf dem Wege kompensatorischen Ausgleichs, indem man — Potenzierung der Fiktion — die realiter unmögliche befreiend-revolutionäre Tat (ersatzweise) in der Phantasie dichterischer Figuren sich vollziehen läßt: Oskar, der seine Väter in Gedanken und Worten umbringt, Starusch, je mehr der Verständigung das Wort redend, um so eher geneigt, die Maschine des Wellenbades in Gang zu setzen und die ihm verhaßten Personen fiktionsweise umzubringen (s. öb 352 ff.). Spannungen dieser Art aushalten zu helfen erscheint als die positive Funktion der Narretei, wie denn Narren dieser Art (im Wissen um ihre Grenzen) ein gesundes Verhältnis verraten zur Macht[18].

Veränderung, Innovation betreibt Grass demnach auf zwei Ebenen und in verschiedener Weise, wobei der politische Impetus als das Bestimmende beider Seinsweisen wie das Verbindende der (Gesamt-)Existenz überhaupt angesehen werden muß. Und es ist gerade der (oben) beschriebene Spannungszustand, der das poetische Werk, auch über die Trilogie hinaus und die Grundstimmung all seines Schreibens angehend, einheitlich einfärbt, unbekümmert darum, ob man nun Vergangenheitserhellung betreibt oder, wie seit «örtlich betäubt», die Bewältigung der Gegenwart im Visier hat: es dominiert die Gefühlslage leidvoll verhängter Melancholie. Bei Oskar eher gefühlsmäßig-weltanschaulich begründet in der Überzeugung, nichts und niemand in der Welt sei veränderbar[19], ist

---

[17] Wie es die Gefahren erkennen läßt, die sich einstellen, sobald man diese Selbstbeschränkung ablegt und als Künstler in direkter Form auf die Realität einzuwirken sucht. Da dies entweder gar nicht oder allenfalls auf Kosten ästhetischer Qualität — auch dies eine Erfahrung des Danziger Malers Möller bei Anfertigen seiner Auftragsarbeit — möglich ist, hat Grass bewußt allen Versuchungen widerstanden, etwa einen Roman für die SPD zu schreiben.

[18] Was ihn so erregt, ist die Haltung jener schreibenden Kollegen, die im Gefühl, ‹bloße› Dichter, d. h. unnütze Geschöpfe zu sein, mit (unnötig) schlechtem Gewissen herumlaufen und ihr soziales Defizit durch Betonen des Engagiertheitsmoments überspielen zu müssen meinen, aber diesen verbalen Politizismus zugleich als Vorwand benutzen, sich aus der Szene zu stehlen, als Gelegenheit, den (theoretischen) Anspruch nicht durch praktisch-politisches Tun abdecken zu müssen.

[19] Eine Anschauung, wie sie ihre eindrucksvollste Gestaltung in dem Kapitel «Fortuna Nord» gefunden hat, jener Passage, die ihre Wirkung aus dem Kontrast zwischen äußerer Veränderung — «Das neue, zischende, immer explodieren wollende Kraftwerk» (B 547) mit seinen summenden Hochspannungsleitungen (s. B 548) —, dem «Pathos der Industrielandschaft» (B 550) und (inner-)seelischem Stillstand am Beispiel der noch in Resten erhaltenen ‹Schönheit› eines umzubettenden Frauenleichnams bezieht. Oskar wird beim Anblick der zerstückelten Toten melancholisch, Zeichen dafür, daß Geschichte auch jetzt, nach Kriegsende, noch immer ein Chaos ist; zugleich aber auch Erklärung seiner Stimmung, da der Mensch auf diese

sie später, am deutlichsten im ‹Tagebuch›, Produkt von Erkenntnis, des Wissens, daß der Mensch und die ihn bestimmenden Verhältnisse kaum oder (fast) nicht zu revidieren sind. Als ihr tiefster Grund erscheint so das Hamlet-Problem des verhinderten oder zur Ohnmacht verurteilten, jedenfalls zur alles verändernden Aktion unfähigen Täters. Oskar leidet nur solange nicht darunter, wie er (seelisch) von seinen geträumten Taten zehrt, Mahlke ist bereits der triste, weil erfolglose Täter[20], Starusch erscheint (trotz beruflichen Neuanfangs) umflort von der Trauer der Wissenden, daß man niemals wahrhaft (und radikal) neu anfangen kann, Zweifel zeigt sich von Melancholie ergriffen[21] angesichts der allem evolutionären Fortschritt innewohnenden Gefahr des Stillstands.

Zwar ist Geschichte das zentrale Thema dieses Dichters, aber seine Bücher enthalten mit der Frage nach den Ursachen von Anfang an und in zunehmendem Maße dringlicher die Forderung nach deren Bewältigung: Geschichte also als Herausforderung und Aufgabe, Vergangenheitsbeschwörung nicht um ihrer selbst willen, sondern Vergegenwärtigung zwecks moralischer wie intellektueller Bemeisterung. Es ist dies eine genuin pädagogische Aufgabe, aus ihrer ganzen Anlage heraus nach einem Mittler verlangend. Eduard Amsel ist der früheste in dieser Figurenreihe, mit seinem Freundesdienst der ‹Bildungsreise› in die Vergangenheit Funktion und Typus des Pädagogen vorwegnehmend. Es folgt als erste (überwiegend) positive Lehrerfigur die Gestalt des Eberhard Starusch[22],

Zerstreuung mit dem Bedürfnis zu sammeln antwortet: «Da sich den Schwermütigen die Welt zu etwas verengt hat, das nur geordnet (als Ganzes) ertragen werden kann, ist das Sammeln tätiger Ausdruck der Melancholie» (T 254), — Beweis ferner für die Unzahl sammelnder Melancholiker seit der ‹Blechtrommel›!

[20] Umgekehrt: Je erfolgreicher (tätig) der Held, desto weniger melancholisch erscheint er: «Hundejahre», in denen die Melancholie (vorübergehend) zurücktritt und im wesentlichen auf den Zuschauer Liebenau (s. H 375) oder die ‹Nabelschau› betreibende Jenny Brunies (s. H 240) beschränkt bleibt.

[21] Damit sind alle (bisherigen) Bücher des Autors ausnahmslos ‹Lamentationen›. Nach Reddick wäre die Ironie (in romantischer Weise) ein Auskunftsmittel gegen derartige Leidenszustände. In den ‹Hundejahren› (von seiten Amsels) noch ohne sichtbaren Effekt angewandt (‹Trilogie›, a. a. O. S. 47), habe Grass mit «örtlich betäubt» ebenso radikal wie erfolgreich die Wende zum Nüchtern-Ironischen vollzogen (s. S. 51), eine Behauptung, die den Verf. prompt die Sonderstellung dieses Textes postulieren wie eine ästhetische Aufwertung des vielgeschmähten Romans versuchen läßt (‹Pferdekopf›, a. a. O. S. 51); beides mit mäßigem Erfolg, da einmal die Ironisierung des Zahnarztes übersehen ist, während diese Art der Charakteristik (von Personen oder Verhaltensweisen) schon gar nicht als Novum ausgegeben werden kann. Vielmehr findet sie sich längst in der ‹Blechtrommel›, bei Gelegenheit jener Persiflage der ‹Besatzung› des Zwiebelkellers, die angesichts erdrückender Schuldgefühle wenig förderlicher Passivität und Selbstbemitleidung verfällt, sich darin gegenseitig im Wege stehend, d. h. die Füße blau tretend, wie dies im Falle des Fräulein Pioch von seiten eines Herrn Vollmer geschieht (s. B 634/35).

[22] So muß dieser Lehrer als Mittelpunkt und künftiger Bewohner einer «noch nicht ausgemessene[n], im Entwurf schon reformbedürftige[n], bei aller Enge weltweit gedachte[n] pädago-

kein geborener Lehrer, das sind nach wie vor Käuze, vom System zermalmte (Brunies) oder vereinnahmte (Klohse) Narren oder Existenzkarikaturen, wie Oskars Lehrerin, vielmehr ein gewordener[23], seine Aufgabe die des wirklichkeitsmächtigen, d. h. die Erfahrungen der Vergangenheit didaktisch umsetzenden und der Gegenwart applizierenden Geistes. So bleibt Geschichte zwar ein Chaos[24], weder rein noch heil — Amsel, als Enkel eines Schneiders und Scheuchenbauer das großväterliche Handwerk in satirischer Verkehrung betreibend —, aber auch nicht heillos, vielmehr von Versuchen begleitet, historischer Wirrnis Perspektiven abzuringen (s. T 83. Bürger 180)[25]: die Möglichkeit etwa der Verminderung emotional bestimmten Handelns zugunsten von rational kontrolliertem Tun. — Wie im fiktionalen Bereich die Figur des selbstkritischen Erziehers mehr und mehr in den Vordergrund tritt, beginnt auf politischer Ebene die Forderung nach mehr und besseren Schulen eine zunehmend größere Rolle zu spielen. Weit scheint der Weg von hier zurück zu den unpädagogischen Provinzen des (literarischen) Anfangs[26], und doch gibt es ein Bindeglied — in der Gestalt des Autors selbst und seines mindestens so individualistischen wie ‹fatalistisch› anmutenden Verständnisses von Geschichte. Immer ist sie die Tat des einzelnen, im Guten nicht anders als im Bösen. Zwar mag das Grauenhafte gelegentlich in mythischem Gewand und dämonischer Maske daherkommen, aber die Schuldigen tragen von Anfang an (klein-)bürgerliche Namen, heißen Alfred Matzerath und Jan Bronski, später Pilenz, Liebenau oder Matern. Weder

---

gische[n] Provinz» (öb 170) von früheren Originalen abgesetzt werden: Dem pädagogischen Mentor als dem eigentlichen Verfechter aufklärerischen Tuns steht die Figur des (verkauzten) Lehrers im Wege (s. öb 171).

[23] Staruschs ‹Entwicklung› verläuft vom Ingenieur und Fliehkraftentstauber (s. öb 26) als dem (unkritischen) Vertreter lediglich materiellen Wiederaufbaus — daher das verbreitete Bildfeld von Bims, Traß, Zement — hin zum Studienrat geisteswissenschaftlicher Ausrichtung, d. h. einem Vertreter skeptischer Rationalität, der sich bei allem Bildungseifer aus Erfahrung und (historischem) Wissen heraus jeder Fortschrittseuphorie versagt. Vgl. schon Amsels Zögern, dem Wunsch seiner Mutter, Ingenieur zu werden, nachzukommen H 201, wie auch seine Neigung, an verrufenem, für Selbstmörder geeignetem Ort Scheuchen zu bauen H 50.

[24] Diese aus eigner Anschauung gewonnene Sicht findet ihre Bestätigung bei Lektüre von Döblins Romanen: Günter Grass, «Über meinen Lehrer Döblin». — In: Akzente 14, 1967, S. 290—309, dort S. 291, von deren Verfasser er zugleich einen Teil der erzählerischen Techniken übernommen hat, derartigem Tohuwabohu beizukommen, etwa die Art, Geschichte als eine Unzahl widersinnig-gleichzeitiger Handlungsabläufe zu schildern (s. S. 296).

[25] Dagegen vermag Christoph Eykman — Absurde Mechanik. Die «verunglimpfte» Geschichte in den Romanen von Günter Grass. — In: Chr. Eykman, Geschichtspessimismus in der deutschen Literatur des zwanzigsten Jahrhunderts, Bern/München 1970, S. 112—124 — die Grass'sche Geschichtsschau ausschließlich negativ zu sehen: Geschichtliche Vergangenheit trage nichts bei zur Erhellung der Gegenwart, «Die Frage nach dem Sinn bleibt unbeantwortet» (S. 124).

[26] Für Heinz Ludwig Arnold — Die unpädagogische Provinz des Günter Grass. — In: TEXT + KRITIK. Zeitschrift für Literatur, Heft 1, (o. J.), S. 13—15 — sind sie es noch zur Zeit des Erscheinens von «Hundejahre» (s. S. 15).

ist das Verhängnis schuld noch die Verhältnisse, oder diese letzteren doch nur
soweit, wie sie nicht als Alibi herhalten müssen, sich der Verantwortung zu
entziehen[27]. Und mehr noch als Oskar ist Eduard Amsel mit der Fähigkeit ausgestattet, wie jeden Spatz aus der Menge (s. H 217/18) so jedes Individuum und
sein Verhalten (in der Vergangenheit) präzise zu benennen. Es ist eben dieses
Benennen von (Un-)Tat und Täter, unterlassener Aktion und Verschuldung die
eigentliche Funktion des Erzählens: Entdämonisieren der Katastrophe durch
Zuweisen des jeweiligen Schuldanteils, Vermehrung individueller Einsichtsfähigkeit und damit prophylaktische Vorsorge gegenüber möglichen Rückfällen in
Barbarei und kollektiven Atavismus. So stellt Grass soziologische Zusammenhänge zwar nicht in Abrede, wohl aber erscheint das (Gesamt-)Böse als die
Summe der Fehlleistungen einzelner, wie der anzustrebende humanere Zustand
sich aus der Addition individueller Einsichten und Willensakte ergibt. Der
Mensch nicht als aristokratisches Eigenwesen — nicht einmal dem Künstler ver-
bleibt diese Aura —, wohl aber als vernunftbegabtes Einzelwesen, ansprechbar
auf dem Weg über intentionalisierte Poesie wie mit Hilfe appellativer Rede —
nach Zielsetzung wie Ziel-‹Gruppe› ist derartiges Tun eminent aufklärerisch:
ein Plädoyer für den mündigen Staatsbürger.

    Zuletzt bestimmt Historie als Erzählinhalt die Tektonik der Werke, den
triadischen Aufbau mit der (Kriegs-)Katastrophe als Mittelpunkt ebenso wie die
Erzählform, d. h. das Auftreten des Erzählers als Augenzeuge, Briefe-Schreiber
oder tagebuchführenden Chronisten, womit nicht zufällig alle Techniken aus-
geschöpft sind, die die größtmögliche Annäherung zwischen Ereignetsein und
Erzähltwerden erlauben. — Schließlich ist selbst die Definition des Dichterischen
von dieser Funktion des Vergegenwärtigens her abgeleitet: Demnach ist der
(epische) Dichter weniger raunender Beschwörer des Imperfekts als jemand, der
gegen die verstreichende Zeit und die Gewöhnung[28] an das Unrecht schreibt.
Erinnernd leben wir, müßte es, in Abwandlung des Hofmannsthal-Wortes von
der Notwendigkeit des Vergessens, im Hinblick auf die Lebensinhalte und
Lebensantriebe der Grass'schen Zentralfiguren heißen.

    Mag die Einheitlichkeit der Konzeption, das Vorliegende angehend, unstrei-
tig sein, so ist das Werk dieses Autors doch alles andere als abgeschlossen, ein
Umstand, der den Interpreten so neugierig macht wie unsicher, ihn zu der Frage
provoziert, wie es weitergehen wird. Sie zu beantworten, gibt es in unserm Fall
über bloße Spekulation hinaus handfeste Anhaltspunkte. Zwar hat der Bürger
Grass sich in letzter Zeit weitgehende Zurückhaltung auferlegt, doch beschäftigt

[27] s. das ‹Gespräch mit Günter Grass›, a. a. O. S. 8.

[28] Wer sich das Verfolgen derart langwieriger Prozesse zur Aufgabe macht, muß sich nicht
    wundern, wenn er als Dramatiker kaum reüssiert, wohl aber darf er sicher sein, in der Bewäl-
    tigung eines so eminent epischen Themas seinen eigentlichen Qualitäten (als Romancier) Rech-
    nung getragen zu haben.

ihn seit geraumer Weile der Themenkomplex Dritte Welt (s. Bürger 45)[29], verstanden als Fortsetzung des Gedankens einer qualifizierten Mitbestimmung unter globalem Aspekt. Was die dichterische Produktion angeht, waren laut (fast schon) gewohnter Voranzeige nach Abschluß des ‹Tagebuchs› zwei Wege denkbar: Einmal den Vatertag zum Ausgangspunkt nehmend ein Berliner Roman über lauter eckige Männer (s. T 220), zum andern ein erzählendes Kochbuch: «über 99 Gerichte, über Gäste und Menschen als Tiere, die kochen können, über den Vorgang Essen, über Abfälle . . .» (T 212). Von beiden Möglichkeiten scheint, wie man hört, die letztere den Vorzug erhalten zu haben. So steht uns ein Kochbuch ins Haus, bei dem das Personal wesentlich weiblichen Geschlechts sein wird, als Ausgleich gedacht gegen reichlich viel maskulines Übergewicht noch im ‹Tagebuch›; sicherlich (darum) kein unpolitisches Buch, sobald man die Möglichkeit in Betracht zieht, die Rolle des mündigen, sein Schicksal verantwortenden Bürgers auf die Frau, den (bei Grass bislang eher leidenden) weiblichen Part zu übertragen; und gewiß ein vergnügliches Buch für alle diejenigen, die an derbe Kost gewöhnt sind und über einen robusten (literarischen) Magen verfügen.

---

[29] Günter Grass, «Die Zukunft hat uns schon eingeholt». Eine Erde, vier Welten: Wie kann die Menschheit zwischen Fortschritt und Barbarei überleben? — In: Die Zeit Nr. 9, 21. 2. 1975, Politik S. 3.

BIBLIOGRAPHIE

A. Benutzte Texte

Günter Grass: *Die Blechtrommel*, Neuwied [14]1971.
— *Katz und Maus*, Neuwied 1961.
— *Hundejahre*, Neuwied (17.—21. Aufl.) 1963.
— *örtlich betäubt*, Neuwied 1969.
— *Aus dem Tagebuch einer Schnecke*, Neuwied 1972.
— *Gesammelte Gedichte*, Neuwied/Berlin 1971.
— *Mariazuehren*, München 1973.
— *Meine grüne Wiese*. — In: Akzente 2, 1955, S. 328—334.
— *Die Ballerina*. — In: Akzente 3, 1956, S. 531—539.
— *Über meinen Lehrer Döblin*. — In: Akzente 14, 1967, S. 290—309.
— *Über das Selbstverständliche. Reden Aufsätze Offene Briefe Kommentare*, Neuwied 1968.
— *Der Bürger und seine Stimme. Reden Aufsätze Kommentare*, Darmstadt/Neuwied 1974.
— *Unser Grundübel ist der Idealismus*. — In: Der Spiegel Nr. 33, 23. Jahrgang, 11. 8. 1969, S. 94.
— *Rückblick auf die Blechtrommel*. — In: Süddeutsche Zeitung Nr. 10, 12./13. 1. 1974, Feuilleton-Beilage, S. 99.
— *Die Zukunft hat uns schon eingeholt. Eine Erde, vier Welten: Wie kann die Menschheit zwischen Fortschritt und Barbarei überleben?* — In: Die Zeit Nr. 9, 21. 2. 1975, Politik S. 3.

B. Sekundärliteratur

Arnold, Heinz Ludwig: *Die unpädagogische Provinz des Günter Grass*. — In: TEXT + KRITIK. Zeitschrift für Literatur, Heft 1, (o. J.), S. 13—15.
— *Gespräch mit Günter Grass*. — In: TEXT + KRITIK. Zeitschrift für Literatur, Heft 1/1 a [Günter Grass], [4]1971, S. 1—26.
— [Hg.], *Günter Grass — Dokumente zur politischen Wirkung*, hrsg. v. H. L. Arnold u. Franz Josef Görtz (= EDITION TEXT + KRITIK), Stuttgart, München, Hannover 1971.

Bauer-Pickar, Gertrud: *Intentional ambiguity in Günter Grass' «Katz und Maus»*. — In: Orbis litterarum 26, 1971, S. 232—245.
Behrendt, Johanna E.: *Die Ausweglosigkeit der menschlichen Natur. Eine Interpretation von Günter Grass' «Katz und Maus»*. — In: Zeitschrift für deutsche Philologie 87, 1968, S. 546 bis 562.
Blomster, Wesley V.: *The documentation of a novel: Otto Weininger and «Hundejahre» by Günter Grass*. — In: Monatshefte für deutschen Unterricht 61, 1969, S. 122—138.
Bruce, James C.: *The equivocating narrator in Günter Grass's «Katz und Maus»*. — In: Monatshefte für deutschen Unterricht 58, 1966, S. 139—149.

Cepl-Kaufmann, Gertrude: *Günter Grass. Eine Analyse des Gesamtwerkes unter dem Aspekt von Literatur und Politik*, Kronberg 1975.

Droste, Dietrich: *Gruppenarbeit als Mittel der Erschließung umfangreicher Romane: Grimmels-hausens ‹Abenteuerlicher Simplicius Simplicissimus› und Grass' ‹Die Blechtrommel›.* — In: Der Deutschunterricht 21, 1969, Heft 6, S. 101—115.

Durzak, Manfred: *Fiktion und Gesellschaftsanalyse. Die Romane von Günter Grass.* — In: M. Durzak, Der deutsche Roman der Gegenwart, Stuttgart, Berlin, Köln, Mainz 1971, S. 108 bis 173.

Emmel, Hildegard: *Das Gericht in der deutschen Literatur des 20. Jahrhunderts,* Bern/München 1963.

Enzensberger, Hans Magnus: *Wilhelm Meister, auf Blech getrommelt.* — In: Gert Loschütz, Von Buch zu Buch — Günter Grass in der Kritik. Eine Dokumentation, Neuwied/Berlin 1968, S. 8—12.

— *Günter Grass/«Hundejahre».* — In: Der Spiegel Nr. 36, 17. Jahrgang, 4. 9. 1963, S. 70/71.

Eykman, Christoph: *Absurde Mechanik. Die «verunglimpfte» Geschichte in den Romanen von Günter Grass.* — In: Chr. Eykman, Geschichtspessimismus in der deutschen Literatur des zwanzigsten Jahrhunderts, Bern/München 1970, S. 112—124.

Ferguson, Lore Schefter: *‹Die Blechtrommel› von Günter Grass: Versuch einer Interpretation,* The Ohio State University, Ph. D. 1967.

Gaus, Günter: *Epoca-Feuilleton* = Vorabdruck eines Fernsehinterviews mit Günter Grass, gesen-det am 28. 9. 1965, in: Epoca 1965, S. 115—120. Jetzt zugänglich unter dem Titel: Manche Freundschaft zerbrach am Ruhm. — In: G. Gaus, Zur Person. Porträts in Frage und Antwort, Bd. II, München 1966, S. 110—122.

Geißler, Rolf: *Der moderne Roman im Unterricht — zum Beispiel «Die Blechtrommel» von Günter Grass.* — In: Moderne Dichtung im Unterricht, hrsg. v. Hermann Helmers, Braun-schweig ²1972, S. 126—141.

Glaser, Hermann: *«Hundejahre» als politisches Buch.* — In: Tribüne. Zeitschrift zum Verständnis des Judentums 2, 1963, S. 883—886.

— *Grass auf Wahlreise. Zwischen Melancholie und Utopie.* — In: Tribüne. Zeitschrift zum Ver-ständnis des Judentums 11, 1972, S. 5016—5019.

Goetze, Albrecht: *Pression und Deformation. Zehn Thesen zum Roman «Hundejahre» von Günter Grass,* Göppingen 1972.

Grathoff, Dirk: *Schnittpunkte von Literatur und Politik: Günter Grass und die neuere deutsche Grass-Rezeption.* — In: Basis. Jahrbuch für deutsche Gegenwartsliteratur, Bd. 1, Frankfurt 1970, S. 134—152.

Hartung, Rudolf: *Günter Grass/«Hundejahre».* — In: Neue Rundschau 74, 1963, S. 652—658.

Holthusen, Hans Egon: *Günter Grass als politischer Autor.* — In: H. E. Holthusen, Plädoyer für den Einzelnen, München 1967, S. 40—68.

— *[Rezension zum ‹Tagebuch›].* — In: Die Welt des Buches (Beilage zur Welt) Nr. 196, 24. 8. 1972, S. 1.

Horst, Karl August: *Die Vogelscheuchen des Günter Grass.* — In: Merkur 17, 1962, S. 1003 bis 1008.

Ide, Heinz: *Dialektisches Denken im Werk von Günter Grass.* — In: Studium generale 21, 1968, S. 612—622.

Jens, Walter: *Das Pandämonium des Günter Grass.* — In: Gert Loschütz, Von Buch zu Buch — Günter Grass in der Kritik. Eine Dokumentation, Neuwied/Berlin 1968, S. 85—89.

Jurgensen, Manfred: *Über Günter Grass. Untersuchungen zur sprachbildlichen Rollenfunktion*, Bern/München 1974.

Just, Georg: *Darstellung und Appell in der «Blechtrommel» von Günter Grass. Darstellungsästhetik versus Wirkungsästhetik*, Frankfurt/Main 1972.

Kaiser, Gerhard: *Günter Grass, Katz und Maus*, München 1971 (= Literatur im Dialog, Bd. 1).

Karthaus, Ulrich: ‹*Katz und Maus› von Günter Grass — eine politische Dichtung*. — In: Der Deutschunterricht 23, 1971, Heft 1, S. 74—85.

Kielinger, Thomas: *[Rezension zum ‹Tagebuch›]*. — In: Neue Deutsche Hefte 19, 1972, Heft 3, S. 155—160.

Krüger, Horst: *Günter Grass/«Aus dem Tagebuch einer Schnecke»*. — In: Neue Rundschau 83, 1972, S. 741—746.

Kurz, Paul Konrad: *«Hundejahre». Beobachtungen zu einem zeitkritischen Roman.* — In: P. K. Kurz, Über moderne Literatur [I]. Standorte und Deutungen, Frankfurt/Main 1967, S. 158—176.

Leroy, Robert: *«Die Blechtrommel» von Günter Grass. Eine Interpretation*, Paris 1973.

Loetscher, Hugo: *Günter Grass*. — In: Du, Juni 1960, S. 15—20.

Lucke, Hans: *Günter Grass' Novelle ‹Katz und Maus› im Unterricht*. — In: Der Deutschunterricht 21, 1969, Heft 2, S. 86—95.

Lührs, Georg; Sarrazin, Thilo; Spreer, Frithjof u. Tietzel, Manfred [Hg.]: *Kritischer Rationalismus und Sozialdemokratie*, Berlin/Bonn ²1975 [Mit einem Vorwort von Helmut Schmidt].

Mayer, Hans: *Felix Krull und Oskar Matzerath. Aspekte des Romans*. — In: H. Mayer, Das Geschehen und das Schweigen. Aspekte der Literatur, Frankfurt/Main 1969 (= edition suhrkamp 342), S. 35—67.

Michaelis, Rolf: *Das Prinzip Zweifel. Günter Grass: «Aus dem Tagebuch einer Schnecke»*. — In: FAZ Nr. 203, 2. 9. 1972.

Michelsen, Peter: *Oskar oder das Monstrum. Reflexionen über «Die Blechtrommel» von Günter Grass*. — In: Neue Rundschau 83, 1972, S. 722—740.

Migner, Karl: *Der getrommelte Protest gegen unsere Welt. Anmerkungen zu Günter Grass' Roman «Die Blechtrommel»*. — In: Welt und Wort 15, 1960, S. 205—207.

Pollmann, Leo: *Aus der Werkstatt des Romans. Arithmetische Romanformeln*, Stuttgart 1969, S. 73—79.

Pröbsting, Heinrich: *Die Interpretation philosophischer Zitate in einem modernen Roman (Günter Grass: «Hundejahre»)*, Münster 1972 [unveröffl. Magisterarbeit].

Raddatz, Fritz J.: *Der Weltgeist als berittene Schnecke. Günter Grass' kleine Hoffnung — aus großer Melancholie*. — In: Grass. Kritik — Thesen — Analysen, hrsg. v. Manfred Jurgensen, Bern/München 1973, S. 191—197.

Reddick, John: *The eccentric narrative world of Günter Grass: Aspects of «Die Blechtrommel», «Katz und Maus» and «Hundejahre»*, (Diss.) Oxford 1970.

— *Eine epische Trilogie des Leidens? «Die Blechtrommel», «Katz und Maus», «Hundejahre»*. — In: TEXT + KRITIK. Zeitschrift für Literatur, Heft 1/1 a, ⁴1971, S. 38—51.

— *Vom Pferdekopf zur Schnecke. Die Prosawerke von Günter Grass zwischen Beinah-Verzweiflung und zweifelnder Hoffnung*. — In: Positionen im deutschen Roman der sechziger Jahre, hrsg. v. Heinz Ludwig Arnold u. Theo Buck, München 1974, S. 39—54.

Reich-Ranicki, Marcel: *Günter Grass: «Hundejahre»*. — In: M. Reich-Ranicki, Literatur der kleinen Schritte. Deutsche Schriftsteller heute, München 1967, S. 22—33.

— *Eine Müdeheldensoße*. — In: Die Zeit Nr. 35, 29. 8. 1969, S. 16.

Schnell, Josef: *Irritation der Wirklichkeitserfahrung. Die Funktion des Erzählens in Günter Grass ‹Die Blechtrommel›.* — In: Der Deutschunterricht 27, 1975, Heft 3, S. 33—43.

Schwab-Felisch, Hans: *Melancholische Variationen zu Günter Grass' «Aus dem Tagebuch einer Schnecke».* — In: Merkur 26, 1972, S. 1025—1030.

Schwarz, Wilhelm Johannes: *Auf Wahlreise mit Günter Grass.* — In: Grass. Kritik — Thesen — Analysen, hrsg. v. Manfred Jurgensen, Bern/München 1973, S. 151—165.

— *Der Erzähler Günter Grass,* Bern/München ³1975.

Stutz, Elfriede: *Studien über Herr und Hund (Marie von Ebner-Eschenbach — Thomas Mann — Günter Grass).* — In: Das Tier in der Dichtung, hrsg. u. eingeleitet v. Ute Schwab, Heidelberg 1970, S. 200—238.

Tank, Kurt Lothar: *Deutsche Politik im literarischen Werk von Günter Grass.* — In: Grass. Kritik — Thesen — Analysen, hrsg. v. Manfred Jurgensen, Bern/München 1973, S. 167—189.

Tiesler, Ingrid: *Günter Grass. Katz und Maus,* München 1971.

Wagenbach, Klaus: *Günter Grass.* — In: Schriftsteller der Gegenwart, hrsg. v. Klaus Nonnenmann, Olten u. Freiburg 1963, S. 118—126.

— *Jens tadelt zu unrecht.* — In: Gert Loschütz, Von Buch zu Buch — Günter Grass in der Kritik. Eine Dokumentation, Neuwied/Berlin 1968, S. 89—92.

Zimmer, Dieter E.: *Kriechspur des Günter Grass. Ein halbes Jahr aus dem Leben eines berühmten Dichters und Wahlkämpfers.* — In: Die Zeit Nr. 39, 29. 9. 1972, Literaturbeilage 2.

Zimmermann, Werner: *Günter Grass, «Katz und Maus».* — In: W. Zimmermann, Deutsche Prosadichtungen unseres Jahrhunderts, Bd. 2, Düsseldorf [1969], S. 267—300.